权威·前沿·原创

皮书系列为

"十二五""十三五""十四五"时期国家重点出版物出版专项规划项目

B

BLUE BOOK

智库成果出版与传播平台

华侨华人蓝皮书

BLUE BOOK OF OVERSEAS CHINESE

华侨华人研究报告

（2023）

东南亚篇

ANNUAL REPORT ON OVERSEAS CHINESE STUDY (2023)

主　编／庄国土　贾益民

社会科学文献出版社
SOCIAL SCIENCES ACADEMIC PRESS (CHINA)

图书在版编目（CIP）数据

华侨华人研究报告 . 2023：东南亚篇／庄国土，贾
益民主编 . --北京：社会科学文献出版社，2025. 3.
（华侨华人蓝皮书）. --ISBN 978-7-5228-4631-6

Ⅰ. D634. 3

中国国家版本馆 CIP 数据核字第 2024JH1274 号

华侨华人蓝皮书

华侨华人研究报告（2023）

东南亚篇

主　　编／庄国土　贾益民

出 版 人／冀祥德
责任编辑／黄金平
责任印制／王京美

出　　版／社会科学文献出版社·文化传媒分社（010）59367156
　　　　　地址：北京市北三环中路甲 29 号院华龙大厦　邮编：100029
　　　　　网址：www. ssap. com. cn
发　　行／社会科学文献出版社（010）59367028
印　　装／三河市东方印刷有限公司

规　　格／开 本：787mm×1092mm　1/16
　　　　　印 张：21　字 数：312 千字
版　　次／2025 年 3 月第 1 版　2025 年 3 月第 1 次印刷
书　　号／ISBN 978-7-5228-4631-6
定　　价／158.00 元

读者服务电话：4008918866

主要编撰者简介

庄国土 福建晋江人，毕业于厦门大学历史学系，现为华侨大学讲席教授，厦门大学特聘教授，教育部社会科学委员会综合研究学部召集人，厦门大学"985 工程"东南亚研究哲学社会科学创新基地首席专家，国务院侨务办公室专家咨询委员会委员。研究方向为华侨华人、国际关系理论、中外关系史、东南亚地区问题与国别政治。著有《华侨华人与中国的关系》《近30年来东亚华人社团的新变化》等。

贾益民 山东惠民人，毕业于暨南大学中文系，曾任暨南大学副校长、华侨大学校长，现为华侨大学教授、博士生导师，现任广东亚视演艺职业学院教授、名誉校长、学术委员会主任。国务院侨务办公室专家咨询委员会委员，享受国务院政府特殊津贴专家。研究方向为海外华文教育、国际中文教育、华侨华人、文艺学、语言学及应用语言学、马克思主义哲学与美学，出版著作20余部，在《哲学研究》《学术研究》《世界汉语教学》等期刊发表学术论文50余篇。

薛秀军 河北承德人，毕业于中山大学哲学系，现为华侨大学教授、科研院院长兼人文社科研究处处长。兼任中国辩证唯物主义研究会常务理事、中国马克思主义哲学史学会常务理事、中国人学学会常务理事、福建省哲学学会监事长、福建省历史唯物主义研究会副会长等。研究方向为唯物史观与中国现代化、文化哲学、文化传播等。

摘　要

《华侨华人研究报告（2023）》分为总报告、东南亚国家篇、专题篇三个部分。

总报告对错综复杂的东南亚国家华侨华人的特点作实证交叉分析，特别探讨了东南亚国家华侨华人的现状和历史脉络。东南亚一直是中国海外移民的主要去向，是世界华侨华人最主要的聚居地。从 20 世纪 80 年代初至今，东南亚地区的华侨华人数量从 2200 万人增加到 4000 多万人，约占全球华侨华人数量的 2/3。东南亚地区华侨华人以从事工商业为主，华商经济实力高速增长，在大部分国家的私营经济领域占有优势地位。东南亚地区华侨华人组织程度较高，大部分人归属与原乡地域密切相关的福建、潮州、客家、广府、海南五大方言群，参加数以万计的各类侨团。由于东盟一体化进程快速推进和各国之间的巨大差异，东南亚华侨华人的发展虽有显著共性，但不同国家和不同源流的华侨华人社群在经济地位、政治影响力和社群特性等方面存在很大差别。

东南亚国家篇共有九篇报告，主要探讨东南亚各国华侨华人现状，涉及泰国、越南、印度尼西亚、新加坡、老挝、菲律宾、柬埔寨、马来西亚、缅甸等国华侨华人发展状况。第一篇报告对泰国华人社团的最新动态做了分析，对泰国华人社团的新特征做了全面阐述。泰国华人社团在两国官方和民间交流中发挥了桥梁作用，在"一带一路"倡议在泰国的实施和中泰命运共同体的建设中有一定的影响。第二篇报告对越南华人社会的人口数量、分布结构进行了调查分析。21 世纪以来，华人在越南的地位得到改善，成为越南经济和社会发展的重要力量，并为发展中越睦邻友好关系、推动中越经济文化交流作出了积极贡献。第三篇报告对印度尼西亚华侨华人在经济、文化、参政议政三方面的现状进行描述分析，以印尼华人、中印尼投资贸易等相关数据为研究样本，探究华侨华人在印尼经贸、文化等方面的作用并进行展望。第四篇报告系统梳理了新加坡人口发展及移民政策变迁，考察了新加坡中国新移民社团的基本情况与发展。新加坡新移民社团为新移民的成长与融入、搭建跨国商业网络平台和促进中新文化友好往来作出了重大贡献。第五篇报告研究 21 世纪老挝华侨华人社团的变迁与未来发展趋势。老挝华侨华人社团经过扩展和重构，经济功能和文化功能日益突出，在中老合作中发挥沟通、融会作用，并助力中老命运共同体建设。第六篇报告调查了菲律宾华人佛教信仰的现状与特点。随着华人的族群融合和代际更替，传统佛教面临信众萎缩、僧众缺乏、信仰式微等问题。但 20 世纪 90 年代后，菲律宾的新兴佛教教团表现活跃，其实践对于传统佛教的改革也颇有启发。第七篇报告以"一带一路"倡议在柬埔寨的落实推进为切入视角，探讨在此背景下柬埔寨华侨华人的发展机遇。在宏观政治经济大环境的推动下，随着共建"一带一路"倡议的深入推进，柬埔寨华侨华人在内外因的合力下具备强劲的发展动力。第八篇报告围绕马来西亚华人人口与职业结构变化、华文教育发展现状、华人社团组织功能转变、华文媒体运营转型、华商促进中马贸易积极作用等方面，梳理了当前马来西亚华人社会发展的现状与主要特点，深化了对当前马来西亚华人社会全貌性的认识。第九篇报告调查了缅甸曼德勒市华文学校的发展情况。调查发现，曼德勒市华文学校存在管理专业化程度不高、办学经费不足、高水平专业师资匮乏等问题。随着中缅关系的深入推进，曼德勒市的华文学校需要建立专业化的管理体系，以求获得更大发展。

专题篇共有三篇报告。第一篇报告采用问卷调查法和质性分析法从群体画像、职业使命、职业现状、职业心理四大方面对海外华文学校校长的职业生存状态进行了多维分析。第二篇报告以抖音平台上粉丝数量超过百万人的华侨华人博主为对象，通过数据统计和内容分析发现，华侨华人博主在抖音平台上展示异域文化，搭建起跨文化交流的桥梁，成为运用新媒体进行跨文化交流的重要方式。第三篇报告以 CSSCI 数据库中收录的 1992 年~2023 年4 月的华侨华人认同研究的期刊论文为数据来源，结合文献阅读与内容分析对 Citespace 软件绘制的可视化图谱进行梳理和分析。

本书全面把握华侨华人在海外特别是东南亚的最新生存现状，并提出了有价值的政策建议。

关键词： 东南亚 华侨华人 华商 华人社团 新移民

目 录 ▷

Ⅰ 总报告

Ⅱ 东南亚国家篇

Ⅲ 专题篇

皮书数据库阅读**使用指南**

总 报 告

B.1

2000年以来东南亚华侨华人社会发展态势

庄国土*

摘 要: 东南亚地区一直是中国海外移民的主要目的地,也是世界华侨华人最主要的聚居地。从 20 世纪 80 年代初至今,东南亚地区的华侨华人数量从 2200 万人增加到 4000 多万人,约占全球华侨华人数量的 2/3。其中,新移民及其子女约有 450 万人。东南亚地区华侨华人以从事工商业为主,收入水平远高于当地民众;华商经济实力高速增长,在大部分国家的私营经济领域占有优势地位。东南亚地区华侨华人组织程度较高,大部分人归属与原乡地域密切相关的福建、广府、潮州、客家和海南五大方言群,参加数以万计的各类侨团。新移民则来自中国各个省份。

关键词: 东南亚 华侨华人 华商 华人社团

东南亚地区连接太平洋和印度洋,向来是大国全球战略的核心区域,也

---

* 庄国土,博士,华侨大学讲席教授,厦门大学特聘教授,研究方向为华侨华人、国际关系理论、中外关系史等。

是中国最重要的周边地区。从 2020 年起，东盟超过欧盟成为中国最大贸易伙伴。东南亚国家也是中国在国际社会中最主要的合作伙伴，既是中国—东盟自贸区的合作方，也是发起《区域全面经济伙伴关系协定》（Regional Comprehensive Economic Partnership，RCEP）的核心力量。东盟自成立以来，一直引领亚太地区的区域合作。

东盟是最成功的区域性国际合作组织之一。东盟 10 个国家之间的经济发展水平、政治体制、意识形态、民族文化、宗教信仰、地理环境等相差之悬殊，堪称世界无二。东南亚有数百个民族，宗教信仰有佛教、伊斯兰教、印度教、天主教、基督教等。千差万别的东南亚各国，竟最终达成共识，联合成为东盟组织。①

由于东盟一体化进程快速推进和各国之间的巨大差异，东南亚华侨华人的发展虽有显著共性，但不同国家和不同源流的华侨华人社群在经济地位、政治影响力和社群特性方面存在很大差别。

一 中国人移民东南亚的四次高潮

中国人移民东南亚根据其动力和规模，可分为四次大潮。② 东南亚为中国海外移民的最主要目的地。中国人大规模移民东南亚始于 17 世纪，盛于 20 世纪上半叶，其间经历三波移民高潮。20 世纪 50 年代初期至中国改革开放前，中国人大规模移民东南亚浪潮中断。随着中国改革开放及中国与东南亚经济合作的飞速发展，中国人重启移民东南亚热潮。虽然不同时期的移民潮各有其不同的国内外因素，但就四次大规模移民潮而言，中国与东南亚的经贸发展和合作都是主要动力之一。随着中国与东南亚经济一体化进程加速，中国与东南亚各国保持良好的政治关系，中国人前往东南亚的移民潮仍将继续。

（一）第一次高潮

早在公元 1 世纪初，中国海商就已前往东南亚。著名的海上丝绸之路始

---

① 庄国土：《东盟 50 年：区域合作的典范》，《时事报告》2017 年第 9 期。
② 庄国土：《论中国人移民东南亚的四次大潮》，《南洋问题研究》2008 年第 1 期。

于广东，后连接泉州，经东南亚通往罗马，先后存在达 2000 年。宋代以降，凭借中国发达的农业和手工业、先进的航海和造船技术，中国商人取代了穆斯林商人，主导印度洋和东亚海洋之间的海上贸易，形成覆盖东亚海域的华商网络，直至欧洲人东来。中国海商和水手的足迹遍及东南亚各沿海地区。至迟在 15 世纪初，东南亚已出现中国移民聚居区。郑和下西洋前夕，爪哇的苏拉巴亚和苏门答腊的旧港各有数千人聚居的中国移民社区，主要从事贸易活动。明清朝廷多次厉行海禁，视海外华商社区为海盗集团。虽然旧港海商集团被郑和剿灭，苏拉巴亚华人社区也逐渐衰落，但华商仍主导东亚海洋贸易，中国移民仍能依托海外华商网络的形成和发展而前往海外。

16 世纪末，随着欧洲人东来和在东南亚开辟殖民地，华商网络已成为欧洲人主导的东西方贸易网络的组成部分。海外华商网络由东南亚沿海向内陆扩展，由从事商品贩运转向组织商品生产，导致对华人劳动力的需求大增，华人移民数量的增加又支持了海外华商网络的扩大和产业经营的多元化。由此，中国人移民东南亚的第一波高潮开启。先是马尼拉、爪哇和马六甲成为中国移民的主要聚居地，随后暹罗、马来半岛、婆罗洲、越南、柬埔寨、缅甸等地的中国移民数量也快速增长。到 19 世纪中叶，东南亚华人或有 150 万人左右，[①] 约占全球华人数量的 95%。东南亚华人主要来自广东和福建，两地的华人约占 90%，少数来自云南、浙江等地。

（二）第二次高潮

中国人移民东南亚的第二个高潮，是 19 世纪中叶至 20 世纪前期的大规模华工出国，也即臭名昭著的苦力贸易（Coolie Trade）。绝大部分华工以契约制出国，即以出国后的工资为抵押，换取出洋费用，时称"契约华工"。早在 17 世纪前期，荷兰东印度公司就开始掠运和拐卖华工到东南亚。[②] 17~18 世纪，东南亚各地的华工大多以这种方式出国。大规模华工出国始于 19

---

① 庄国土：《清初到鸦片战争前夕南洋华侨的人口结构》，《南洋问题研究》1992 年第 1 期。

② 吴凤斌主编《东南亚华侨通史》，福建人民出版社，1994，第 282~287 页。

世纪中叶。其外部原因是欧美各国于 19 世纪前期相继废除奴隶贸易制度，资本主义国家和列强的殖民地开发急需大量劳动力。19 世纪 70 年代以后，西方列强在东南亚的殖民地大量开采锡、镍、铜、金、煤等矿产，并开辟烟草、可可、咖啡、甘蔗、肉桂、豆蔻、橡胶、菠萝、蓝靛、胡椒等种植园，也需要大量劳动力。华工出国的国内推力，则是清代乾嘉时期以来中国人口激增，社会上出现了大量剩余劳动力，以及朝廷被迫允许华工出洋。据统计，1881～1915 年，进入马来半岛的契约华工总计超过 77 万人；1884～1904 年，每年进入勿里洞的华工超过 5000 人；1905～1922 年，平均每年进入勿里洞的华工超过 1 万人，最多的一年进入量超过 2 万人。① 1888～1908 年，仅从汕头运往苏门答腊日里的烟草种植园的华工就达 132167 人。②

除了契约华工外，这一时期也有大量其他类型的中国移民进入东南亚，从事小商贩、工匠、种植等行业。因此，东南亚华人总数仍有较大的增长。据 1902 年爪哇吧城华商禀清政府文，东南亚中国移民及其后裔约有 400 万人。③

（三）第三次高潮

20 世纪初以后，中国人移民东南亚掀起第三次高潮，其直接动力是东南亚的经济繁荣。西方国家的工业革命所带动的新兴产业的发展，也陆续波及其东南亚的殖民地。20 世纪初以来，来自西方国家的工商资本纷纷涌入东南亚，投资于铁路、港口、电力、航运、制造业、金融业等，引发对熟练劳动力的需求。传统的采矿、种植、原料加工、商贸等行业，也有较大发展，廉价劳动力仍从中国南方不断涌入东南亚。第一次世界大战期间，各交战国对生产资料和生活资料，尤其是与战争相关的橡胶制品、锡、粮食、食糖、各类五金制品、小型船舶等的需求激增，进一步刺激东南亚华商企业的

---

① 吴凤斌主编《东南亚华侨通史》，福建人民出版社，1994，第 297～298、315 页。
② 〔日〕福田省三：《华侨经济论》，东京：岩松堂书店，1939，第 256 页。
③ 郑观应：《致香港〈实报〉总编辑潘兰史征君书》，附录"葛罗巴巴华商禀政府荷兰南洋各属土苛待华侨各款"，载夏东元编《郑观应集》（下册），上海人民出版社，1982，第 591 页。

发展，华商企业的发展导致对中国移民的更大需求。东南亚各国殖民政府在战争期间忙于支持欧洲战事，疏于对中国移民进入的管理，中国移民更容易进入东南亚。在南越、泰国北部、缅甸、印度尼西亚外省和菲律宾外岛，都出现了规模较大的新华人社区。

中国的大批知识分子加入移民队伍，这是中国移民史上的新现象。遍布东南亚各地的华校需要大量师资，侨报侨刊和华商企业也为南下的知识分子提供了谋生的机会。尤其是抗日战争爆发后，大量知识分子为避难南下东南亚，加入移民行列。这一时期南下的知识分子有巴金、徐志摩、艾芜、老舍、郁达夫、胡愈之、沈兹九、王任叔、高云览、姚楠、刘士木、李长傅、傅无闷、刘延陵（诗人）、郁树锟（中华书局编辑）等知名学者和文化人。大批中国知识分子移民东南亚，不但增强了东南亚华人社会的中国意识，而且提升了中国移民的文化层次，使南洋华人社会在某种程度上就像是中国社会的海外延伸。对主要来自中国闽粤的移民而言，前往东南亚华人社会谋生，就像是到中国其他地方，少有异国他乡的感受。东南亚华人社会很大程度上重新中国化。[①]

太平洋战争爆发后，日军入侵东南亚，开始大规模限华排华，大量华侨逃回中国。第二次世界大战结束后，中国人移民东南亚的浪潮再启。但此时社会萧条，华商企业凋敝，东南亚接受的华人移民数量大不如第二次世界大战前。

1949 年后至 20 世纪 70 年代后期，中国人移民东南亚的活动基本停止，持续 300 多年的中国人移民东南亚大潮中断。从 20 世纪 50 年代初到 80 年代中期，东南亚华人社会基本上没有来自中国的成批移民加入。

由于人口自然增长率的作用，东南亚华人人口仍有一定程度的增长。据

---

① "再中国化"的观点由廖建裕教授（Leo Suryadinata）提出，指那些已经同化或半同化于当地民族的华裔，再度恢复华人的族群认同和文化认同的现象。参见 Leo Suryadinata, "Ethnic Chinese in Southeast Asia: Overseas Chinese, Chinese Overseas or Southeast Asians?" in Leo Suryadinata (ed.), *Ethnic Chinese as Southeast Asians*, Institute of Southeast Asian Studies, Singapore 1997, p. 17。

估计，到 1990 年前后，东南亚华人约 2000 万，其中，印度尼西亚约 546 万，马来西亚约 525 万，泰国约 481 万，新加坡约 252 万，越南近 100 万，菲律宾约 85 万，柬埔寨和缅甸各约 50 万。[①] 东南亚各国的华侨或被动或主动融入当地社会，加入当地国籍，完成了从侨民到当地华人的身份转变。从 20 世纪 50 年代到 80 年代，东南亚各国华人社会的"华人意识"（Chineseness）均有不同程度的削弱。[②] 在泰国、印度尼西亚、菲律宾、柬埔寨和老挝，相当部分华人同化于当地社会。

（四）第四次高潮

中国人第四次移民东南亚潮流始于改革开放以后，在 20 世纪末形成高潮。这个时期发生的移民被称为"新移民"。

首先，中国人移民到发达国家的难度和成本增加。20 世纪 90 年代中期以前，绝大多数中国新移民主要前往发达国家。随着发达国家接纳非专业人士的移民限制日趋严格，合法移民发达国家的难度加大。其次，由于中国经济实力迅速增长，对发展中国家的商品出口、投资和劳务输出激增，中国管理和技术人员甚至商贩前往发展中国家推动中国经济影响力增长，形成新一轮的经贸和移民互动。东南亚国家为中国近邻，交通便捷，移民费用较低。东南亚国家与中国经贸关系密切。尤其是中国—东盟自由贸易区和 RCEP 的建立，双方经济一体化的进程极大地促进了双方的人员往来，有利于移民出入境。最后，东南亚各地广泛存在华人社区，也使新移民在东南亚较易谋生。此外，东南亚是经济和社会发展程度高度不平衡的地区，包括发达国家

---

① 此估计来自：Leo Suryadinata, *Chinese and Nation-Building in Southeast Asia*, Singapore Society of Asian Studies, Singapore, 1997, p. 7。虽然廖建裕教授说明，其所列华人数量大部分是推估，并非来自正式的人口统计数据，但笔者认为，廖建裕教授所列印度尼西亚的华人人口数量显然低估了。

② 在此使用的"华人意识"，指认为自己是华人的意识。构成华人意识的基础，一是华人血缘，二是一定程度上认同和保持华人文化。参见 Wang Gungwu, "The Study of Chinese Identities in Southeast Asia," in J. Cushman and Wang Gungwu（eds.），*Changing Identities of the Southeast Asian Chinese since World War Two*, Hong Kong University Press, 1988, pp. 16–17。

（新加坡）、中等发展国家（如马来西亚、泰国）和可列为亚洲最贫穷国家的缅甸和老挝，各国和各阶层有不同的技术人才和管理人才、资本和劳动力的需求，不同层次和教育程度的中国新移民可从事不同行业，有各种工作机会，从而带动了中国人向东南亚移民的新浪潮。

中国人移民东南亚的第四次高潮据其目的地和移民方式特点，可分为三波考察。

第一波进入东南亚的中国新移民来自传统侨乡闽南和潮汕地区，主要目的地是菲律宾和泰国。在1988年泰国开放中国人到泰国旅游之前，潮汕人已在泰国亲友的帮助下，以应邀探亲的名义前往泰国。泰国政府开放中国人旅游签证以后，移民泰国在潮汕地区迅速成为一个行业，主要经营者为当地旅行社。大多数来自潮汕的移民以旅游探亲名义进入泰国，逾期不归，定居于当地。20世纪90年代后期，泰国对中国游客开放，很多移民以游客身份直接从中国大陆前往泰国，滞留当地不归。21世纪初以来，随着中泰经贸关系的高速发展，国营和民企等各类中资企业大规模布局泰国，带动了商务和技术移民。

利用传统侨乡纽带移民，是闽南人的传统移民方式。早在中菲建交前夕菲律宾政府允许菲律宾华侨入籍时①，就有数以千计的晋江人经香港地区潜入菲律宾，试图在菲律宾亲友的帮助下取得菲律宾国籍。20世纪80年代以后，在菲律宾亲友的帮助下，晋江人移民菲律宾络绎不绝。20世纪90年代以前到菲律宾的新移民多为晋江人，在菲律宾华人亲友的帮助下，大部分人现在可能拥有菲律宾护照，融入菲律宾华人社会。1992年以后，菲律宾政府推出新投资移民政策，为富裕的中国移民获得菲律宾定居身份打开方便之门。根据该项政策，外国公民如在菲律宾投资超过7.5万美元，可获得长期投资居留签证（SIRV），投资者的配偶和21岁以下未婚子女也可得到同类签证。②此项政策一出，晋江一带迅速出现以做投资移民项目为业的公司，多以旅行社为名，包办投资签证手续、出境入境及在菲律宾的暂时落脚点，

---

① 1975年4月11日，菲律宾总统马科斯颁布第270号总统令，允许菲律宾华侨入籍。

② 《特殊投资者居留签证》，菲律宾驻北京大使馆网站，http://beijingpe.dfa.gov.ph/87-visa-legal/107-special-investors-resident-visa。

价格在 3 万~4 万元。1997 年，仅以投资移民名义移民菲律宾的晋江人至少有 1 万人，他们大部分从事经贸活动。20 世纪 90 年代中期以后，从晋江地区到菲律宾的移民虽仍在继续，但规模已经缩减，主要是申请投资移民的中小企业家。其目的主要不是在菲律宾谋生，而是获得菲律宾定居身份证，方便其国际商务旅行。近 10 年来，大批来自中国北方地区的移民也前往菲律宾谋生，他们通常以工作签证或频繁获得短期签证达到长期居留的目的。

第二波到东南亚的中国新移民是从 20 世纪 90 年代中期开始迁移的，新加坡、马来西亚和印度尼西亚是其主要目的地。这一波移民包括长住台商及其眷属。伴随规模巨大的对外投资，数以万计的台商活跃于东南亚各地。在 20 世纪 90 年代后期，整个东南亚的台商及与台资企业相关台籍人员达 10 万人。[①]

20 世纪 90 年代中期以来，高素质中国移民成为新加坡刻意引进的目标。新加坡吸引高素质的中国移民主要是两种途径，一是直接从中国吸引各类优秀学生前往新加坡。二是从其他发达国家吸引来自中国的专门人才。除了高素质移民外，20 世纪 90 年代中期以来，新加坡还引进大量中国劳工。

1994 年以后，马来西亚政府为了促进旅游业，加大力度吸引中国人到马来西亚旅游。大批中国人利用旅游签证进入马来西亚，然后滞留不归，成为移民。2002 年，马来西亚政府为了吸引外国资金，启动"第二家园"计划，吸引富裕的外国退休人员定居马来西亚。截至 2005 年底，有 1779 名来自中国的老人到马来西亚定居。[②]

中国与印度尼西亚建交后，印度尼西亚政府对中国人进入印度尼西亚的限制逐渐放松。苏哈托统治后期，来自福建的中国移民在其富裕的印度尼西亚亲友的帮助下，开始成批前往印度尼西亚。[③] 前往印度尼西亚

① 康晓丽：《二战后东南亚华人的海外移民》，厦门大学出版社，2015，第 146 页。

② 《星洲日报》2006 年 6 月 4 日。

③ Leo Suryadianta, *Understanding the Ethnic Chinese in Southeast Asia*, Singapore：Institute of Southeast Asian Studies, 2007, p. 60.

的福建人主要来自福州地区，少部分人来自泉州地区。根据福建省调查资料，到 2005 年，在印度尼西亚的福州籍新移民达51311 人。[①] 近 10 年来，随着中国与印度尼西亚经贸关系的飞速发展，大批中资企业前往印度尼西亚投资建厂，数以万计的中国技术、管理和商务人员前往印度尼西亚常住。

第三波到东南亚的中国新移民潮于 21 世纪初启动，持续至今，他们主要前往缅甸北部、柬埔寨、老挝和泰国北部等地。其背景是中国—东盟自贸区建立以后，中国与东南亚国家经贸关系突飞猛进。中国商品潮水般地进入泰国、缅甸、老挝、柬埔寨和越南。在缅甸、老挝和柬埔寨，中国援建了大量项目。以中国投资为动力的中南半岛基础设施建设全面展开，随之而来的是众多中资公司和大量中国商贩涌入。

据柬埔寨中国商会 2005 年资料，在柬埔寨投资的中国企业已有 400 多家。[②] 每家企业所需中国技术和管理人员有数十人。在越南，自 2000 年至 2006 年，中国大陆在越南投资的较大企业有 400 多家。[③] 仅 TCL 集团在越南投资建设的工厂，年产彩电 50 万台，所需中国技术和管理人员就数以千计。到 2007 年初，在越南的台商企业已达 3000 家，分布于越南各地。长住越南的台商及其眷属约 2 万人。

由于东南亚各国未发布有关中国人出入境和中国移民的数据，所以无法利用公开数据估算东南亚各国的中国新移民数量。在进入东南亚各国的中国新移民中，相当比例为无正式出入境手续者，更使相关各国无法准确估算。笔者根据所掌握的资料做一个估计，从 20 世纪 80 年代到 2008 年，东南亚各国的中国新移民及其后裔在 273 万~303 万人。[④] 到 2018 年，估计增长到 300 万~350 万人。

---

① 福州市华侨华人调查资料，未刊，2006 年。
② 《柬埔寨中国商会会刊》2001 年第 8 期，第 8 页。
③ 曾向荣、彭广京、李欣：《越南经济奇迹的中国痕迹》，《广州日报》2007 年 2 月 20 日。
④ 庄国土：《21 世纪前期世界华侨华人新变化评析》，载贾益民、张禹东、庄国土主编《华侨华人研究报告（2020）》，社会科学文献出版社，2020，第 23 页。

二 东南亚华人数量的估算及其分布

东南亚是世界上华侨华人最集中的地区，华侨华人占东南亚各国人口的比重很高。东南亚各国华人经济实力强大、组织程度很高。

东南亚是中国移民的主要地区。20 世纪 50 年代初，东南亚华人约 1178 万人，占全球华人的 90%。其中，印度尼西亚的华人超过 350 万人，泰国的华人约 300 万人，新加坡和马来西亚的华人共约 310 万人，越南的华人约 100 万人，菲律宾和缅甸的华人各约 35 万人，柬埔寨的华人约 42 万人，老挝的华人约 5 万人，文莱的华人约 1 万人。[①] 2007~2008 年，东南亚华侨华人总数约 3348.6 万人，约占东南亚总人口的 6%，约占全球 4543 万华侨华人的 73.7%。[②]

2018 年，东南亚华人约 3821.3 万人，占东南亚总人口的 5.8%（见表 1），占全球华人的 66%。

表 1　2018 年东南亚各国华人数量及占当地人口比例

单位：万人，%

国家	印尼	泰国	马来西亚	新加坡	缅甸	菲律宾	越南	柬埔寨	老挝	文莱	合计
总人口	27000	7112	3240	564	5266	10900	9491	1602	706	43	65924
华人数量	1100	830	670	420	300	185.3	160	110	40	6	3821.3
占当地人口比例*	4.1	11.7	20.7**	74.5	5.7	1.7	1.7	6.9	5.7	14.0	5.8

注：东南亚各国人口数据来自该国人口统计数据。
* 误差应在 5% 之内；** 包括常住人口，如以公民人口算，则华人占 23%。
资料来源：庄国土《世界华侨华人史》，暨南大学出版社，2018；《华侨华人分布状况和发展趋势》，《侨务工作研究》2010 年第 4 期；《21 世纪前期世界华侨华人新变化评析》，载贾益民、张禹东、庄国土主编《华侨华人研究报告（2020）》，社会科学文献出版社，2020。

[①]　关于东南亚华人数量的推算，详见庄国土、刘文正《东亚华人社会的形成和发展》，厦门大学出版社，2009，第 410~445 页。

[②]　关于 2010 年以前东南亚华侨华人数量变化的更详细估算，参见庄国土《东南亚华侨华人数量的新估算》，《厦门大学学报（哲学社会科学版）》2009 年第 3 期。

印尼是东南亚华侨华人数量最多的国家。中国移民在印尼定居已经数十代，很多底层华人及其子女仍无国籍，尚有一部分华人自认为是印尼土著或以印尼土著身份对外交往，故关于印尼华侨华人人口数量估计差距很大，有700万、1000万、1600万甚至2000多万等相差甚远的估计。2005年，印尼中华总商会副秘书长陈立志认为，据官方不完全统计，印尼华人人口总数在1760万人左右，大多数从商。[1] 印尼《国际日报》主编李卓辉曾估计，至2003年，印尼华人约1100万人，占印尼总人口的3%或3.5%。[2] 2007年，印尼华人问题研究专家廖建裕（Leo Suryadinata）引用 Astrong 所编的统计资料，2000年印尼华人人口为402万，约占印尼全国总人口的2%。[3] 2012年，印尼驻华大使易慕龙（Imron Cotan）访问厦门大学，与笔者对话时提及印尼官方认为印尼福建籍华人有2000多万人。[4] 笔者2020年在雅加达考察时，曾面访李卓辉，他也认可印尼华人数量估算分歧较大，是因为很多印尼人有华人血统，如果只算血统则印尼华人的数量可达数千万人。[5]

笔者认为，当前印尼华人数量估算分歧源于殖民统治时期对华人身份的认定。20世纪初，中国要求在荷属东印度各地设立领事馆。荷兰殖民当局担心中国政府管辖印尼华人，在1910年初颁布《荷属东印度籍民条例》，以出生地主义为原则，要求在当地出生的华人加入荷兰籍。1930年，荷印政府发布关于人口统计数据，华侨有123万人，占印尼总人口的2.19%。[6] 虽然这个统计严重低估了印尼华侨人口的实际数量，但成为此后各种数据的推算基础。到1954年中国和印尼解决双重国籍问题时，印尼移民厅掌握的

---

① 转引自庄国土《东南亚华侨华人数量的新估算》，《厦门大学学报（哲学社会科学版）》2009年第3期。

② 泗水《千岛日报》2003年5月26日，转引自周南京《印度尼西亚华侨华人研究》，香港社会科学出版社有限公司，2006，第219页。

③ M. Jocelyn Armstrong, R. Warwick Armstrong, Kent Mulliner（eds.），*Chinese Population in Comtemporary Southeast Asian Societies：Identities, Interdependence and International Influence*, Routledge, 2001, cite from：Leo Suryadinata, "Issues and Events of Ethnic Chinese Communities," *Chinese Heritage Center Bulletin*, N. 9, May, 2007, pp. 4-5.

④ 厦门大学官网，https：//news. xmu. edu. cn/info/1006/4454. htm。

⑤ 2020年1月5日雅加达厦大印尼校友百年校庆座谈会笔者与李卓辉会谈。

⑥ Volkstelling（荷印政府人口统计），1930, Vol, 7, Jakarta：1931, pp. 159-160。

华人数据为 300 万人，① 约占印尼总人口的 3%。这个数据仍属低估，因为印尼移民厅对华人身份的认定，只包括那些华人认同意识强烈的人，较少包括那些双重认同或华人意识较弱的人。1972 年中国台湾《华侨经济年鉴》根据雅加达中华商会推算的数字，估计印尼华侨华人人口为 450 万人，占印尼总人口的 3.68%。其中，取得印尼国籍者 250 万人。② 如果适当增加无国籍华人和华人身份不甚明显的部分，华人占印尼总人口的比例可能是 4.1%。

泰国是东南亚华侨华人数量第二多的国家。与印尼一样，泰国华侨华人数量大且特别难估算。清末农工商部侍郎杨士琦在 1908 年奉旨考察旅暹民情形，他称"暹罗全国户口不满千万，而华侨有三百万人，人数之众过于爪哇"③。这个华侨数量占泰国人口 30% 的估计应当是把所有具有中国血统的泰国人都算上，不足为凭。美国教授斯金纳根据对泰国所做的详细调查，估算 1954~1955 年泰国华人总数为 231.5 万人，约占泰国总人口的 10%。④

1949 年至 20 世纪 80 年代，尚无大规模中国新移民进入泰国。20 世纪 80 年代初，已经有不少潮汕人在亲友帮助下前往泰国。1988 年，泰国正式开放中国人到泰国旅游，移民泰国在潮汕地区迅速成为一个行业，主要经营者为当地旅行社。由于泰国政府严厉管制定居签证的发放，正式申请定居签证移民泰国的可能性极小，大多数来自潮汕的移民以旅游探亲名义进入泰国，逾期不归，定居当地。由于泰国存在规模达数百万人的庞大华人社会，新移民融入其中，如细流入海。在泰国的亲友帮助下，新移民在当地谋生和取得定居身份并不困难。据笔者等人 1995 年夏在曼谷的田野调查，几位潮汕籍社团领导人估计，当时的潮汕新移民可能近 20 万人。⑤ 这个数据也被

---

① 泗水《千岛日报》2003 年 5 月 26 日，转引自周南京《印度尼西亚华侨华人研究》，香港社会科学出版社有限公司，2006，第 219 页。

② 〔日〕李国卿：《华侨资本的形成和发展》，郭梁、金永勋译，香港社会科学出版社有限公司，2000，第 161 页。

③ 《军机处录副奏折·外交类》，文件号：001006—001008（3 全宗 164 目录 7788 卷 1 号），侍郎杨士琦折。

④ W. G. Skinnar, *Chinese Society in Thailand: An Analytical History*, Chapter 7, Ithaca: Cornell University Press, 1957.

⑤ 庄国土：《中南半岛四国华人的同化浅议》，《东南亚研究》1996 年第 1 期。

笔者 2006 年在潮州的移民调查所证实。此外，20 世纪 80 年代中期以来，泰国成为中国各地尤其是福建人前往发达国家的中转地。1994 年，泰国移民官员承认，他们的国家被国际人蛇集团作为一个重要的区域转运中心，藏匿在泰国等候转运的约 10 万中国人中，由于某种原因，小部分人仍留在泰国。① 2000 年以后，大批中资企业涌入泰国。截至 2020 年底，仅在中国商务部备案的去泰国投资注册公司的中资企业就有 488 家，投资总额 88.3 亿美元，涉及制造业、贸易、工程建设、银行、保险、运输、西药、旅游等各个行业，中国已经成为泰国的第二大投资来源国。② 随着泰国与中国经贸和投资关系的升温，随着中资企业前往泰国的管理人员也不在少数。2000 年，来自潮阳的李桂雄创办了第一个新华侨华人社团——泰国华人青年商会，会员 20 多人。到 2019 年，该会已成为有 2000 多位会员、400 多位常执委的大型社团组织。③

笔者倾向于按泰国华人自然增长率与全国的人口增长率大体相当、泰国华人占泰国人口 10%~12% 来估算泰国华人的数量，估计泰国华人有 830 万人，约占泰国人口的 11.7%。

马来西亚、新加坡和文莱建国后，先后都有华人的人口统计。因此，对马来西亚、新加坡和文莱的华人人口数量通常没有较大异议。

据 2018 年马来西亚统计局发布的最新人口数据，马来西亚人口约 3240 万人，华人有 669 万人，占总人口的 23%。④ 雪兰莪州华人人口最多，估计有 155 万。90.9% 的华人居住在城市地区，仅有 9.1% 的华人住在乡村地区。85% 的华人居住在西马，主要分布在吉隆坡、槟城、怡保、新山、马六甲、兰卡威等城市。华人在东马（沙巴和砂拉越）的人口比例约为 15%，

---

① Paul J. Smith，" Illegal Chinese Immigrants Everywhere and No Letup in Sight," *International Herald Tribune*，May 26，1994.

② 《哪些行业适合去泰国注册公司投资经营?》，洲讯跨境网，http：//www.sailwin.com.cn/scdc/sjwhqx/show-3206.html。

③ 《这位潮商创立了泰国首个新华侨组织，甘当中泰"友好使者"》，百度网，https：//baijiahao.baidu.com/s？id=1671635665784558508&wfr=spider&for=pc。

④ 中国侨网，http：//www.chinaqw.com/hqhr/2018/08-02/197761.shtml。

主要居住在砂拉越州，约 56 万人，占全州人口的 24.1%。沙巴州有华人 31.45 万人，占全州人口的 8%。

截至 2007 年 6 月，新加坡人口总数为 468.06 万人，其中，近 370 万人为公民和永久居民，其余的人为暂住的外国居民，公民和永久居民人口比 2006 年增加了 1.8%，而暂住居民则增加了 14.9%。[①] 据新加坡官方发布的《2018 年人口简报》，截至 2018 年 6 月，新加坡总人口 563.87 万人，公民人口有 347.2 万人，永久居民（PR）52.23 万人，其他持有长期准证（如各类工作准证、学生准证、家属准证）的非居民人口有 164.44 万人。近 10 年来，新加坡的族群比例基本稳定，华裔、马来西亚裔和印度裔分别占新加坡居民人口的 74.3%、13.5% 和 9.0%。[②]

2006 年文莱总人口 37.5 万人，其中华人约 5.6 万人，约占文莱总人口的 15%。[③] 由于文莱严格管制出入境，故文莱华人的变动主要是人口自然增长率所致。2018 年，文莱总人口近 43 万人，华人人口近 6 万人。

缅甸华侨华人数量估算分歧也较大。据香港《亚洲周刊》1988 年 8 月 26 日报道，在缅甸 4000 万人口中，华人占 2.2%，按此估算，缅甸华人数量约为 88 万人。[④] 20 世纪 80 年代后期，中缅经贸关系迅速发展，随着中国投资和商品大规模进入缅甸，中国商贩和企业及工程管理人员也随之前往，缅甸华侨华人数量急剧增加。2005 年，缅甸华人或达 250 万人。[⑤] 近几年，由于中国与缅甸经贸关系的发展，又有大批中国人涌入缅北，据说在缅北居

---

① 《我国总人口 468 万公民和永久居民 370 万增 1.8% 非居民 100 万增 14.9%》，〔新加坡〕《联合早报》2007 年 9 月 28 日。

② 《新加坡人口普查：人口增速放缓 华裔占居民人口 74.3%》，国务院侨务办公室网站，https://www.gqb.gov.cn/news/2021/0617/51560.shtml。

③ Leo Suryadinata, "Issues and Events of Ethnic Chinese Communities," *Chinese Heritage Center Bulletin*, N.9, May, 2007, p.4.

④ 林锡星：《缅甸华人社会概况》，载林清风、洪新业编《缅华社会研究》第二集，澳门缅华互助会，2001，第 10~29 页。

⑤ 《海外华文教育事业蓬勃发展：辉煌与困惑并存》，国务院侨务办公室网站，http://www.gqd.gov.cn/news/2011/0819/23801.shtml。2005 年，笔者助手在仰光时，曾电访中国驻缅大使馆一秘，他的估计也是有 250 万人。

住着超过 100 万的华人。① 2018 年，估计缅甸华人应有 300 万人。

20 世纪 90 年代中期，著名菲律宾华人研究专家、加拿大教授魏安国（Edgar Wickberg）估计菲律宾华人总数在 80 万~120 万人，最普通的估计是100 万人，约占菲律宾总人口的 1.4%，包括 20 世纪 90 年代初期以前来菲律宾的不到 10 万人的新移民。② 随着中菲经贸关系的发展，大批中国新移民前往菲律宾。2007 年，菲律宾华人有 150 万人，约占菲律宾总人口的1.7%。如以菲律宾华人占当地人口 1.7% 计，估计到 2018 年，菲律宾华人有 185.3 万人。

三　东南亚华人社群构成与分布

本文的社群（community），指在特定的时空范围内具有共同纽带、领域、利益、价值观或兴趣等社会关系而交流、互动和合作的群体。

（一）东南亚华人方言群和籍贯构成的历史变化

东南亚华人社群的最重要纽带当属方言群及与其相联系的原乡籍贯认同。这种聚合纽带产生的原因有二：第一，华人移居海外后通常以同乡和亲属为组合，以便在移民、定居和谋生过程中守望相助；第二，移入地的当地殖民政府或所在国政府为了方便管理，也通常让相同来源地的华人聚居在共同的地区。荷兰东印度公司对华人实行甲必丹管理制度，甲必丹通常都由最大方言群的首领担任。英国人莱佛士 1819 年开埠新加坡后，让华人移民集中居住于新加坡河岸的华人区。在华人区内，不同籍贯者大体上以不同方言群分别聚居，各自推举首领协助殖民政府管理本帮事务。越南阮朝时期，越南华侨被分为广府（又称为"广肇"）、潮州、福建、客家、海南五帮，阮朝政府对

---

① 网易网，https：//www.163.com/dy/article/I0OIM12905561JHU.html。
② 魏安国：《菲律宾华人篇》，载潘翎主编《华侨华人百科全书》，新加坡华裔馆，1998，第187 页。

华侨实行分帮管理。① 法国统治印度支那时期，殖民政府继承了越南阮朝对华侨分帮统治的办法，并将之推广到整个印度支那。当地统治者对华人分方言群管理的制度，也强化了华人的籍贯意识，这种意识对社群认同的影响一直持续至今。尤其是 20 世纪 80 年代以来，东南亚华人社会的组织动员及其与中国的交流和联系，很大程度上是通过各种层级的同乡会推进的。

一直到 20 世纪 90 年代末，东南亚华人社群最主要的聚合和区分，大体上仍是以方言群及与其相关的原乡籍贯为纽带。华人方言群分为五大方言群，即福建、潮州、广府、客家和海南。除五大方言群外，有些国家还有福州人、兴化人、福清人、广西人、云南人等小方言群以及新移民社群。如新加坡宗乡会馆，就是由福建会馆、潮州八邑会馆、广东会馆、南洋客属总会、海南会馆这五大方言群的会馆加上三江会馆②、福州会馆组成。

据 20 世纪 30 年代统计资料，在越南华侨中，广府籍占 50%，潮州籍、海南籍、客家籍占 30%，福建籍占 20%。③

据有关统计，在 250 万泰国华侨中，潮州籍占 60%，有 150 万人。④ 20 世纪 50 年代，美国社会学家斯金纳（G. William Skinner）对泰国华人籍贯的统计是：潮州籍占 60%，客家籍占 16%，海南籍占 11%，广府籍占 7%，福建籍占 4%，其他籍贯占 2%。⑤

20 世纪 50 年代初，斯金纳以当地政府的统计资料为主要依据，曾大致评估东南亚华人的数量及其在方言群中的分布。根据其统计，东南亚华人约 883.8 万人，潮州籍占比最高，福建籍次之（见表 2）。

---

① 庄国土：《华侨华人与中国的关系》，广东高等教育出版社，2001，第 150、179 页。广肇籍与广府籍所指基本相同，只是在不同的分类中表述有所区别。

② 新加坡三江公所成立于 1906 年，1927 年改名为三江会馆。三江原指江苏、浙江和江西三省，后指除闽、粤、桂三省之外的长江、黄河、黑龙江三大河流域。

③ 华侨志编委会编《越南华侨志》，台湾海外出版社，第 51 页；华侨志编委会编《柬埔寨华侨分志》，台湾海外出版社，第 24~26 页。

④ 庄国土：《华侨华人与中国的关系》，广东高等教育出版社，2001，第 180 页。

⑤ George William Skinner, *The Leadership and Power in a Chinese Community of Thailand*, New York, 1958, p. 20.

表2 1950年东南亚各国（地）华人方言群人口

单位：人

国（地）名 （华人总人口）	潮州籍	福建籍	广府籍	客家籍	海南籍
缅甸 （231000）	3000	120000	75000	24000	9000
泰国 （2910000）	1800000	90000	300000	360000	360000
越南 （727000）	225000	60000	337000	75000	30000
柬埔寨/老挝 （235000）	150000	15000	50000	10000	10000
马来亚联合邦 （1845000）	219000	574000	516000	424000	112000
新加坡 （756000）	170000	313000	171000	45000	57000
印尼 （1911000）	168000	987000	252000	441000	63000
菲律宾 （223100）	4600	161000	46000	4600	6900

资料来源：G. William Skinner, *Report on the Chinese in Southeast Asia*, Ithaca：Southeast Asia Project, Cornell University, 1951, 转引自李恩涵《东南亚华人史》，台北：五南图书出版公司，2003，第1章，表5。

表2中斯金纳所列的福建籍实际上指的是闽南人，福建人中的客家人和福州人、兴化人可能没有计入。

柬埔寨华人研究专家 W. E. Willmott 教授也估算了20世纪60年代初柬埔寨各帮华人的人数（见表3）。

表 3　1962~1963 年柬埔寨华人籍贯结构

单位：人

籍贯	人数	在金边的人数
潮州籍	324000	100000
广府籍	43000	16000
海南籍	33000	10000
客家籍	14000	4000
福建籍	10000	4500
其他	1000	500

资料来源：W. E. Willmott, *The Political Structure of the Chinese Community in Cambodia*, London：University of London, The Athlone Press, 1970, p. 7。

（二）各方言群的人数及其分布

1. 福建（Fukien）方言群

东南亚福建方言群主要是来自闽南地区的漳州、泉州和厦门讲闽南话的群体。在马来西亚和印尼等地，福建方言群也包括福州籍和兴化籍。宋代以来，福建人在海上丝绸之路和东亚海外贸易方面发挥了很大作用，因此，他们是最早大规模向东南亚移民的中国人和在东南亚最有经济地位的社群，也是最早在东南亚定居和繁衍的华人社群。

就省籍而言，18 世纪末以前，福建籍是东南亚华侨中人数最多的。18 世纪后期潮州人大批涌入暹罗后，东南亚华侨中福建籍的数量就被广东籍超过。但如果就五大方言群而言，福建方言群（包括福州人和兴化人）是当前东南亚最大的华人方言群，总数可能有 1180 万人。福建方言群在菲律宾、印尼、新加坡、马来西亚和文莱都占多数。福建方言群在菲律宾和文莱这两个国家的华人中人数占比最高，福建方言群各约占两国华人数量的 80%，①

---

① 据 1998 年编纂的《海外华人百科全书》，"福建人约占菲律宾华人 85%~90%"，参见〔新加坡〕潘翎主编，崔贵强编译《海外华人百科全书》，三联书店（香港）有限公司，1998，第 187 页。考虑到最近 10 年来，很多新移民来自福建以外，特别是北方的中国新移民大批涌入菲律宾，福建籍比例有所降低，故估算菲律宾华人中福建籍占 80%~85%；文莱华人福建籍约占 80%。参见庄国土《"马来化、伊斯兰化和君主制度"下文莱华人的社会地位》，《东南亚研究》2003 年第 5 期。

分别有 200 万人和 4.8 万人。福建方言群在印尼华人中占 40%~45%，有 450 万~490 万人。[1] 在马来西亚和新加坡，福建方言群占华人的比例都超过 40%，人数分别有 268 万人和 168 万人。[2]

2. 潮州（Techew）方言群

东南亚潮州方言群主要来自原属广东省潮州府管辖的潮安（海阳）县、潮阳县、揭阳县、惠来县、普宁县、澄海县、饶平县、丰顺县、大埔县，以及（澄海县辖地）汕头埠和南澳岛。潮州府隶属广东省，但语言、习俗和人文特点与福建（闽南）人更接近。虽然潮州人移民东南亚与福建人几乎同步，但潮州人更大规模的海外移民则主要从 18 世纪 60 年代潮州人后裔在泰国为王开始。东南亚的潮州籍约有 850 万人，主要分布在中南半岛各国，泰国是海外潮州人的最大聚集区。泰国华人中，潮州籍约占 55%，有 456 万人。[3] 海外潮州籍聚集第二多的国家是新加坡，约有 84 万人；第三多的国家是马来西亚，有 60 多万人；第四多的国家是越南，有 40 多万人。

3. 客家（Hakka）方言群

东南亚客家方言群主要来自闽粤交界的福建汀州地区和广东嘉应州地区，以及惠州、粤西和珠江三角洲的部分地区。客家人大规模海外移民是在 19 世纪以后作为华工出国。客家籍主要分布在印尼、马来西亚、泰国、新加坡和越南。其中印尼和马来西亚的客家人最多。印尼客家籍约有 232 万人，约占印尼华人的 21%。马来西亚客家籍约有 167 万人，约占马来西亚华人的 25%。泰国客家籍约有 92 万人，约占泰国华人的 11%。此外，新加坡客家籍约 21 万人，约占新加坡华人的 5%；越南客家籍约 14 万人，约占越南华人的 9%。

---

[1] 2007 年，印尼华人约 1000 万人，其中福建籍华人约 400 万人，约占 40%。

[2] 1995 年，马来西亚闽南人约占马来西亚华人的 34%，福州籍、福清籍、莆田籍等约占 7%，两者相加，福建籍约占马来西亚华人的 41%。参见吴小安《福建学与东南亚学：个案透视和学术建构》，载林忠强、庄国土等主编《东南亚的福建人》，厦门大学出版社，2006，第 32 页。据 2020 年新加坡人口署公布的数据，华裔公民和永久居民约 300 万人，福建方言群有 118 万人，占 39%，加上福州籍、兴化籍，福建方言群占比应超过 40%。

[3] 20 世纪 50 年代初斯金纳估计潮州方言群占泰国华人的 60%。2000 年以来，来自中国各地的新移民涌入泰国，估计潮州籍占泰国华人的比例略有下降。以下关于当前东南亚各国五大方言群数量的估算，都考虑到新移民的因素。

4. 广府（Canton）方言群

东南亚广府方言群的人主要来自广州府、肇庆府及广西讲白话的区域。从汉代开始广州就是中国的对外通商和航海中心，因此，广府人也是中国最早的海外移民群体之一。由于珠江三角洲较富庶，广府人大规模向海外移民从19世纪中叶以后才开始。前往东南亚的广府移民主要分布在马来西亚、新加坡、越南、缅甸、柬埔寨等地，人数约540万人。广府籍在越南华人中占的比例最高，约有45%，总人数超过70万人。其次是马来西亚，广府籍约占马来西亚华人的24%，约有160万人。再次是新加坡，广府籍约占新加坡华人的19%，约有80万人。印尼的广府籍约占印尼华人的10%，约有110万人。

5. 海南（Hainan）方言群

海南方言和潮州方言都属于泛福建方言。海南人也较早移民东南亚，但人数一直是五大方言群中最少的，现在约有250万人，主要分布在泰国、马来西亚、新加坡、越南、印尼、菲律宾等地。海南籍在泰国华人中占的比例较高且人数也最多。海南籍在泰国华人中的占比约10%，总数约83万人。马来西亚的海南籍约有36万人，约占马来西亚华人的5.5%。新加坡的海南籍约有30万人，约占新加坡华人的7%。此外，印尼的海南籍也有约30万人，约占印尼华人的3%。

海南籍移民中劳工阶层较多，且性格上更随遇而安，进取心和拼搏精神不如福建籍、潮州籍和客家籍，故其经济成就也较有限。

表4　东南亚五大方言群数量估算*

单位：万人

	福建方言群	潮州方言群	客家方言群	广府方言群	海南方言群	五大方言群合计
人数	1180	850	680	540	250	3500

注：*误差在5%之内。

资料来源：https://m.163.com/dy/article_cambrian/FUAK82TV0541966A.html。

（三）以方言群为视角的经济实力评估

以方言群或省籍为视角评估东南亚华人不同社群的经济实力，或可对东南亚华人的生存和发展环境有更深入的了解，也可为增强东南亚华人与中国的关系建立一个更全面的认知基础。

在东南亚华人五大方言群中，经济实力最强大的属福建方言群。

在前东盟五国（新加坡、马来西亚、印尼、菲律宾和泰国），华商的经济实力很强大；在后东盟五国中，华商实力也在迅速成长。在经济实力方面，除泰国是祖籍潮汕人占优势外，祖籍福建人在新加坡、马来西亚、印尼和菲律宾的经贸领域均有较大优势。2014年福布斯富豪榜中，新加坡前10大富豪都是华商，9位是祖籍福建人，1位是祖籍潮州人；马来西亚10大富豪中，7位是祖籍福建人，1位是祖籍潮州人，2位是马来人；印尼10大富豪中，7位是华商，其中有6位是祖籍福建人，1位籍贯未详，其他3位富豪是土著；菲律宾10大富豪中，有8位祖籍福建人，2位华人土著；泰国10大富豪中，有7位是华商，其他3位是土著（包括他信），7位华商中，祖籍潮汕人有5位，祖籍海南人有2位。

在东南亚华人五大方言群中，经济实力占第二位的是潮州方言群。在泰国前10大富豪中，祖籍潮州人占5位。此外，马来西亚和新加坡各有1位祖籍潮汕人入选当地10大富豪。

（四）老侨、新侨视角和闽粤省籍视角

从不同移民时期和不同移民来源地分析，东南亚华侨华人又可分为老侨和新侨以及广东和福建的不同省籍视角。

1. 新老侨视角

本文的"老侨"，指中国改革开放以前就已经在东南亚定居的中国移民及其后裔。"新侨"指20世纪80年代以后前往东南亚地区的中国移民，又称新移民。

（1）老侨。迄今为止，东南亚华人大部分都属老侨，占东南亚华人总

数的85%以上。很多家族定居在东南亚已数代乃至数十代。有些华人家族在17~18世纪就已经定居在东南亚，开枝散叶至今，如新加坡的陈氏家族、印尼的潘氏家族、马来西亚的邱氏家族等。东南亚华人五大方言群基本上是老侨。属于老侨的东南亚华人超过3500万人，遍布东盟各国，高度集中于印尼、马来西亚、泰国、新加坡、越南和菲律宾。

（2）新侨。新移民少部分来自港澳台地区，大部分来自中国大陆。20世纪70年代中期和80年代初期，来自泉州和潮汕地区的移民分别前往菲律宾和泰国。20世纪90年代以来，有数以百万计的中国新移民进入东南亚各国。2010年以来，中国大批国企和民企进入东南亚各国，带去数以十万计的管理人员和技术人员。从20世纪80年代至今，进入东南亚各国的中国新移民及其子女在450万人以上。数量最多的是云南人，其规模在200万人以上，他们高度集中在缅甸，少数分布在老挝、泰国北部、柬埔寨和东南亚其他地方。东南亚的台湾人绝大部分是新侨，数量在50万人以上，主要分布在印尼、泰国、越南、马来西亚、新加坡。台湾的老侨主要分布在文莱、新加坡、马来西亚和菲律宾。另外一个新侨来源地是湖南，他们大部分来自邵阳市。在老挝的湖南人超过10万人，在柬埔寨的湖南人也有数万人。

随着中国企业走出去和中国企业每年在东南亚各国承包的以数十亿美元计的工程，成千上万来自中国各个省份的企业涌入东南亚各国，带来数以十万计的员工。此外，在老侨的主要来源地如闽南、潮汕和广府地区，也有不少新移民前往他们前辈居住的地区，他们大部分已融入当地老侨社会。

表5　2007~2008年东南亚中国新移民数量估计、分布与职业构成

单位：万人

国别	人数	主要职业	备注
缅甸	100~110	商贩、管理与技术人员、劳工、农民	相当比例的流动人员；相当比例的无证移民
泰国	35~40	商贩、管理与技术人员、自由职业者、公司职员	相当比例的流动人员；相当比例的无证移民

续表

国别	人数	主要职业	备注
新加坡	55	留学生和专业人士、职员、商人和劳务人员	
菲律宾	20	商贩、职员	相当比例的无证移民
马来西亚	10~15	商贩、劳工、学生、中国新娘和退休人士	相当比例的流动人员
越南	10~15	商贩、投资者、管理和技术人员	一定比例的流动人员;相当比例的台商及其眷属
印度尼西亚	10	投资和管理人员、商贩、技术人员	相当比例的台商及其眷属
老挝	13	商贩、管理和技术人员、劳工、农民	相当比例的流动人员
柬埔寨	20~30	商贩、管理和技术人员、劳工	相当比例的流动人员
总计	273~303	从事政治以外的所有职业领域;商贩最多	相当比例的流动人员

资料来源:庄国土《东南亚华侨华人数量的新估算》,《厦门大学学报(哲学社会科学版)》2009年第3期。部分数据有所调整。

2. 福建和广东的省籍视角

如以省籍论,从16世纪末中国移民大规模进入东南亚到20世纪末,东南亚华侨华人90%以上来自福建和广东。东南亚华人五大方言群,基本上主要来自广东和福建。

五大方言群中,福建方言群全部来自福建(金门籍文莱老侨也认同福建),潮汕方言群全部来自广东,广府方言群大部分来自广东,少部分来自广西。海南方言群来自海南(海南建省前属广东),客家人则闽粤都有,但大部分来自广东省各市县,占比约85%,来自福建的客家人占比10%~15%,主要来自闽西各县。

以省籍计,东南亚福建籍华人约有1180万人,广东籍华人约有1800万人,广西籍华人超过250万人,海南籍华人约有250万人,云南籍华人有200万人以上,台湾籍华人约有52万人。广东籍华人中的潮州籍与福建地域相邻,操同种方言,在东南亚华人社会中,他们相互认同和协作更多。客家人认同方言群更甚于认同省籍。海南籍与福建籍因方言相似、祖先同宗,彼此也相互认同。

随着 20 世纪 80 年代以后普通话在东南亚华人社会越来越流行，东南亚华人对方言群的认同有所下降，按原乡行政区的认同有所上升。

（五）华文掌握程度的视角

华文掌握程度是东南亚华人的重大区别，直接关系到其认同指向和与中国的关系。按华文掌握程度，东南亚华人大概可分为三个层次。

（1）第一个层次是马来西亚、新加坡的华人，新移民，东南亚其他各国受过华文教育的华人。他们大部分人都掌握基本的华语会话能力。尤其是马来西亚华人，他们建立了从幼稚园、小学、中学到大学的华文学校教育体系，其质量堪比中国。近 30 年来自中国的新移民，其子女因家庭环境和父母重视等原因，基本上也能熟练掌握华文。东南亚其他各国受过华文教育的华人包括就读当地的华文学校、早期回中国读书或来自中国的移民，这些人在百万人以上，很多当地侨领就是这批人，但他们基本上在 80 岁以上。

总体而言，基本能用华文进行不同程度交流的东南亚华人有 1600 万 ~ 1800 万人，占东南亚华人的 40% ~ 45%。

（2）第二个层次是懂一点华文但基本不能用华文交流的华人。这些人可能在当地上过非制式教育的中文（补习）班，能看懂或说一点中文，或是来自父母双方或一方能用中文交流的家庭。他们的人数不太多，有几百万人。

（3）第三个层次是基本不懂中文但仍保持华人习俗者。这部分人占东南亚华人的一半或一半以上。大多数混血华人和底层贫穷华人就属于这个层次。混血华人如马来西亚的峇峇娘惹（baba nyonya），印尼的普罗那干（Peranakan），菲律宾的混血华人（Chinese Mestizo），他们大多不懂中文或略懂中文，即使和华人交流也不能用中文。另一类是底层贫穷华人，贫穷导致他们没有机会学华语。尤其在华人数量多的国家，如印尼、泰国、缅甸、柬埔寨、菲律宾、越南和老挝，老侨中能掌握华语的较少，老侨二代以后的大部分华人都不懂中文了。

四 东南亚华商经济实力雄厚

近代以来，东南亚华人在当地经济发展中起着重要的推动作用，他们在东南亚国家的地位主要表现在经济地位上。[①]

（一）东南亚华商发展的历史脉络

欧洲人东来引发东西方直接贸易和西方国家主导的世界商贸网络的形成，加上西方在东南亚的殖民经济开发，带动了东南亚华商网络的扩大，从而推动东南亚华商的资本积累。早期东南亚华商的资本积累主要来自流通领域，诚如游仲勋教授所言："在（东南亚）华侨经济中最早出现的资本活动形态是福建、广东出身的贸易商人所经营的海上商业资本，接着是在当地定居的华侨商人所经营的城市和农村商业资本，再下来是与这些商业资本有关的高利贷资本。这些资本是直接以流通过程作为利润来源的，就其意义上说乃是前资本主义的资本，而直接以生产过程作为利润来源的产业资本的形成，即近代资本主义的形成却是在工业中进行的。"[②] 到 20 世纪前期，东南亚华商已形成强大的商业资本，在零售业居优势地位，在现代金融业和工矿、交通领域也占有一席之地。然而，就华商在东南亚经济中的地位而言，他们也只是从属于主导东南亚经济的西方资本，充当西方企业与土著之间的中间商。

第二次世界大战结束以来，东南亚地区的政治、经济发生了巨大而深刻的变化。随着华人归化于当地进程的基本完成，已融入当地民族经济的华人企业发生了重大的变化。如果说 20 世纪五六十年代华商企业因当地国对华人的经济排斥而不得不进行痛苦的调整和面向当地的转型，那么七八十年代

[①] 关于 21 世纪前期东南亚华商的成长，参见庄国土《21 世纪前期世界华侨华人新变化评析》，载贾益民、张禹东、庄国土主编《华侨华人研究报告（2020）》，社会科学文献出版社，2020。

[②] 〔日〕游仲勋：《东南亚华侨经济简论》，郭梁、刘晓民译，厦门大学出版社，1987，第 28 页。

东亚经济和东南亚各国工业化的飞速发展，则为调整后的东南亚华商企业提供了前所未有的发展机遇。20 世纪 70 年代以来，东南亚华商企业迅猛发展，经济实力大增，已成为东南亚国家经济的重要支柱和亚太经济的重要组成部分。

就组合方式与发展规模而言，第二次世界大战后得到飞速发展的东南亚华商企业可分为三种类型。① 一是非工业部门的传统领域基础型，这是二战以前殖民经济时期华人长期经营的领域，如橡胶、大米、肥皂和金融、零售贸易等行业。这些行业多是家族经营，尽管也有大规模经营的华人企业，如陈嘉庚的企业、华侨银行等，但大多数是华人中小企业。二战以后，也有少数老企业在这一传统领域继续经营而得到较大发展，如新加坡华侨银行，但在这一领域的华人企业大多仍以家族经营方式进行小规模的经营。虽然在这一领域的华人企业经营总量不大，但数量极多。二是"经济发展周边型"，这种类型的华人企业没有积极进入工业化领域，而是敏锐地捕捉到经济发展带来的事业机会，从而获得成长，如马来西亚的郭鹤年集团、黄鸿年（Oei Hong Leong）集团。三是"工业发展基础型"，这类华人企业堪称能迅速利用所在国家产业政策获得成长的"优等生"，如新加坡的丰隆（Heong Leong）集团、印尼的沙林（Salim）集团。与第一种类型的华人企业绝大多数是家族经营的地方性中小企业不同，第二种和第三种类型的华人企业大多是实现了大规模化和跨国化的企业集团，它们或与国际大企业合作，或与政治权力结合，或通过合纵连横，都实现了大规模资本积累。这些企业集团以制造业、银行业为核心，对其他行业进行大规模跨国投资和联营，形成财阀式的跨国大企业集团。

就产业结构而言，东南亚华商企业可分为五种类型。② 一是生产（中心）类型，这种类型企业的产业结构集中在商品生产（即价值生产）部门，

---

① 关于这三种类型的划分，参见〔日〕岩崎育夫《东南亚华人资本的海外投资动向》，载陈文寿编《华侨华人的经济透视》，香港社会科学出版社，1999，第 93 页。

② 〔日〕游仲勋：《东南亚华侨经济简论》，郭梁、刘晓民译，厦门大学出版社，1987，第 18~19 页。

如农业、林业、畜牧业、渔业、工业（包括电力和煤气）、矿业、建筑业、运输业、通信业等。马来西亚、印尼的华商企业多属此类型。二是流通类型，这种类型企业的产业结构集中于围绕上述商品交易的流通部门，如商业、国际贸易、金融等行业，泰国、菲律宾、越南、柬埔寨、老挝的华商企业多属此类型。三是混合类型，指兼营生产和流通领域的企业，新加坡、马来西亚、印尼和泰国的一些华商大企业集团就是此类打通生产和流通领域的企业。四是服务类型，指产业结构集中于服务行业，如餐饮业、旅馆业等，东南亚各国不少中小华商企业从事此类行业，但服务行业的华人企业巨头大多是混合型的大企业集团。五是分散类型，指产业结构分散于生产、流通、服务等行业的华商企业，新加坡的华人企业就分布在各行业。

就华商企业而言，它们大多集中于生产和流通行业。随着大规模华人企业集团的崛起和发展，这些大企业集团越来越发展成为混合型企业。它们通常有自己的生产性企业和自己的银行作为企业集团的核心，掌控部分或大部分销售网络推销自己生产的商品。

（二）华商的特点与优势

1. 当地化与现代化

20世纪50年代以来，随着东南亚华侨社会向华人社会的转变，华商企业已成为当地民族经济的重要组成部分。在政治上，东南亚华商已认同和效忠于当地国家；在经济上，东南亚华商的财富源于当地，他们所从事的行业与居住国的民生休戚相关，并直接为当地国家的经济发展和人民生活服务。东南亚华商资本与土著资本已经相互交融，不少土著人士在华人企业中占有股份，并担当公司的管理人员，同时，许多以其他族裔为主的企业也吸纳华人资本，并邀请华商参与经营管理。大体而言，随着华商当地化的日益加深，在东南亚已经越来越难以分辨出"纯粹的华人经济"。[1]

经过几十年的发展，东南亚华商在当地化的同时，也日趋现代化。这种

---

[1] 陈乔之：《华侨华人社会经济研究》，香港地平线出版社，1998，第150页。

现代化主要表现为两个方面：一是华商从事的产业领域从传统产业部门向现代工业和服务业转变。二战前东南亚华商的经营领域主要集中在农矿业、商业零售业等传统产业部门，二战后随着东南亚国家的经济发展，到了 20 世纪七八十年代华商资本已大部分转向制造业、金融业、服务业等现代产业部门。二是华商的经营管理模式从单一家族管理模式向家族管理与现代管理相结合的模式转变。20 世纪 70 年代以来，许多华商企业开始引进现代企业管理制度，大胆启用外部人才，使华人家族企业的公众化和社会化程度不断提高，一大批华人跨国企业涌现出来。

2. 硬实力和软实力兼备

所谓硬实力，是指东南亚华商经济实力雄厚。东南亚地区是华侨华人主要聚居地，华商的人数众多、资本雄厚，是东南亚乃至东亚地区一股重要的经济力量。东南亚华商既有富甲一方的大华商，也有数以万计的中小华商，他们在当地经济中占有突出地位，在某些行业甚至起到支配作用。早在 21 世纪初，有研究称华人上市公司占东南亚地区证券交易市场上市企业数量的 70%，华人资本占了日本、韩国、中国大陆以外的亚洲 10 个股票交易市场股票价值总额的 66%。[1] 2008 年东南亚最大的 20 家华商企业，平均营业额为 36.28 亿美元，总资产高达 3973.36 亿美元（见表 6）。

表 6　2008 年东南亚最大的 20 家华商企业

单位：百万美元

名次	公司名称	总部所在国	营业额	总资产
1	丰益国际有限公司	新加坡	16466.2	15507.1
2	大东方控股	新加坡	6121.2	30864.2
3	IOI 集团	马来西亚	4266.2	5021.3
4	卜蜂食品企业大众有限公司	泰国	3988.1	2970.8
5	CP All Public Company Limited	泰国	3342.0	1310.0

---

[1] 纪硕鸣、萧雅、童清峰、林友顺：《华商在国际市场举足轻重》，http://www.yzzk.com/cfm/Content_ Archive.cfm? Channel=ae&Path=2227311272/41ae1.cfm。

续表

名次	公司名称	总部所在国	营业额	总资产
6	大华银行有限公司	新加坡	3232.9	116084.1
7	菲律宾长途电话公司	菲律宾	3165.9	5204.1
8	星狮集团	新加坡	3144.0	8536.7
9	盐仓集团	印尼	3080.5	2617.8
10	印多福食品有限公司	印尼	3047.6	3230.2
11	华侨银行有限公司	新加坡	2840.3	115856.5
12	SM Investments Corp.	菲律宾	2655.3	5081.1
13	创业集团有限公司	新加坡	2569.7	2022.8
14	云顶有限公司	马来西亚	2467.9	8779.1
15	丰隆亚洲有限公司	新加坡	2145.3	2161.5
16	城市发展有限公司	新加坡	2061.0	8107.4
17	盘谷银行有限公司	泰国	2032.8	46148.0
18	Lion Industries Corporation Berhad	马来西亚	2018.9	1664.1
19	巅峰控股(约格森米)	菲律宾	2004.9	4982.5
20	杨忠礼机构有限公司	马来西亚	1905.4	11187.6

资料来源:笔者根据《亚洲周刊》发布的"2008全球华商1000强"数据资料整理而得。

　　东南亚华商除了具备硬实力以外,还具有较强的软实力。这种软实力主要表现为东南亚华商在当地的政界、商界以及普通大众中具有广泛的影响力和号召力。东南亚华商作为一个重要的利益集团,他们中的许多人本身就是当地政府成员,有些人是政府的决策顾问,有些人是政府领导人的私人朋友,有些人是国会议员或地方议会议员,因此华商影响政府决策的资源很多,手段与方式也非常多元化。[1] 东南亚华商已经完全融入当地的商业网络,他们大多是当地商界的佼佼者,有的还担任当地商业社团的主要领导人,他们与其他族裔的企业家或者相互持股,或者彼此保持紧密业务合作,这些都使东南亚华商在当地商界保有巨大的影响力。此外,不少华商还开办报纸、电台和电视台,他们对当地社会有着相当大的舆论引导力。

---

[1]　王望波:《中国—东盟自由贸易区中的东南亚华商》,《南洋问题研究》2007年第3期。

3. 中国—东盟自贸区和 RCEP 的机遇

创建于 2001 年的中国—东盟自贸区，为东南亚华商提供了前所未有的发展机会。对于在两地都有大量投资事业的东南亚华商而言，自贸区可以促进华人企业内部资金、技术及其他生产要素的自由流动，提高资源配置效率，降低华商企业的经营成本。此外，东南亚华商与中国企业、东南亚土著企业相比，具有更多优势，更易在自贸区中发现商机并获得成功。

在贸易方面，东南亚华商在居住国的商业、制造业领域占有重要地位，有许多华商还直接从事进出口贸易，长期以来他们一直是东盟国家对华贸易的主力。随着自贸区建设的推进、减税计划的实施，东南亚华商在扩大对华出口的同时，也加大了从中国的进口，推动了中国与东盟贸易的增长。自贸区建设启动以来，东南亚华商搭乘中国"经济快车"，壮大自身事业，不断扩大其在中国的投资。此外，还有许多东南亚华商通过在香港设立投资基地，再以港资的身份扩大对中国的投资，其规模远大于直接来自东南亚的投资。

除了作为实践者之外，东南亚华商也是区域内贸易、投资的重要引导者。东南亚华商在建立中国—东盟自贸区的进程中，可以利用熟悉中国与东南亚国家政治、经济、文化的特殊优势，收集两地的投资机会、贸易机会以及合作机会，分别向两地的企业进行推介。此外，东南亚华商国际化较早，他们与日本、欧美的跨国公司保持着广泛的业务联系，可以向区域外的跨国投资者提供投资和合作的信息，吸引他们到中国和东南亚国家开展投资活动。

东南亚华商作为一个重要的利益集团，在居住国具有一定的社会地位和较大的影响，与当地政府官员、军队要员、社会名流等高层人士建立了密切关系，一些华人大企业家已跻身当地名流之列。他们可以通过各种方式影响居住国政府的对华政策。另外，东南亚华商进入中国市场达 40 年，在长期的经济活动中已经积累了丰富的人脉资源，与中国的各级政府和官员建立起密切的联系，拥有畅通的沟通渠道，能促进中国与东南亚各国政府的信息沟通，推动中国—东盟自贸区制度建设。

由东盟发起、在东盟+N 基础上发展起来的《区域全面经济伙伴关系协定》（RCEP），在 2022 年正式生效，也将为东南亚华商的发展创造更广阔的空间。

（三）21世纪前期东南亚华商实力迅速增长

东南亚华商有很强的经济实力。2008 年，东南亚华商的资产约 15051 亿美元，相当于中国当年 GDP 总量 4.3 万亿美元的 35%。2015 年，胡润研究院首次发布"全球华人富豪榜"（Hanya Capital · Hurun Global Chinese Rich List 2015），其上榜门槛为 20 亿元人民币。中国（包括港澳台）以外的入榜华商共 144 人，东南亚华商入榜 116 人，占 80.6%。[①]

1. 华商巨富财富迅速增长

据 2021 年福布斯富豪榜统计，2021 年前东盟五国上榜华商共有 77 人。其中，新加坡 24 人，泰国 15 人，马来西亚 15 人，印尼 12 人，菲律宾 11 人。上榜华商资产总额为 3656 亿美元。其中，新加坡上榜华商的资产总额最高，为 1503 亿美元，占东盟五国上榜华商财富总额的 41.1%。

根据衣长军教授团队的新估算，东盟十国华商资产总额为 4.48 万亿美元，约占海外华商（不含港澳台华商）财富的 66%。前东盟五国华商资产额占东盟十国华商资产总额的 94%。而后东盟五国（越南、缅甸、文莱、老挝、柬埔寨）的华商资产额仅占 6%。2020 年新加坡华商大型企业总资产约为 10099.96 亿美元。与 2008 年相比，新加坡华商大型企业资产总额增长了 1.3 倍。

老挝是东南亚发展程度最低的国家，出生于老挝的张贵龙，祖籍广东省普宁市，旗下拥有百货业、加工业、进出口贸易、建筑业、房地产业、旅游业等领域的 20 家公司，2016 年被誉为老挝华人首富。[②]

2. 中小华商实力稳步增长

虽然华资上市公司基本上是大型企业，但并非大型华资企业都是上市公

---

① 关于 21 世纪东南亚华商实力的增长，参见庄国土、王望波《东南亚华商资产的初步估算》，《南洋问题研究》2015 年第 2 期；庄国土《21 世纪前期海外华商经济实力评估》，《南洋问题研究》2020 年第 3 期。

② 《老挝华人首富张贵龙：旗下拥有近 20 家公司！涉足 6 领域！》，天下潮商网，https://www.sohu.com/a/115164860_481645。

司。基于很多原因，东南亚的很多大型华资企业选择不上市。不可忽略的是大量的中小企业（基本上没有上市）才是华商的主体。研究华商卓有成就的日本教授岩崎育夫曾提出，虽然大型华资企业能轰轰烈烈地在世界经济舞台上展开资本主义竞争活动，如盘谷银行、三林集团、丰隆集团等企业，但又有无数小型华商家族企业仍固守传统的形态和产业领域而生存着，反差明显的大型企业集团与小型家族企业，才是东南亚华人资本的真实面貌。[①] 小型家族企业不但在数量上数百倍、千倍于华商上市公司，而且在很多华侨华人聚居的国家，它们的资产总和甚至可能超过上市公司。它们不仅是当地商品生产和流通的重要力量，更是华人经济的中坚力量。

印尼华人大多经商。20 世纪初，80% 的印尼华人拥有自己的产业。[②] 印尼华人家庭超过 200 万个，按 80% 的华人家庭拥有产业估计，扣除拥有大中小型企业的家庭后，约有 130 万户华人家庭为个体工商户。新加坡和马来西亚的华人中小型企业以商业和服务业为主，家庭企业占据一定的比重。2007 年，新加坡中小型企业共有 14.8 万家。[③] 截至 2008 年底，马来西亚共有 59.8 万家中小型企业，占国内工商业机构总量的 99.2%，中小型企业也提供了占马来西亚总劳动力 56% 的就业机会。[④] 根据菲律宾工贸部 2006 年的统计，菲律宾共有 2596 家大型企业，2839 家中型企业。[⑤] 据泰国国家统计局数据，2007 年泰国中小型企业数量为 1681227 家。其中，华商中小型企业约为 118 万家。[⑥] 根据衣长军等的最新研究成果，2020 年东盟十国中小型华商企业资产总额为 11935.22 亿美元，比 2008 年增长了近 2 倍，占东南亚华商资产总额的 26%。[⑦] 由于包括夫妻店的很多小型华商企业所经营的行业

---

① 〔日〕岩崎育夫：《东南亚的华人资本与国民经济（下）》，郭梁译，《南洋资料译丛》1999 年第 2 期。

② 《江门日报》2009 年 6 月 9 日。

③ 新加坡标准、生产力与创新局 2007 年统计数据。

④ National SME Development Council, Malaysia, *SME Annual Report 2008*, Nov. 2009, p.47.

⑤ 菲律宾工贸部网，http：//www.dti.gov.ph/dti/index.php? p=32。

⑥ 庄国土、王望波：《东南亚华商资产的初步估算》，载张姣、贾俊英编《商脉与商道——国际华商研究文集》，浙江大学出版社，2019，第 122 页。

⑦ 衣长军等：《海外华商调研报告》，未刊调研报告，华侨大学，2023 年 5 月。

和场所较为灵活多变，又因避税等原因而没有及时登记或纳入统计范围，所以华商中小企业的数量是被大大低估的。

五　东南亚华人的政治影响力

在东南亚，华人以不同的方式影响当地的政治。[①]

（一）以政党或华人身份直接执政或参政

新加坡华人长期占新加坡总人口的75%左右，华人主导的新加坡人民行动党自新加坡建国以来一直掌握执政权。从李光耀起，新加坡四任总理都是华人。新任新加坡总理黄循财1972年出生于新加坡，祖籍海南文昌市会文镇北山村。其父少年时从海南下南洋，到马来亚怡保投靠当铁路段厨师的父亲，并在那里完成中学学业，之后移居新加坡。

马来西亚华人政党有较大的影响力。马来西亚独立以来，马华公会长期是执政联盟的主要参政党之一，在内阁有部长席位。马来西亚主要的华人反对党民主行动党则利用其国会席位发挥政治影响力（见表7）。

表7　1982~2004年马来西亚主要华裔政党国会议席数目变化情况

单位：个

政党	1982 年	1986 年	1990 年	1995 年	1999 年	2004 年
马华公会	24	17	18	30	28	31
民政党	5	5	5	7	7	10
民主行动党	9	24	20	9	10	12
总计	38	46	43	46	45	53

资料来源：笔者根据相关资料整理。

---

① 关于东南亚华人政治实力的成长和表现形式，参见庄国土《东南亚华商软实力及其对中国与东南亚友好关系的贡献》，载贾益民主编《华侨华人研究报告（2014）》，社会科学文献出版社，2014。

2008 年 3 月的马来西亚大选，包括巫统和马华公会在内的执政党国阵惨败。马华公会原有 31 个国会议席，该次大选只得 15 个国会议席和 31 个州议席。民主行动党大胜，其国会席位从上届的 12 个增至 28 个，州议席有 73 个。2008 年马华公会大败以后，其政治影响力日渐式微。到 2022 年大选时，希望联盟（HP）胜出组阁，加入希望联盟的民主行动党得到 40 个国会席位，是希望联盟各政党中国会席位最多的政党，但入阁席位只有 4 个部长席位和 6 个副部长席位，显示出作为少数族群的华人，其政治参与程度受到极大限制。马华公会获得 2 席国会席位，在马来西亚族群政治中已经越来越边缘化。但马华公会作为老牌政党，对华人社会、华商、华文学校和媒体，仍有相当的影响力。

早在殖民时代，印尼华人就为印尼独立作出了重大贡献。苏加诺和哈达组织的印尼独立筹备委员会，谋划从日本统治下独立，该委员会共 64 名委员，包括 5 名华人（林群贤、黄宗孝、陈英华、叶全明、黄长水）。该委员会起草了印尼建国五原则与 1945 年基本宪法，并且选举了首任正、副总统苏加诺和哈达。1945 年 8 月印尼国民委员会成立时，有 7 名华人代表当选为委员。1948 年成立的华人联合会，后来更名为印尼华人民主党（PDTI），成为二战后初期印尼主要的华人政治组织。

从印尼独立到 1965 年前，印尼华人较多地参与政治。[1] 有几位华人入阁，如国务部长黄自达，卫生部部长李杰定，税务、财政与审计部部长陈金龙等。[2] 1965 年 "9·30 事件" 后，印尼政府不仅禁止华人开展政治活动，也拒绝华人参与政事。1965～1998 年的数十年间，苏哈托时期基本没有华人进入内阁，唯一入阁的华人是苏哈托的密友郑建盛，担任印尼贸易和工业部部长。[3]

---

[1] Leo Suryadunata, "Patterns of Chinese Political Participation in Four ASEAN States," *Contemporary Southeast Asia*, Volume 15, Number 3, December 1993.

[2] 萧玉灿：《殊途同归》，香港地平线出版社，1981，第 169 页。

[3] 〔日〕陈燕南：《印度尼西亚华人及其经济地位》，乔云译，《南洋资料译丛》2013 年第 3 期。

苏哈托政府垮台后，印尼华人参政意识如春潮勃发。在哈比比和瓦希德执政时期，印尼华人开始以华人族群身份参与社会公共事务和政治活动，主要由华人组建的政党有大同党、融合党、佛教民主党和中华改革党。1999年6月印尼大选，大同党获得1个国会议席、25个省议会席位的成绩。华人也组建各种泛华裔社团，如印尼华裔总会、印尼百家姓协会，积极参与公众事务。此外，各种华人宗亲、校友和同乡社团也如雨后春笋般出现。

瓦希德总统时期，郭建义出任印尼经济、财政和工业统筹部部长，是该时期印尼内阁中唯一的华人部长。[①] 2004～2011年，冯慧兰任印尼总统苏西洛内阁的贸易部部长，她是印尼首位进入内阁的华裔女性。2011～2014年，冯慧兰转任印尼旅游与创意经济部部长。冯慧兰为第三代华裔，其祖父20世纪30年代从福州移民印尼。[②]

2009年，印尼华社各界精英在各县市、省区和国会积极参加各政党竞选，创下历年参选人数最多和代表最多政党的纪录，在四级议会5万多名候选人中，华裔候选人超过1000名，而所代表的政党派系也几乎遍及大部分政党。就是一些伊斯兰政党也有华裔候选人。[③] 虽然选举结果不理想，但华人参政的热情高涨。印尼《国际日报》发表评论认为，从2009年起，印尼华人已成为印尼社会重要的政治力量。

2014年，客家人后代、出生于客家人聚集区印尼邦加-勿里洞省的钟万学在印尼总统佐科的见证下就职雅加达特区首长，他是印尼首位担任省长的华人。

2019年印尼大选中，华人积极参选。由陈明立担任主席的印尼统一党获得3738320张选票，占2.67%，由于未达到4%的门槛，陈明立未能进入国会，但印尼统一党成为佐科执政联盟成员之一。陈明立是印尼富豪，排在2015年福布斯华人富豪榜第237名，2014年参加印尼正副总统大选未成功，

---

① 《印尼内阁中唯一的华人部长提出辞职》，中国新闻网，https：//www.chinanews.com/2000-08-11/26/41161.html。
② 《印尼华裔女部长回福州谒祖》，《福州晚报》2013年11月10日。
③ 《印尼华人全面参政成主流社会重要组成部分》，中国新闻网，http：//www.chinanews.com/hr/hrlt/news/2009/03-16/1603100.shtml。

之后创办印尼统一党。由闽籍华人记者出身的伍小惠担任主席的印尼团结党获得2650361张选票，占1.89%，伍小惠虽未能进入国会，但印尼团结党也是佐科执政联盟成员之一。该党参选雅加达省议会成绩斐然，获总选票的8.2%，成为雅加达省议会第五大政党，获得8个席位，其中一半由华裔当选。

（二）作为当地友族政党骨干直接参政

在组建华人政党和社团参政的同时，不少华人华裔精英作为当地主要政党的骨干发挥维护华人族群利益的作用，如梅加瓦蒂领导的印尼民主斗争党的郭建义（Kwik Kian Gie）、印尼国民使命党的王宗海（K. Sindhunata）等。虽然印尼华人参政的热潮正在兴起，但印尼民主制度薄弱，贫富悬殊，各种社会矛盾尖锐，一旦社会冲突激化，华人仍可能受到伤害。

从1999年到2004年，印尼已有数十位各地华人精英当选国会议员、地方代表理事会成员、省议会议员和县市议会议员。在2004年的国会选举中，有300名华人作为国会、地方议员候选人参加竞选，其中70多人当选。2007年11月26日，华裔黄汉山高票当选印尼西加里曼丹省副省长，成为印尼有史以来首位当选一级地方行政首长的华人。此外，还有多位华人出任县长、市长，如黄少凡以高票当选为西加里曼丹省西北部的山口洋市市长，成为印尼历史上第一位华人市长，魏廷安当选东爪哇省玛琅市市长，钟万学当选邦加-勿里洞省东勿里洞县县长等。

2019年印尼大选中，佐科所属的民主斗争党成为国会第一大党，获得了128个国会议席，该党提名的很多华裔候选人都当选了国会议员，如北苏门答腊省的东金扬，邦加-勿里洞省的曾昭真，楠榜省的蔡瑞龙、黄爱国，雅加达的何震东、林德纯，中爪哇省的黄世德，东爪哇省的英达古尼瓦蒂，东努沙登加拉省的赫曼哈利，中加里曼丹省的维利麦等。还有民族复兴党的国会议员张育浩等。地方代表理事会成员中，西加里曼丹省原副省长黄汉山，廖内群岛省巴淡华社精英陈汉平，东努沙登加拉省的李书宝等，都高票当选。[1]

---

[1] 〔印尼〕《新报》网，http://harianbaru.com/xinbao/20191206/20191206-11.pdf。

与印尼华人无意掩盖其华人身份而参政不同，泰国华人则基本上以华裔泰国人的身份参政。众所周知，泰国华人融入泰国的程度较高，华社精英通常以泰国人认同为第一认同，以华人为第二认同。在 1965~1966 年泰国内阁的 19 名成员中，中泰混血儿占 12 名，包括总理他依。[①]

1989 年，在由 94 人组成的泰国参议院中，有 20 人为泰籍华裔，华裔陈其文任参议院议长，他是一位知名的法律专家。[②] 1991 年泰国人民代表（议员）共 357 人，其中华裔近百人。内阁阁员 44 人中有华人血统的占一半以上，包括担任总理的差猜·春哈旺和多位副总理、部长、助理部长，担任内阁总理顾问或各部部长顾问的华人为数更多。[③] 2001 年成立的他信内阁据称有华人血统者占五成以上。[④] 近年来在泰国政坛争斗的红衫军和黄衫军，其领袖他信和阿披实皆为华裔。华裔政要的文化和政治认同都是泰国人。或许由于有华人血统的政治家长期主导泰国政坛，中泰关系这些年来一直稳定友好。

进入 21 世纪以来，相继当选泰国总理的他信·西那瓦（中文名丘达新，祖籍广东丰顺）、沙马·顺达卫（中文名李沙马）、阿披实·维乍集瓦（袁姓，祖籍潮汕）、英拉·西那瓦（中文名丘英乐，他信之妹），更在公开场合刻意表明自己的华人血统。英拉称其父祖籍是广东丰顺客家人，母亲是梅县松口人，以便获得华商和华人社区选票的支持。2005 年初，他信携家人到广东省梅州市梅县区和大埔县作寻根之旅，同年 7 月应时任中国国务院总理温家宝邀请访华，他信还带儿子潘通帖·西那瓦回到梅州寻根访祖。然而，泰国华人政治参与的特点是，无论是政党还是个人都不以华人权利的诉求为旗帜，而是以泰国民众的福祉为出发点。

在 2023 年泰国总理大选中，海南籍华裔林明利（Jurin Laksanawisit）作

① 崔贵强、古鸿廷合编《东南亚华人问题之研究》，新加坡教育出版社，1978，第 94 页。

② 林荣：《泰国善待华裔华文新经验》，《华人月刊》1989 年第 7 期。

③ 林金枝：《战后海外华侨华人社会的变化及其特点》，《华侨大学学报（哲学社会科学版）》1993 年第 3 期；〔泰〕江白潮：《对泰国华侨华人现状的探讨》，《东南亚》1991 年第 2 期。

④ 《东南亚华人系列报道·泰国》，〔马来西亚〕《星洲日报》2001 年 3 月 24 日。

为候选人参选。林明利 2019 年当选民主党党魁，同年与执政党人民国家力量党（Palang Pracharath Party）组成联合政府，并出任副总理暨商务部部长。他经常参加泰国海南会馆、泰国海南商会的联谊活动，曾言"我是海南人的后裔，对家乡很有亲切感，一直都想为祖籍地做一些有益的事情"①。

在菲律宾，1986 年 2 月阿基诺夫人担任总统后，不少华人被任命为政府部长、驻外使节及各省、市、区的地方官员，许多华人企业家也纷纷参加竞选国会议员和地方议员。他们一改过去的心态，以具有华人血统为荣，努力争取华人社会的选票。在 1987 年 5 月的国会选举中，至少有 10 多位华人和华裔当选为国会议员。② 华人参加 1992 年菲律宾大选的盛况空前。参加各类选举的华人人数增加，而且对总统选举起了重要作用。9 个总统候选人都表示同情华人或与华人亲善。华裔阿尔弗雷多·林将军竞选马尼拉市市长获得胜利，部分要归功于华人的票数和在财力上的支持。③

21 世纪以前，菲律宾参政的华裔以混血儿居多，即除了拥有华人血统外，其他方面与本土菲律宾人一样：没有接受过华文教育、不会说华语，其参政诉求更多的是基于整个菲律宾的利益而不是为了华人族群的利益。进入 21 世纪后，更多较"纯正"的华人开始从政。在 2001 年菲律宾中期选举中，至少有 5 名能讲闽南话的华裔当选众议员，2 人当选省长，1 人当选市长，还有大约 20 人当选省、市议员和市长。其中，当选众议员的洪于柏和张桥伟，不仅能讲他加禄语、英语和闽南语，还能讲汉语普通话。2007 年菲律宾第 14 届国会的 240 名众议员中，至少 24 人为华裔。81 名省长中华裔占了 11 名。华裔地方官员，如市长、镇长等人数更多。尤其是 77 岁的华裔候选人林亚斐洛以压倒性优势当选菲律宾首都马尼拉市市长，是菲律宾华人参政的标志性成就。在阿罗约总统的内阁中，农业部部长黄严辉是纯华人血

---

① 《林明利：泰国总理大选中的华裔政治家》，网易网，https：//www.163.com/dy/article/I4L5VVKP05562F24.html。

② 温广益：《初访菲华社会》，（香港）《华人》1992 年第 7 期，第 18 页。

③ 德雷西塔·昂·西：《华人在菲律宾的政治地位》，施雪芹译，《南洋资料译丛》1994年第 Z1 期。

统的部长，国防部部长德奥多洛也有华人血统。[1] 2011 年菲华商联总会提供的资料显示，菲律宾政府各部、委、署、局的部级官员中，15 人是华人；在国会议员中，26 人有华人血统，占国会议员总数的比例超过 12%；在各省、市、社长及其副手中，有 274 名官员是华人。

缅甸华人也曾在缅甸政坛上发挥过重大影响。在参与 1962 年奈温将军为首的军事政变的 17 名革命委员会成员中，有近一半是华人或中缅混血儿。如革命委员会第二号人物兼国防军副总参谋长昂季（中文名陈天旺），出自厦门集美大社陈氏。

由于缅甸中央政府不承认华人是缅甸法定少数民族，2008 年缅甸新宪法颁布以来，华人被排除在内阁成员或其他高阶政府职务之外，也不能参军和担任公职官员。华人的政治参与更多体现在他们在一定程度上主导缅北特区的社会管理事务，如彭家声、鲍友祥、林明贤等。

越南统一后，越南基本没有代表华人族群利益的政党和代言人。华人只是作为个体参与公众事务，担任政府官员职务。即使是担任公共管理事务的华人，其级别也较低，且被安排在不太重要的位置上。根据越方公开的资料，截至 2005 年底华人共产党员已近 3000 人，其中 1066 名华人共产党员干部在各级党委、各级人民议会中担任相关职务。2004～2009 年的任期中，还有 832 名华人代表当选各级人民议会、祖国阵线委员。[2] 而仅 2008 年一年，在胡志明市就有 557 名华人代表当选胡志明市各级祖国阵线委员。[3]

进入 21 世纪后，柬埔寨政界出现多位华人或具有华人血统的人物。数据显示，21 世纪初柬埔寨人民党和奉辛比克党组成的内阁中，华人血统者

---

[1] 《越来越多华裔从政，菲律宾华裔成功融入主流社会（2）》，国务院侨务办公室官网，http：//www.gqd.gov.cn/news//2008/1215/1/11644.shtml。

[2] 参见《华人同胞日益融入越南社会》，越南政府网，http：//baodientu.chinhphu.vn/Utilities/PrintView.aspx? ID=10333，2007 年 5 月 24 日，转引自笔者指导的覃翊未刊博士学位论文《1975 年以来越南华人社会研究》，厦门大学，2013，第 178 页。

[3] 参见〔越南〕《2008 年胡志明市华人八大事件》，载〔越南〕《西贡解放日报（华文版）》，2009 年春刊。转引自笔者指导的覃翊未刊博士学位论文《1975 年以来越南华人社会研究》，厦门大学，2013，第 178 页。

占一半以上。① 从柬埔寨战乱中幸存下来的华裔，曾有极力掩饰其华人血统的经历，他们不是以华人身份从事其政治生涯的，华人血统的背景对其政治地位的提升并非有利。2023 年初，在时任首相洪森的建议下，西哈莫尼国王签署王令，委任洪森首相侍卫队副总司令杨宗勋上将为国防部副国务秘书。杨宗勋祖籍潮安，是柬华理事总会顾问，也是柬埔寨潮州会馆副会长，为柬华理事总会前任会长杨启秋勋爵之长子。柬埔寨知名华商杨丹葡、符国安、蒙乐提曾任或现任柬埔寨参议院议员。黄文虎曾任交通运输部国务秘书。

（三）对当地政要的影响

在泰国、菲律宾、缅甸等国，虽然不时有华人血统的混血儿担任总统、副总统、议长、省长等高层职务，但这些国家的华人的政治影响力不表现在其直接担任高层公职人员上，而是表现在他们对政要的影响力上。在东南亚各国，竞选高官需要巨大的财力支持。当地土著政要与华人富商合作的传统已达百年以上。据说东南亚各国的总统背后都有华人巨商的影子。他们利用当地权贵的影响力，为中国与东南亚关系的发展作出了重要贡献。

六　高度社团化的东南亚华人社会

东南亚有历史最悠久、人口数量最多的华人社会，其华人社团、华文传媒与华文学校的数量、规模和影响力也远远高于世界其他地区的华人社会。近 30 年来，东南亚的华人社团、华文传媒与华文学校的发展也呈与时俱进的态势。社团是华人社会的中坚，很多华文学校和华文传媒是社团所创的，华文学校和华文传媒本身通常也作为一种社团组织存在。

20 世纪 80 年代以来，东南亚华人社团及其支持的华文学校和华文传媒，其宗旨和功能和以前相比有较大的变化。它们有着共同的特点：一是立

---

① 　蔡振裕：《柬埔寨华人系列》（一），〔柬埔寨〕《星洲日报》2001 年 3 月 23 日。

足居住国，将社团服务的功能扩展到当地社会和友族；二是更加重视华文的传播和教育，力图让华文基础薄弱的新生代华人了解和承载中华文化；三是加强与中国的联系和合作，让华人社会和居住国分享中国和平发展的机遇。

1. 东南亚华人社团的源流和变化

华人社团的建立，源于中国移民在异国他乡时守望相助、互通乡情。早期社团多是以地缘为纽带的同乡会，次之则是神缘会、宗亲会和业缘会，但后三者仍有强烈的地缘色彩。东南亚最早的华人同乡会或是 17 世纪末在越南会安成立的福建会馆，设立于奉祀天后圣母的金山寺。[①] 18 世纪前期已出现的会安洋商会馆为闽籍华商公会，[②] 或是最早的华人同业公会。1720 年，马尼拉也出现华人米商同业公会。[③]

随着同乡同族的移民增多，更多的宗亲社团成立了起来。或因聚集更多成员，或因中国原乡的渊源，尚有几个姓氏联宗，共同组成社团。[④] 最大的帮派以方言群划分。大体而言，到 18 世纪中期以后，东南亚华人社会已大体分为福建（闽南）、潮州、广府（广肇）、客家、海南等五大方言群（帮）。19 世纪末 20 世纪初，在清朝政府、康梁维新派和孙中山革命党人的共同推动下，海外华人社会兴起中华民族主义热潮，以振兴华埠民族意识乃至中国国内事务为诉求的华人社团不断出现。20 世纪初建立的海外中华总商会，是东南亚各地华人社会第一个超地域、帮派、血缘的社团组织。此后，维新派的保皇会和革命党的同盟会或其外围组织，先后风靡海外华埠，成为具有很大影响力的以中国认同为宗旨的华人超帮派社团。

---

① 据会安福建会馆内的一通泉州华商施宏泽在 1757 年所立的碑刻记载，金山寺建于所立碑刻六十多年前。参见 Chen Ching-Ho, *Historical Notes on Hoian（Faifo）*（East Asian Cultural Studies Series No. 12），Center for Vietnamese Studies，South Illinois University at Carbondale，1974，p. 66。

② 郑怀德：《嘉定城通志》卷六《城池志》，载戴可来、杨保筠校注《岭南摭怪等史料三种》，中州古籍出版社，1991，第 213 页。

③ Edgar Wickberg, *The Chinese in Philippine Life, 1850-1898*, New Haven and London：Yale University Press, 1965, pp. 102, 110.

④ 如马来西亚、新加坡、菲律宾、中国台湾、中国香港等地的"庄严同乡会"，源于历史上部分严氏原为庄氏，为避讳而改姓。参见《第五届世界庄严宗亲恳亲大会暨香港庄严宗亲总会成立 57 周年纪念刊》，香港庄严宗亲总会，2007。

民国时期，在中国政府的刻意培植下，海外民族主义的升温增进了华人对中国的向心力和华人之间的民族认同，华人社团数量也因此激增。在抗日战争期间，华人社团的民族主义情绪达到高潮。几乎所有社团均被动员起来，支援中国抗战。

从 20 世纪 50 年代到 80 年代，东南亚各地华人大部分相继加入当地国籍，完成政治认同的转向。20 世纪 50 年代以后，在东南亚各国对华人采取的政策影响下，很多华人社团被取缔或减少活动，华人社团数量剧减，尚存的华人社团活跃程度也大降。仍在活跃的华人社团，其宗旨主要是面向当地华人社区。

20 世纪 80 年代以后，华人社团再次活跃，其复兴的原因各地有所不同。大体而言，有以下三方面的原因。

第一，中国与东南亚国家政治关系改善，东南亚各国政府改善了对华人的态度，使华人社团再度活跃。

第二，中国经济快速发展及中国与东南亚国家经贸关系的飞速发展推动华人社团的复兴。中国经济快速发展在某种程度上刺激了海外华人意识（Chineseness）的重新增强。华人意识的增强促进了华人间的彼此认同，是 20 世纪 80 年代以后老社团重焕活力和新社团不断产生的重要原因。

第三，大批中国新移民进入东南亚，为各地华人社团注入新的活力。20 世纪 80 年代中期至今，进入东南亚的中国新移民数量有 300 多万人。部分新移民或者加入老社团，或者组建自己的社团。某些地方新移民社团的活跃程度高于老华人社团，并且有与老华人社团争夺华人社会话语权的趋势。

因此，20 世纪 80 年代以后，东南亚华人社团不但重新活跃，而且其类别众多，数量激增，宗旨也更多元。

2. 前东盟五国华人社团①

印尼独立之初，政府对华人社团尚宽容，1950 年至 1958 年印尼各地侨

---

① 关于 21 世纪东南亚华人社团的新发展和联合趋势，参见庄国土《21 世纪前期海外华侨华人社团发展的特点评析》，《南洋问题研究》2020 年第 1 期。

团数量有所增长。南苏门答腊的华人聚居区占碑在 1945 年只有 7 个侨团，至 1953 年已发展至 21 个侨团。① 雅加达的华侨社团在这一时期也从早先的 50~60 个剧增到 200 个左右。② 到 1958 年，根据雅加达侨领刘耀曾估计，全印尼华人社团有 2100 多个。③

1958 年以后，在印尼政府推行的政策影响下，很多城市的华人被迫迁居农村甚至离开印尼，社团赖以生存的成员和经费急剧减少。许多华人社团无以为继，直接选择解散。到 20 世纪七八十年代，印尼仅有极少数由政府批准的华人宗亲社团、宗教社团、医药卫生社团和基金会等。④

1998 年后，印尼华人社团进入复兴时期。印尼华人不但组建政党，而且各类华人社团更如雨后春笋般出现。到 2008 年，印尼华人社团数量已有四五百个。⑤ 其类型大体分为：以血缘和地缘为纽带的宗亲会、同乡会，包括老社团的复办和新社团的成立；以中学、大学校友为纽带的各类校友会；以共同文化、体育兴趣为纽带的文娱社团，其名目有书、画、篆刻、太极、象棋等；以宗教信仰为纽带的宗教类社团，如基督教、伊斯兰教、孔教、佛教等；以经贸行业为纽带的业缘性社团，如商会及中医、纺织等行业；以公益为宗旨的慈善组织，如各类基金会。此外，还有综合类社团组织，如印尼华裔总会、印尼百家姓协会、印华论坛、印尼客属联谊总会等。

相比 1998 年以前，印尼华人社团的功能和活动发生了重要变化。首先是积极参与政治事务，将参与政治事务作为维护华人权利的重要手段。其次是重视与友族的沟通，利用各种渠道增强与印尼各级政府机构的互动往来，建立华人社团与主流社会之间的沟通机制。华人社团还通过华人慈善组织将

---

① 〔印尼〕《生活报十周年纪念特刊（1945-1955）》，雅加达《生活报》，1955，第 103 页。
② 《华侨华人百科全书·法律条例政策卷》编辑委员会编《华侨华人百科全书·法律条例政策卷》，中国华侨出版社，2000，第 520 页。
③ 转引自唐慧《印度尼西亚历届政府华侨华人政策的形成与演变》，世界知识出版社，2006，第 49 页。
④ 黄昆章：《印尼华侨华人史（1950 至 2004 年）》，广东高等教育出版社，2005，第 201~203 页。
⑤ 这些社团名录，详见庄国土等《近 30 年来东亚华人社团的新变化》，厦门大学出版社，2010，第 88~95 页，表 4-1。

扶贫济困活动扩展到友族社区，进行出资建造道路、修筑民房、举办义诊、补给日用品等活动，深受当地友族的赞许。

印尼华人社会的华文教育中断数十年，导致新生代华人华文水平低下，对中华文化所知寥寥。印尼华人社团尤其重视在新生代华人中弘扬中华文化，推动华文教育。由华人社团直接兴办或赞助的华文学校不断涌现。一些中小学也开设华文课，印尼政府指定国立印度尼西亚大学和私立帕尔沙达大学开设汉语言文学专业培养汉语高级人才，还有一些大学也计划开设汉语课。印尼华人社团正力图建立从幼儿园、小学、中学到大学的完整教育体系。

印尼华人的海外华文报刊、华语电视、华语广播、华文新闻网站关心中国事务，以媒体为平台为祖国的发展建言献策。《千岛日报》是印尼主要的华文报纸之一，用简体字刊载大量关于华文教育的消息，并有华文教育专栏。《国际日报》关于中国的报道也非常丰富，开设"两岸要闻""华社"等专栏，整版报道中国和东南亚华人。

菲律宾华人社团一向以"社团林立"著称。相比菲律宾华人人口总量，菲律宾华人社团历来较多。菲律宾华人研究专家陈烈甫指出："岷里拉一地（包括郊区），挂起招牌的华侨团体就有六七百之多。假如岷市有十万人，那平均一百五十人就有一个社团，堪称社团林立。有社团必有领导人士，故华侨社会领袖人物之多，在东南亚地区，比例且必居首位。比较吃香的人士，一身兼数十社团职务的不算稀奇。"[1] 1974 年，菲律宾的华人有 50 万~60 万人，[2] 仅占全国人口的 1.4%，菲律宾华人社团多达 1060 个。到 20 世纪 80 年代末，菲律宾华人社团数目已超过 2000 个。[3]

在数以千计的菲律宾华人社团中，以菲华商联总会（简称商总）的影

① 陈烈甫：《华侨的地位任务及其应有的努力》，《菲律宾岷里拉中华商会五十周年纪念特刊》，马尼拉，菲律宾岷里拉中华商会，1955，第 18 页。

② 庄国土、刘文正：《东亚华人社会的形成和发展——华裔网络、移民与一体化趋势》，厦门大学出版社，2011，第 435 页。

③ 〔马〕林宝玲：《菲华社团逾两千，积极服务获认同》，〔马来西亚〕《星洲日报》2001 年 3 月 18 日。

响力最大。1954年，有23个商会参加的"岷里拉各途商会理事长联谊会"即"商联"正式成立后，就以菲律宾华人社会最高机构，即华人社会代言人的身份出现，对外进行交涉协调，对内加强管理，所有关系华人社会发展的重大事件——华人经济及菲律宾经济的发展、华人社会与菲律宾社会的发展、华菲融合、中菲关系等，商总均参与其中，对二战后菲律宾华人社会的发展有着重大影响。商总通过大规模捐献农村校舍、组织华人志愿消防队、华人医生巡逻义诊、赈灾扶贫等活动，在菲律宾社会获得很高的声誉。

除了商总外，菲律宾善举公所/菲律宾善举总会、菲律宾中华商会、菲律宾工商总会、菲律宾中国商会、菲律宾台商总会、菲律宾各宗亲会联合总会、菲律宾晋江同乡总会、菲律宾华教中心、菲律宾广东会馆/菲律宾广东侨团总会等，都是在菲律宾有全国性较大影响力的华人社团。

在支持华文教育的各类社团中，1991年成立的菲律宾华教中心发挥了组织和协调菲律宾全国从事华文教育和汉语教学单位的作用，其分会覆盖全菲律宾，会员学校共104所。随着菲律宾华人经济力量的成长和中国新移民大批进入菲律宾，菲律宾华文报刊的销量也日益增加。进入21世纪后，在菲律宾出版的主要华文报纸有《世界日报》《商报》《菲华日报》《联合日报》《菲律宾华报》。尤其是吴仲振担任社长的《世界日报》，主要报道当地华人面临的处境和中国的发展，每日发行数万份，是深受新老侨欢迎的华文报纸。

马来西亚华人社会以社团组织众多为特点。1969年，马来西亚的华人社团为3268个，① 2001年6月有7276个。2006年7月，在马来西亚内政部注册的华人社团有8000多个。② 到2013年，马来西亚的华人社团有近9000个。③

---

① 廖小健：《今日马来西亚华人社团》，《侨园》1999年第6期。
② 《华团须勇于落实结盟策略》，〔马来西亚〕《星洲日报》2001年8月31日；《提升大马华人信仰的文化内涵》，〔马来西亚〕《星洲日报》2007年8月15日。
③ 《马来西亚华人社团近9000个1/3处于"冬眠状态"》，中新网，https://www.chinanews.com/hr/2013/07-03/4996501.shtml。

近 30 年来，马来西亚华人社团呈系统化和大联合趋势。1991 年 10 月，马来西亚全国华人社团总机构——马来西亚中华大会堂总会（简称华总）正式获准成立，形成全国范围内的纵向隶属性联合。华总的成立，整合了华人社会力量，形成纵横交错、互为依靠、相互作用的独特社团结构和网络。2002 年，七大乡团协调委员会①成立，成为与华总、中华总商会（简称中总）、马来西亚华校董事联合总会和马来西亚华校教师会总会（以上两会简称董教总）并驾齐驱的马来西亚全国性华人社团组织，其宗旨主要是凝聚各乡团的力量，促进华人社会的团结进步，增加与各族的合作，同时积极扮演维护华人社会教育、经济与文化的角色。它的成立，增强了华人对外的声音和力量，表明了华人社团的联合发展到了更高的层次。②

马来西亚华人社团基本上形成了三大系统，即以马来西亚中华工商联合会为代表的经济领域，以董教总为代表的华文教育领域，以华总、七大乡团协调委员会为代表的社会领域。华人社团向联合有序转化与发展，开始以系统化和大联合的方式来应对华人社会面临的各种问题。随着中国综合国力和国际地位的不断增强与提高，中国潜在的巨大商机吸引越来越多的马来西亚华商来华投资，马来西亚华人社团则成了他们与"故乡"沟通信息、促进团结、联络乡谊的重要媒介。

在马来西亚华人中影响力最大的社团董教总，是维护和发展马来西亚华文教育的主要机构。在董教总和华人社会各界的长期坚持下，马来西亚成为中国以外唯一一个拥有完备的从小学、中学到大学的华文教育体系的国家。据马来西亚教育部公布的数据，截至 2022 年 6 月，该国共有 1302 所华文小学，总计约 50 万名学生；62 所华文独立中学，学生接近 8 万人；以及 4 所华人社会普遍认可的华文高等教育机构。③

---

① 七大乡团协调委员会由广联会、潮联会、客联会、福联会、马联会、广西总会、三江总会组成。
② 林琳：《马来西亚地缘性华侨华人社团革新发展情况》，载吕伟雄主编《龙腾四海 侨团百年》，香港社会科学出版社有限公司，2007，第 44 页。
③ 《海外唯一完整华文教育体系，马来西亚如何做到的？》，腾讯网，https://new.qq.com/rain/a/20221211A048VU00。

新加坡华人社团也很活跃。20世纪80年代末，新加坡就有华人社团4000多个，涵盖宗亲、同乡、同业、慈善、娱乐等各个社会领域。20世纪90年代以来，大批中国新移民进入新加坡。从1990年中新建交到2010年，来自中国的新加坡居民有50万~60万人。[1] 随着大批中国新移民的进入，新加坡的中国新移民社团大量成立。

1990年，香港在新加坡的新移民率先成立自己的社团——九龙会。至2009年，九龙会的会员已经有4700多个家庭。[2] 随着20世纪90年代以来前往新加坡投资的台商越来越多，新加坡台北工商协会于1991年12月4日成立。[3] 2005年，在新加坡的台湾客家人也成立新加坡台湾客家同乡联谊会。[4] 随着中国内地新移民的涌入，新移民社团相继注册成立。目前在新加坡的中国内地新移民社团大致可以分为四类：第一类是综合性的社团，例如华源会；第二类是地域性的同乡社团，如天府同乡会、天津会等；第三类是中国大学的校友会，例如上海交大新加坡校友会、北大新加坡校友会、新加坡厦门大学校友会、新加坡清华校友会等；第四类是由在新加坡的中国留学生和专业人士组成的社团，如华新社团。

泰国是东南亚国家中华人社会发展最稳定的国家，华人社团发展也呈中规中矩态势。20世纪80年代以来，泰国华人社团数量增长速度较快。到1992年，泰国有华人社团889个，包括39个华文学校，[5] 实际数量应该更多。传统的以地缘、血缘、慈善、宗教为纽带结社的状况有了进一步发展，文化、学术、校友会和专业协会类的社团快速发展，较之前期，新生社团的活动领域涉及社会福利、教育文化、休闲娱乐、校友联谊、社区服务、学术

---

① 谢美华：《近20年新加坡的中国新移民及其数量估算》，《华侨华人历史研究》2010年第3期。

② 详情参见《九龙会的创立》，新加坡香港九龙会网，http：//www.kowloonclub.org.sg/about_us.html。

③ 有关新加坡台北工商协会的详细资料，可参见其百度百科·新加坡台北工商协会条，https：//baike.baidu.com//item/新加坡台北工商协会/4601252？fr=ge_ala。

④ 《新加坡台湾客家同乡联谊会成立》，《台湾宏观电子报》2005年11月16日。

⑤ 李道缉：《泰国华人社团及文化活动》，载朱浤源主编《东南亚华人社团与文化活动之研究》，（台北）文化复兴运动总会，1994，第220页。

研究等。

2000 年 7 月 1 日，潮阳人李桂雄在曼谷发起成立"泰国华人青年商会"，数百名会员都是新侨，他们很多是搭飞机、带着资本来泰国发展的。[①] 到 2020 年，泰国华人青年商会已有会员 2000 多人。2001 年，以在泰中资企业为主的泰国中国企业总商会成立，到 2016 年该商会已拥有近 200 家会员，为来泰国投资的中国企业提供信息共享平台、交流互助平台、诉求维权平台。此外，各种以商会、同乡、校友等纽带成立的新华人社团在泰国如雨后春笋般出现。

泰国华人社团利用血缘纽带参与不同层次的跨国联合活动，为华人和世界各地侨胞的沟通和合作构筑了一个交流平台。泰国潮州会馆是泰国最大的地缘性社团，积极主办和推动国际潮团联谊年会。作为泰国华人社会最有影响力的业缘性社团，泰国中华总商会在联结泰国华商与世界各地华人社会方面起到重要的枢纽作用。

在中泰经济、文化往来中，泰国华人社团起到了相当重要的沟通联络作用，组织团体到中国参观考察交流、了解当地的经济建设情况，寻求理想的投资项目。此外，泰国华人社团在推动华文教育和中华文化传播方面也不遗余力。泰国当地华人社团和热心人士以振兴华文教育和促进中泰两国友好为己任，积极出资兴办华校，担任中华文明传播者；泰国华文民校协会和华文教师公会等华文教育机构和社团搭设平台，开展培训交流，从中国引进师资力量，加强泰国本土教师队伍建设。

3. 缅甸、越南、柬埔寨、老挝和文莱

20 世纪 60 年代前期，缅甸华人社团数量有 600 多个。[②] 1964 年，缅甸政府颁布《维护民族团结条例》后，大半缅甸华人社团放弃登记，自动

---

① 百度百科·泰国华人青年商会条，https：//baike.baidu.com/item/泰国华人青年商会/2958780？fr=ge_ala。

② 根据吴元黎、吴春熙所著的《海外华人与东南亚经济发展》（中正书局，1985，第 167 页）一书中的数据，1964 年以后，一半以上的华人团体都放弃了登记，自动解散。至 1973 年 12 月，缅甸各种华侨华人团体仅剩 328 个，其中 1/3 以上为宗亲和宗教团体。

解散。[①]

1990 年缅甸华人社团根据政府的有关规定进行了重新登记，以宗亲会、同乡会、校友会及商会为主体的社团得以保留并逐步开展活动。侨史专家方雄普对 1998 年 11 月~2000 年 6 月《缅甸华报》上出现的缅甸华人社团名称进行统计，共有 253 个，其中仰光有 149 个。考虑到很多未能见报的华人社团，在综合评估之后，方雄普认为，2000 年缅甸华人社团有 400 个左右。[②]缅甸华人社团大多是同乡会和宗亲会，华文学校通常也由社团主办。如仰光九龙堂的天后宫华文学校，就以补习班形式义务教授华文。到 2014 年，经常学员有 300 多名。该校每年安排学生参加 HSK 汉语水平考试，均取得优异成绩。[③]

值得关注的是，随着缅中边境的全面开放及双边贸易的不断发展，居住在沿缅中边境分布的缅甸城镇的华人社区，也出现一些地方性的小型华人社团。一般而言，这些社团往往以宗教团体出现，缅文则一律称为 payakyaung（佛庙）。此外，以新移民为主成立的各种以商会、同乡、校友等为纽带的新社团也陆续出现。

越、柬、老三国的华侨华人社会在印度支那战争中遭受重创，以前活跃的老华人社团大多不复存在。20 世纪 80 年代以来，在这三个国家，新华人社团陆续成立，部分老华人社团也重新开始活跃。

以同乡会为主的越南各地会馆承担了原华人社团的部分职能，成为华人社会网络的主要载体，会馆建筑还成为越南的旅游景点。华人社团较集中的是胡志明市，原有的穗城会馆、义安会馆、二府会馆、海南会馆、崇正会馆、温陵会馆、霞漳会馆、福安会馆、琼府会馆等恢复活动。会安所在的广南省，有福建会馆、中华会馆、潮州会馆、琼府会馆、广肇会馆等。越南本地华人社团功能非常单一，主要承担社会福利和慈善功能筹措善款扶助贫困华人等公益活动。同时，每年均举办各种类型的活动如祭拜祖先、祭祀传统

---

① 范宏伟：《战后缅华社会政治地位变迁研究》，厦门大学博士学位论文，2004，第 130 页。
② 方雄普：《朱波散记——缅甸华人社会掠影》，南岛出版社，2000，第 176 页。
③ 缅华网，http：//www.mhwmm.com//miandianxinwen/6505.html。

神灵等，成为当地景观之一。值得关注的是，随着中国大陆、台湾和香港的企业大规模到越南投资，相应的商会组织纷纷成立，如越南各地的台商协会、越南香港商会、中国商会、越南中国商会福建企业联合会等。这些商会组织在维护自身在越南的权益方面发挥着越来越大的作用。

1990 年，柬埔寨各华人社团在柬埔寨祖国团结发展阵线旗帜下成立柬华理事总会，形成"统一"的华人社团组织。① 此后，五大会馆和十大宗亲会也相继成立。影响较大的华人社团还有柬埔寨金边总商会、柬埔寨王国中国商会、柬埔寨台商协会、潮州会馆、福建会馆、广肇会馆、客属会馆、海南同乡会等。由于大批中国新移民的涌入，各种以商会、同乡、校友等为纽带成立的新华人社团在金边和西港不断出现。到 2001 年，柬华理事总会已经在柬埔寨 24 个省、市中建立了 16 个省级分会，附属机构达 103 个。② 2020 年该会成立 30 周年纪念时，时任柬埔寨首相洪森和中国驻柬埔寨大使王文天分别致信祝贺。洪森称该会已是五大会馆（柬埔寨潮州会馆、客属会馆、广肇会馆、福建会馆、海南会馆）、姓氏宗亲会、省市县理事会、华文学校、庙宇、商协会等社团单位的联合体，通过发扬中华优秀传统文化、兴办华校为国家培养人才、同外国进行商务与投资交流合作，共同为国家建设与社会发展作出积极贡献。③ 该会是在 2023 年第十届世界华侨华人社团联谊大会上被中共中央统战部领导授予"华社之光"荣誉的全球十家侨团之一。

1998 年，老挝较大的华人社团万象中华理事会成立，下属寮都学校、永珍善堂、伏波庙、福德庙、妇女会等 5 个机构。在巴色（华人称百细）、沙湾拿吉（华人称素旺）、琅勃拉邦等地也建立了中华理事会。这些社团以联络华侨华人感情、维护侨胞利益、热心社会公益、促进中老友好为宗旨。随着华人经济地位的提升和新移民的涌入，各类地域和行业性的华人社团组

① 王士录：《柬埔寨华侨华人的历史与现状》，《华侨华人历史研究》2002 年第 4 期。
② 邢和平：《柬埔寨的华人华侨》，《东南亚纵横》2002 年第 9 期。
③ 《柬华理事总会成立 30 年为柬中友谊搭建桥梁》，广东侨办网，http：//www.qb.gd.gov.cn/qsxw/content/post_305368.html。

织也纷纷建立。2008 年，宋杰锋和其他湘商发起成立老挝湖南（总）商会。至 2017 年，会员发展到 2000 多家，成为老挝一家影响力很大的社团组织。2015 年 7 月，老挝中华总商会在首都万象正式成立。这是诞生在老挝的首个全国性华侨社团。

老挝华人社团致力于华文教育和中华文化传播。老挝万象中华理事会领导的老挝寮都公学，是东南亚的一所知名华校。2022 年，全校共有 62 个教学班，在校生总数达 3106 人，其中 80% 是老挝本土学生，其余的有中国、泰国、日本、越南、缅甸、印度等华侨子弟，还有不少老挝政府高官的子孙在该校就读。

21 世纪初，文莱大约有 40 个华人社团，依地缘、业缘、学缘、宗教、福利、娱乐、体育等宗旨组成。在马来奕县就有 14 个华人社团。[①] 每个社团多则三四百人，少则几十人。斯里巴加湾市中华商会成立于 1957 年 5 月，前身是"中华公会"，由来自福建金门籍丕显天猛公林清注发起，二战后改称"中华商会"，是文莱最大的华人商会，与马来商会和国际商会并列为文莱三大商界组织，有 400 多家（个）商号会员、特别会员和个人会员。该会以维护会员利益、发展工商业、推进社会经济繁荣、资助社会福利和教育事业，并与政府合作推行国家政策为宗旨。[②]

---

① 庄国土：《"马来化、伊斯兰化和君主制度"下文莱华人的社会地位》，《东南亚研究》2003 年第 5 期。

② 庄国土：《"马来化、伊斯兰化和君主制度"下文莱华人的社会地位》，《东南亚研究》2003 年第 5 期。

东南亚国家篇 ⟫

B.2
泰国华人社团的现状及其特点

摘　要：　中国人移居泰国的历史悠久，人数众多。近年来，泰国华人华侨界得到新发展，出现许多新现象，呈现一些新特点。其中最明显的特点是：其一，泰国华人社团，尤其是新生代华人与中国的联系进一步增多；其二，改革开放以来，大量移居泰国的中国新移民成为泰国华人社团的新群体，其存在感和影响力逐渐加强。与此同时，由于泰国国内政治形势的变化，泰国华侨华人也面临新的局面。

关键词：　泰国　华人社团　新生代华人　中国新移民

中国人移居泰国的历史悠久，人数众多。在长达近千年的历史过程中，泰国华侨华人在居住国的社会地位较高，对居住国的认同感较强，与居住国

* 杨保筠，北京大学国际关系学院教授、泰国法政大学比里·帕侬荣国际学院学术顾问，主要研究方向为东南亚地区、亚欧关系和华侨华人。

其他族群的融合程度较深，彼此关系也更为和谐。近年来，随着中泰两国国内政治经济形势的演变及国家间关系的发展，特别是在中国不断深化改革开放以及中泰两国在政治、经济、安全、文化等方面的联系日益深化的大背景下，泰国华侨华人界得到新发展，出现许多新现象，呈现一些新特点。其中最明显的特点是：其一，泰国华人社会，尤其是新生代华人与中国的联系进一步增多；其二，改革开放以来大量移居泰国的中国新移民成为泰国华人社会的新群体，其存在感和影响力逐渐加强。泰国华侨华人的各项事业继续稳步发展。与此同时，由于泰国国内政治形势的变化，泰国华侨华人也面临新的局面。

一　泰国华人社团的演进

由于地理位置接近，海陆交通相对便利，泰国自古以来就是中国移民前往谋生的主要目的国之一，泰国华人社会的历史相当悠久。

早在 13 世纪泰人国家——素可泰王朝建立初期，就有中国工匠前往素可泰附近的宋家洛协助发展当地的陶瓷制作业，同时，中国商人也已在暹罗湾沿岸的市场和港口定居。到 16 世纪初期，在阿瑜陀耶王朝的都城就已经形成华人区，而曼谷地区的华人聚居区则在 17 世纪上半叶逐渐形成。[①] 1767~1782 年的吞武里王朝时期，出现了华人大规模移居泰国的高潮。当时的国王郑信是华裔。他在率军击败入侵缅军、恢复国家的独立和统一之后，大力鼓励从中国招入侨民，以帮助其在吞武里营建新都和恢复被破坏的国家经济。当时泰国有华人约 23 万人，约占泰国总人口的 4.8%。[②] 曼谷王朝初期，华人人口保持着迅速增加的势头。拉玛五世王时期（1882~1910 年）实行大规模改革，为了促进社会经济的发展，需要大批自由劳动力，来泰华

---

① 〔美〕施坚雅：《泰国华人社会：历史的分析》，许华等译，厦门大学出版社，2010，第 1、4、26 页。
② 转引自陈健民《泰国对华人的政策和战后华人社会的变化》，《华侨华人历史研究》1989 年第 4 期。

人数量激增，从每年 1 万多人增至 6 万多人。此后，由于各方面因素的影响，1918~1931 年和 1946~1949 年，华人移居泰国的人数猛增，达到了历史上的最高水平。[①] 1960 年泰国人口普查显示，泰国人口为 26257860 人，其中 409508 人是中国公民，[②] 但由于 20 世纪六七十年代泰国政府对华人采取的同化政策，大批华人改隶泰国籍，其中，"加入泰国籍的占百分之九十五以上"[③]。到 20 世纪 80 年代末 90 年代初，泰国华侨人数已仅剩 25 万人左右，约占当年泰国总人口的 0.46%，[④] 而且其中大多为已经退休在家的老华侨。

1978 年后，大批中国人通过各种方式移居泰国，逐步形成了该国的华人新移民群体。40 多年来，旅泰华人新移民的数量剧增，在事业发展、社团建设、社会公益等各方面的作用和贡献日益彰显，使泰国传统华人社会出现了新变化，也为其增添了新活力。

对目前泰国华侨华人总数的估计，学界一直存在很大争议。据 2021 年统计，泰国华人约有 701 万人，[⑤] 但泰国国家发展管理研究所（NIDA）的一项调查发现，泰国目前有华裔人口约 1600 万人，占泰国总人口的 24.58%。[⑥] 实际上，与东南亚其他国家相比，泰国华人的融入程度非常高，因此华裔人口的数量难以精确统计。

至于泰国华侨华人的来源，如果按方言区域来划分，移民泰国的华人主要分为潮州人、客家人、海南人、福建人和广东人。其中，潮州人是旅居泰

---

① 转引自〔美〕施坚雅《泰国华人社会：历史的分析》，许华等译，厦门大学出版社，2010，第 29 页。

② Joseph P. L. Jiang, "The Chinese in Thailand：Past and Present," *Journal of Southeast Asian History*, Vol. 7, No. 1, Cambridge University Press, Mar., 1966, pp. 39-65.

③ 吴群、李有江：《二战后泰国华侨华人社会的变化》，《云南师范大学学报（哲学社会科学版）》2004 年第 5 期。

④ 泰国统计局统计资料。转引自许梅《泰国华人政治认同的转变——动因分析》，《东南亚研究》2002 年第 6 期。

⑤ "Selected Countries with the Largest Number of Overseas Chinese（2021）," https://www.statista.com/statistics/279530/countries-with-the-largest-number-of-overseas-chinese/.

⑥ 《泰国目前有华裔人口约 1600 万，占泰国总人口的 24.58%》，今日头条网，https://www.toutiao.com/article/7191402848985301556/? source = seo_tt_juhe。

国数量最大的华人群体，据一项 1998 年的资料统计，潮州人占泰国华人总数的 56%，客家人和海南人各占 12%，福建人和广东人各占 7%，来自其他地区的占 2%。①

为了在异国他乡谋生，泰国华人成立了各种类型的社团，以团结互助、共谋发展。泰国的早期华侨社团组织是以佛寺、神庙等形式出现的。它们的建立、组织与维持，一般都由侨胞中的宗族或同乡资助，除进行宗教祭祀活动外，还在旅居海外的同乡、宗族间起着联谊团结、宴集聚会、调解纠纷、互相帮助的作用，在很大程度上带有同乡会、宗亲会的职能和性质。泰国的华人社团也和世界各国的华人社团一样，逐渐分为依方言区（地缘）设立的会馆、姓氏（血缘）宗亲会、行业（业缘）协会和慈善机构等。如泰国中华总商会创立于清宣统二年（1910 年），是泰国规模最大、历史悠久的华人行业协会，成为华人最重要的组织和代言人。又如，成立于 1904 年的天华医院，由五大会馆的华商领袖联手共建，以帮助解决华人治病就医的问题。华人慈善机构则旨在为在泰华人提供救助，这种救助不分方言或姓氏，甚至覆盖泰国全社会。如由 12 位华商捐款于 1909 年建立的报德善堂，至今仍在扶贫济困、救死扶伤等方面发挥着重要作用。

此外，一些成立年代不太久远的华人社团也异军突起。例如，由泰国知名华商的接班子女于 2001 年发起创立的泰国青年企业家协会，在促进泰国与中国及其他国家青年企业家之间的联谊与合作，提高各行业青年企业家地位，鼓励青年企业家为泰国社会及世界公益事业作贡献等方面做出了显著的成绩。②

泰国华人社团高度重视子女的教育。据记载，泰国历史上的第一所民营

---

① Arnaud Leveau, Le dragon et le Kinaree: Les communautés chinoises d'Asie du Sud – Est, L'exemple thaïlandais, 16 mars 2009, https://www.academia.edu/1678843/The _ Chinese _ communities_of _ Thailand _ Le _ dragon _ et _ le _ Kinaree _ les _ communautés _ chinoises _ de _ Thaïlande.

② 《"华社之光"代表社团泰国青年企业家协会》，中国侨网，http://www.chinaqw.com/ kong/2014/07-02/8613.shtml。

华文学校诞生于阿瑜陀耶王朝时期的 1782 年。① 许多热心教育的华人也以私人名义在各处华人社区开设华文学校。虽然华文教育曾在 20 世纪 30~70 年代因泰国政府的政策而遭受过挫折，但随着中国经济的迅速发展，中泰之间的交往日益频繁，泰国官方于 1992 年宣布汉语在泰国学校拥有和英语、法语、德语、日语等外国语同等的地位，准许从中国聘请拥有学士学位或师范学历的教师任教。此后，泰国的华文教育越来越受到欢迎，汉语成为热门外语。截至 2011 年 6 月，泰国开设汉语课程的学校已将近 2000 所，在校学习汉语的学生达 70 多万人。2018 年，汉语已成为泰国除英语外的第二大外语，学习人数达到 100 多万人。在高等教育方面，2010 年有 100 所大学开设了中文专业的本科、硕士、博士项目，在校学生达 26242 人。②

泰国的华文媒体较为发达。目前泰国仍在发行的华文报纸主要有《星暹日报》《亚洲日报》《新中原报》《京华中原联合日报》《中华日报》《世界日报》等 6 家，且都有 50 年左右的历史，这些传统华文报纸大都具有明显的本地及侨团特色。尽管泰国的华文报纸受到新媒体的挑战，但大多仍然各自拥有一定数量的读者群。

随着电子信息技术日新月异的发展，泰国的华人新媒体也不断发展。泰国的中文电视台是于 2005 年中泰建交 30 周年之际在中泰两国政府的直接支持下创办的，泰国的华侨华人在该台的运行和发展方面发挥着主要作用。互联网也已成为泰国华侨华人交流信息的重要途径。不仅华文报刊纷纷建立各自的网站以方便读者，而且还出现了许多专为泰国华人服务的中文网站，如泰华网（www.thaicn.com）、泰国华人论坛（www.taihuabbs.com）等。这些网站为泰国华侨华人网友们交流旅居泰国的经验、互通信息、探讨热点新闻等提供了园地，形成泰国华侨华人的网络社区，并为他们通过互联网增强泰国华人之间、华人与中国大陆及港澳台地区之间、华人与当地社会不同族群之间、华人与当地主流社会之间进行更直接和迅速的信息交流提供了方便，

---

① http：//www.thaicc.org/culture/culture/417-2010-09-20-06-31-43.html.
② 张锡镇：《泰国中文教育调查报告》，载贾益民、庄国土主编《华侨华人研究报告（2022）》，社会科学文献出版社，2023，第 41 页。

更有利于泰国华人社会显示其包容性特征和开放形象。

20 世纪 80 年代中期，由于泰中关系的发展和华文教育的振兴，泰华文学出现前所未有的繁荣景象。泰国掀起的"华语热"，也使泰华文学的发展迎来了又一个难得的机遇。随着为数颇多的中国文学工作者定居泰国，泰华文学的发展更是如虎添翼，大量文学刊物和有一定影响的作品问世，一批华文文学社团也应运而生，不仅推动泰国的华文文学发展，而且通过积极与东南亚各国华文文学团体的交流与合作，促进该地区各国华文文学的繁荣与发展。

泰国华侨华人通过建立社团、开办教育、创办报刊、倡导慈善、弘扬文化等各种方式和途径，有效地团结乡亲、亲善各族、互助互利、捍卫权益；一方面保持着与祖籍国和中华文化之间的密切联系，另一方面也有助于他们融入当地社会，与当地民族和睦相处，并为泰国的社会经济和文化发展做出了有目共睹的重要贡献。近年来，随着泰国华人在政治、经济和社会文化等方面全面深入地融入泰国社会，新老华人族群也以更理智、更成熟的心态为当地社会、政治、经济、文化的发展贡献力量，以其创造的物质和精神财富回报泰国社会，推动泰国的建设与发展。与此同时，泰国华人社团也和原籍国中国保持着密切联系，关注中国的发展，努力推动两国在各方面关系的发展和深化。

二 新生代华人逐渐成长

泰国华人移民泰国的历史悠久，早期移民深度融入当地社会。19 世纪下半叶开始的近代大规模华人移民潮促成泰国形成规模庞大的华人社会。当时，旅泰华侨长期怀着"叶落归根"的理念，期待有朝一日能够"衣锦还乡"，故对自己的中国人身份及中华文化怀有强烈的认同感，对子女的中华文化教育和传承也非常重视。为了便于在异国他乡谋生，海外华人往往喜欢聚居，形成很多保留着中国文化特色和生活方式的"中国城"（Chinatown），这也使他们的后代自小就接受了中华文化的熏陶。因此，在这样的历史条件下，生活在东南亚地区的华人后代的国家和族群认同并不成问题。然而，时至20世纪中期，随着东南亚各国的建立，东南亚各国的华侨华人状况发生了深刻的变化。泰国虽然没有经历过西方殖民统治，但错综复杂的国际和地区局势演变也导致该国的华人社会发生了巨大变化。在这一时期出生的华人后代的身份认同也随之出现了改变。随着1975年中华人民共和国与泰国正式建交以及两国在各个领域中关系的持续发展，新生代华人的成长和所发挥的作用逐渐引起人们越来越多的关注。

本文所称"新生代华人"，主要是指泰国的第三、四代华人，即华裔青年群体。他们与其祖辈和父辈有着明显的差异。一般认为，泰国华人融入泰国社会的程度是相当深的。如研究泰国华人的著名学者施坚雅（G. William Skinner）就曾根据泰国华人的同化状况提出了华人被当地社会同化的模式。他认为，华人同化于当地社会和民族，不仅是历史上普遍存在的现象，也是历史发展的必然趋势。他甚至预言，第三、四代华人因被同化于泰国社会文化中而不复存在。①

总体来看，泰国华人无论在血统还是在文化方面融入泰国社会的程度确实都比较高。虽然这一过程与东南亚地区的一些国家相比显得比较平和，但统治者的介入还是对泰国华人融入当地社会发挥了相当重要的作用。20世纪30年代以来，泰国政府非常重视通过教育加强全民的国家认同感，因而泰国政府特别注重通过教育使华人融入泰国社会。特别是1932年革命后，泰国新政府为强化民族意识而严格贯彻此前虽已颁布，但并未全面执行的《暹罗民立学校法》和《暹罗强迫教育实施条例》。为此，泰国政府采取了一系列具体措施。如华文学校必须开设泰文班，7~14岁的华人华侨子弟必须每周学习泰文25个小时，华文只能够作为一门外国语来开设，每周讲授时间不得超过6小时，等等。不合条例规定的华文学校，则被勒令停办。1938年銮披汶任总理后，对华文教育的限制进一步收紧，如华文授课每周

---

① Charles Keyes, "G. William Skinner and the Study of Chinese in Thailand and the Study of Thai Society," https://www.academia.edu/16415295/G_WILLIAM_SKINNER_AND_THE_STUDY_OF_CHINESE_IN_THAILAND_AND_THE_STUDY_OF_THAI_SOCIETY.

不得超过 2 小时，华文学校有关规则、课程及课本都必须符合泰国政府所定条例。到 1940 年底，泰国政府以违规为借口查封的华文学校已达 242 所，另有 51 所华文学校自行停办。1947 年 11 月銮披汶再次出任总理后，对华文教育的限制更加严厉，规定华文学校必须使用由泰国教育部编写的中文教材，内容不得提及中国的历史、文化、习俗；规定华文学校校长必须是泰人，禁止开设新的中等华校等，导致泰国有 100 多所华文学校被查封停办。华裔学生必须使用泰文名字，穿着统一的校服，在学校只能使用泰语，行为举止也必须与泰人相同。学校对不遵守校方规定的华人学生给予各种处罚，以促使他们自小就形成身为泰人的观念。①

据笔者在泰国的长期观察，新生代华人的父母辈大都经历了这一过程，他们中的大多数人基本上完成了融入泰国社会的过程，大多数华人除了因家庭内部交流之需保留了一定的方言表达能力之外，对汉语和汉字的使用能力基本上已经消失殆尽。在这样的情况下，他们的后代子孙，即新生代华人普遍不识汉字，有的甚至连祖先家乡的方言也不会讲。这也造就了新生代华人所具有的一些基本特点：自出生之日，就成为泰国籍公民；使用泰国的姓名，对泰国和泰国王室效忠；自小接受泰国的文化教育，使用泰语，按照泰国的习俗生活，同当地人民一起庆祝节日；进泰国上座部佛教寺庙礼拜，男孩遵循泰族习俗举行成年剃度出家仪式等。

施坚雅正是在对这些政策进行深入研究之后，预言第三、四代华人会被同化于泰国的社会文化中。但事实上，泰国华人社会的演进现实并非完全如施坚雅所预料的那样。不言而喻，銮披汶时期的泰国政府在教育方面所实行的政策，大大削弱了华人对中国语言文字和文化的了解，但这也并不意味着他们的后代，即本文所称的"新生代华人"因此对其祖先的文化一无所知，并由此而否认自己的华裔身份。

例如，根据笔者近年来在泰国教学和生活过程中所做的观察，以及 2017 年 3 月结合教学工作而在泰国国立法政大学比里·帕侬荣国际学院中

---

① 参见李屏《泰国华文教育史研究综述》，《东南亚纵横》2012 年第 8 期。

国研究专业的近百名应届毕业生中所做的问卷调查报告①，结果均显示，他们百分之百地认为自己是"泰国人"；与此同时，大多数人会承认自己的华裔身份。例如，在笔者直接授过课的600多名泰国青年大学生（其中95%以上为新生代华人）中，在首次见面自我介绍时，所有泰国学生首先都会异口同声地说自己是"泰国人"；随后，大约有70%左右的学生会主动介绍自己是华人或者华裔；当被问及"有没有华人血统"时，除了少数泰族学生之外，其他来自华人家庭的学生也都会承认自己的华裔身份。与此同时，大部分受访者表示自己从出生时起就按泰国人的方式生活，因而认为泰国的华人、华裔和泰族人一样，都是泰国公民。虽然泰国和中国有文化的差异，但泰族和华人有很多相似的价值观，如他们都尊老爱幼、感恩父母。观察和调查结果还显示，泰国的新生代华人对祖籍国中国和中华文化的认可度也比较高，因此很多华裔学生选择学习汉语，利用各种机会去中国学习、旅游。这些都说明泰国新生代华人并未因自觉融入泰国社会而完全丧失对自己的华裔身份的认同。

如上文所述，20世纪30~60年代泰国政府限制甚至取缔华文教育。然而，随着时代的变迁，特别是中泰两国关系的改善和发展，泰国人对学习汉语的兴趣大大提高，汉语教学发展如火如荼，甚至出现了"华语热"。

1972年，泰国政府开始逐步放松对汉语教学的限制。1975年中泰两国建立正式外交关系，双方在各领域的合作不断拓宽和深化，急需大量通晓汉语的人才。1992年，泰国政府宣布全面开放华文教育，使长期谋求重振华文教育的老华人感到欢欣鼓舞。当年，著名泰国侨领、华侨报德善堂董事长郑午楼博士就倡导建立"华侨崇圣大学"，以响应泰国政府发展教育事业、培育大专人才的方针政策。1992年5月，泰国普密蓬国王钦赐"华侨崇圣大学"校名，使其成为泰国唯一一所获此殊荣的私立大学，6月学校正式开

---

① 当时，笔者为结合毕业班作文写作辅导课程，曾组织和指导2017年毕业班学生就"华人的认同问题""为什么选学中国研究专业""泰国人看中国和中国人"等3个主题开展问卷调查和相关结果的研究。参加调研的该届毕业生共96名，其中大多数为新生代华人，也有少数泰族及外籍学生。

学。1994 年 3 月，普密蓬国王亲临学校主持揭幕典礼。正是在郑午楼等一大批热心中华文化的老华人的大力推动之下，泰国华文学校的办学高潮又再度兴起。此后，泰国教授中文课程的学院、学校、补习班如雨后春笋般出现，社会上学习中文的人数也日益增多。

实际上，20 世纪 90 年代初出现的泰国"华语热"是有其深厚的国内外背景的。自 1975 年中泰建交以来，两国之间的友好关系在全方位合作过程中不断发展，中国改革开放取得的成果也使泰国看到深化与中国关系的必要性和重要性。在 1997 年首先爆发于泰国的亚洲金融危机中，中国所采取的一系列有利于阻止危机恶化的措施及对泰国提供的及时有效的援助，使泰国政府更加重视与中国的关系。与此同时，泰国政府也认识到为了发展与中国的关系，汉语人才的培养也非常重要。1999 年 11 月，时任泰国教育部部长秘书颂博·乔披集表示："华文对于泰国的未来将与英文同样重要，因泰中两国各方面交流越来越频仍。"[1] 这说明泰国政府是将汉语作为一门对泰中交流至关重要的外语来看待的，其地位和作用与英语等其他外语并无二致。

与此同时，大批新生代华人积极学习汉语的现象则是由多方面原因促成的。

首先，尽管泰国政府为增强华人对泰国的认同感和归属感而对华文教育采取了一系列限制措施，但总体上还是比较宽松的，如政府并未禁止使用汉字，不仅唐人街上的华文招牌仍然十分盛行，而且华文报刊也得以保留。尤其是华人的传统和习俗仍然得以完整保存，泰国华人依然能够保留春节、清明、端午、中元、中秋等中华民族传统节日，并举行相应的庆典和祭祀活动。因此，一份泰国报刊在 1937 年春节期间刊载的文章认为，"华人后裔并未因接受泰国文化而完全抛去原有的文化习俗"[2]。华人普遍参与这些节庆习俗和群众活动，因此新生代华人的祖父母及父母辈仍然能够保留中华文化

---

① 转引自吴群、李有江《二战后泰国华侨华人社会的变化》，《云南师范大学学报（哲学社会科学版）》2004 年第 5 期。

② 许国栋：《从华人宗教信仰剖析泰国的"同化"政策》，《华侨华人历史研究》1994 年第 2期，第 29 页。

的传统和精髓，并将其传授给子女，使他们自小就受到中华传统文化熏陶，留下深刻印记。

其次，父母在家庭中对新生代华人的族群认同所施加的影响，无论是有意还是无意，都会产生最直接的效果。实际上，新生代华人的父母大多是出生在泰国的第二代华人，虽然受到泰国政府的限制和教育政策的直接影响，但来自中国的父母或者其中一方会经常向他们谈论来自中国的渊源并灌输保持中华文化传统的重要性。笔者曾经和很多学生家长或者与他们年龄相仿的华人和华裔人士探讨过他们对中华文化的看法及对子女的传统教育等问题，发现他们之中的大多数人由于受到来自中国的父母的直接影响和督促，对中华传统文化的感情还是比较深厚的。很多人表示，尽管自己因为种种原因而未能学习和使用汉语，但仍然希望子女能够了解和保留中华文化传统。正因如此，越来越多的华人父母不仅鼓励孩子从小就开始学习华文，有些还把孩子直接送到中国的大学、高中甚至初中就读。

此外，在笔者所结识的泰国新生代华裔青年中，绝大多数人同时使用中文姓名。据说，他们的中文名字多为祖父或外祖父所起，也有些是父辈、亲戚或汉语教师所起。这些华裔在和中国人交流时，只要他们会写自己的中文名字，一定会在名片上郑重其事地写下自己的中文姓名，以告知自己的华人身份。这些现象说明，很多新生代华人家庭仍然具有较强的传统宗族观念，希望通过家族的姓氏和使用中文名字来保持和传承华人血脉。新生代华人乐于保持和使用自己的中文姓名，甚至一些原本没有汉文姓氏的华裔青年也乐意取一个中文姓名，这一现象也反映出他们在父母和家庭的影响下，具有较强的对自身华人身份的认同意识。在此，以一个泰国客家华人家庭为例。主人公是一位经商的华人，出生在泰国，父亲来自中国，母亲是一位泰族妇女。但父亲一直教育他千万不要忘记自己是中国人的后裔。他的妻子是潮州人和泰族人的后代，虽然不会讲普通话，但粗通潮州话，特别是对潮州人的各种节庆和祭祀活动的准备、组织和安排了如指掌，因而对中国传统节庆的祭祀和庆祝活动非常重视。同时，夫妇俩也非常重视孩子的中国语言文化教育问题。虽然他们做的只是小本生意，算不上富贾巨商，但他们尽全力把三个孩子都送到中国留学。现在三个孩子都已完成学业，回到泰国就业。笔者和这三个年轻人交谈时发现，他们认为父母的熏陶和安排是使他们重视自己的华裔身份、了解中国文化并前往中国学习的主要因素。这位客家华裔在解释自己的选择时，说这样做的目的就是要完成父亲的嘱托，中华文化的传递不能够在孩子们的手上中断。

再次，很多新时代华裔青年表示，在家庭中，父母长辈带领他们从小参加祭拜祖先、庆祝中华民族传统节日等活动，确实对他们的华裔身份认同产生了深刻的影响。这在那些学习汉语、对中国文化有所了解和爱好，以及到过中国的新生代华人中表现得尤为突出。据笔者所接触到的学生介绍，虽然他们之中很多人的家长已经不懂华文，但家里仍然保持着中国的传统文化和习俗，即使是泰华混合家庭，也会同时过泰国和中国的重要传统节日。他们表示，正是这些家庭活动使他们了解到一些中国的传统文化和习俗，也使他们从小就知道自己所具有的华人血统和身份。此外，去中国旅游、留学等实际经历，往往也会成为进一步唤醒他们族群认同意识的重要促进因素。例如，不少同学表示，在到过中国之后才开始认识到自己的华人身份，因为他们在中国时经常会被问："你是中国人吗？"这一问题引发他们的思考。过去，即使父母长辈告诉过他们自己家庭与中国的渊源，但他们自小与当地孩子相处，也从未感觉到自己和他们有什么不同。而被多次问到这个问题时，他们所产生的问题就是：难道我真的那么像中国人？因而也就会比过去更多地思考自己与中国及中国文化之间的关系，从而也会对自己的华裔身份更加看重一些。

最后，中国改革开放以来所取得的成就以及中国在泰国和东南亚地区其他国家影响力的扩大，对泰国新生代华人的族群认同也产生了相当深刻的影响。在上述对泰国学生进行的问卷调查中，在问及他们如何看中国和中国人时，有76%的受访者表示愿意跟中国人一起工作。主要原因是中国的经济发展又好又稳定。近年来，中国企业努力开拓海外市场，与中国有着悠久友好关系的泰国成为中国企业的重要投资对象，泰国劳动力也因此而有了更多在中资企业工作的机会。加之中国人办事很认真，工作尽心尽力，使泰国人愿意和中国人一起工作。因此很多新生代华人寻求到在泰国的中资企业工作，或者从事与中国有关的业务，并认为他们的华裔身份对他们的求职和职业生涯是有利的，他们对自己的华裔族群的认同感也会由此而得到增强。

基于上述因素，泰国的新生代华人，特别是曾经或正在学习汉语的年轻人，对中国社会、经济和文化的兴趣提高，参与中国有关的各类活动的积极性也有所增强。例如，随着泰国留华学生队伍的不断扩大，各类校友会先后建立，为增强中泰双方的交流和友谊做出了贡献。如泰国北京大学校友会于2020年12月成立，成员大多为曾经留学北大的泰国学子及部分在泰国的北大教员和中国籍校友。校友会旨在联络团结广大北大泰国校友，心连心、手牵手，举办更多有意义的活动，建设校友之家，搭建友好之桥，为泰国社会发展和为中泰友好关系发展作出更大贡献。

如今，新生代华人已经成为中泰两国在各领域开展交流与合作的生力军。他们之中，有的在政府部门从事与两国外交、经贸、文化、教育交流相关的工作；有的在泰国或中资企业从事双边经贸工作；有的在家族企业开拓与中国开展业务的商机；还有的在各地各类学校或自行开办语言学校从事汉语教学工作，培养新的汉语人才，推动两国关系的持续发展。例如，2023年后，笔者在来往于曼谷和厦门、北京、南宁等地的航班上多次遇到过去教过的泰国华裔学生，他们有的是随父亲去中国谈生意；有的独当一面，为自己的企业去中国找商机；有的是代表学校去中国的高校谈合作事宜；还有的则在航班上担任乘务员，用汉语及时播报相关信息。

三　华人新移民群体迅速壮大

20世纪70年代末中国实行改革开放政策以来，旅居泰国的华人新移民群体不断壮大，已经在泰国华人社会中占据相当重要的地位，其影响力也在不断增强，引起泰国学界的高度关注，关于旅泰华人新移民的研究成果越来越多。

中国学术界对迁移定义中时间限制的理解是广义的，"华人新移民"不仅包括已经在他国入籍或未入籍的永久性定居移民，还包括未在他国入籍但在他国工作、生活的短期性（一般在一年以上）移民。就泰国的具体情况而言，"华人新移民"的构成相当复杂，而本文所探讨的旅泰中国新移民，主要是指"改革开放后移居国外（泰国）的中国大陆公民"[1]。

目前，由于各方面的原因，尚缺乏有关泰国华人新移民数量的权威统计数据。据估算，自20世纪80年代中期到2007年的近20年间，涌入泰国的中国新移民人数为40万~50万人。[2] 据泰国移民局统计，截至2022年，泰国有11万~13万名中国新移民，主要分布于曼谷、春武里府、罗勇府、普吉岛、清迈、清莱、达府、武里南府和孔敬府等地。另有研究认为，由于中国社会结构的内部变化、近年来经济增长放缓以及泰国对外国人更加欢迎的政策，今后势必有更多的中国人将暂时或永久移居泰国。[3]

泰国研究人员根据华人新移民移居泰国的目的对其进行分类，主要有三种：为寻求商业机会或就业；为接受教育；为改变生活方式以及到泰国开展各类在线业务以便在当地定居。有时也把他们归纳为商业移民、教育移民、生活方式和长期休闲移民，以及生活方式和商业移民的结合。[4] 也有人将泰国的中国新移民分为商人、雇员、退休人员、数字游民和学生及其家庭成员等类型。[5]

---

① 张秀明：《国际移民体系中的中国大陆移民——也谈新移民问题》，《华侨华人历史研究》2001年第1期。

② 庄国土：《东南亚华侨华人数量的新估算》，《厦门大学学报（哲学社会科学版）》2009年第3期。

③ Sivarin Lertpusit, "New Chinese Migrants in Thailand and the Perceived Impact on Thai People," ISEAS-Yusof Ishak Institute, Singapore：August 2023, https：//www. iseas. edu. sg/wp-content/uploads/2023/08/TRS11_23. pdf.

④ Aranya Siriphon, Fanzura Banu and Pagon Gatchalee, "New Chinese Migrants in Chiang Mai：Parallel Paths for Social Interaction and Cultural Adjustment," 2022/30, https：//www. iseas. edu. sg/articles-commentaries/iseas-perspective/2022-30-new-chinese-migrants-in-chiang-mai-parallel-paths-for-social-interaction-and-cultural-adjustment-by-aranya-siriphon-fanzura-banu-and-pagon-gatchalee/.

⑤ Sivarin Lertpusit, "New Chinese Migrants in Thailand and the Perceived Impact on Thai People," ISEAS-Yusof Ishak Institute, Singapore：August 2023, https：//www. iseas. edu. sg/wp-content/uploads/2023/08/TRS11_23. pdf.

在因商业和经济目的而移民的人中，还包括为公司和官方或私人机构工作的员工、教师志愿者和专业自由职业者等。目前，中国已经成为泰国第三大投资国，故此类新移民包括中大型投资者、贸易商和小企业主，他们主要是到泰国寻找投资和商业机会。据调研结果，泰国的旅游、医疗服务、水果和农业生产以及房地产等领域对中国企业家具有吸引力。截至2022年，已有21246名中国投资者在曼谷、春武里府、清迈和普吉岛投资注册法人实体，投资额达137.85亿美元。根据泰国法律，许多华人新移民通常与泰国同行合作开展泰国商品的贸易业务，经营诸如橡胶枕头、燕窝补品、化妆品、手袋、鳄鱼皮制品等。也有些人从事房地产经纪、开办教育中介机构以及提供运输、物流、仓储等服务。此外，还有一些人在泰国上大学期间创办了微型企业，通过电子商务代购等方式向中国人销售泰国产品和国际品牌商品。[1]

这些怀着经济目的去泰国的中国新移民大都年富力强，并在国内积累了一定的资金或工作经验，他们往往受到在泰国的亲朋好友的启发到泰国来寻求商机。在经过多年打拼后，不少人已经崭露头角，在泰国商界享有盛名。

教育移民包括出于各级教育目的而移民泰国的个人，其中包括到泰国接受小学、中学、职业教育和高等教育以及非正式学习课程的学生。近年来，就读于泰国公立或私营高等院校接受本科和硕博研究生教育的学生人数激增，他们主要集中于曼谷和清迈等大城市。[2] 据泰国移民局的数据，中国学生人数已从2012年的5743人增加到2019年的29032人。[3] 2020年，泰国高

---

[1] Sivarin Lertpusit, "New Chinese Migrants in Thailand and the Perceived Impact on Thai People," ISEAS-Yusof Ishak Institute, Singapore：August 2023, https：//www.iseas.edu.sg/wp-content/uploads/2023/08/TRS11_23.pdf.

[2] Aranya Siriphon and Fanzura Banu, "The Nature of Recent Chinese Migration to Thailand," *Researchers at ISEAS-Yusof Ishak Institute Analyse Current Events*, 2021 No.168, Singapore, 22 December 2021.

[3] Sivarin Lertpusit, "New Chinese Migrants in Thailand and the Perceived Impact on Thai People," ISEAS-Yusof Ishak Institute, Singapore：August 2023, https：//www.iseas.edu.sg/wp-content/uploads/2023/08/TRS11_23.pdf.

校接收中国留学生 14418 人，其中 10078 人进入私立大学，公立大学入学人数则为 4340 人。[①] 2022 年到泰国高校就读的中国学生人数下降到 9673 人，[②] 2023 年到泰国高校就读的中国学生人数呈现快速增加的势头。

中国留学生普遍认为考取泰国高校相对容易，而泰国院校也乐于招收中国学生，甚至有些学校为他们开办用中文授课的专业和学位课程。此外，泰国的学费和生活成本远低于欧美国家，业余打工的机会也较多，因而有些中国学生情愿在此长期就读和驻留。有些在泰国就学的中国青年学子还表示，如果有就业和通婚的机会，则会在毕业后定居泰国。

除了就读高校的中国学生外，泰国还接收了大批进入国际学校就读小学及中学的中国学生。同时，随着小留学生人数的增加，陪同孩子前往泰国的国际学校就读的学生家长人数激增，他们认为学校能够提供国际环境和学术课程，而且费用较国内相对低廉，虽然孩子年幼需要家长照顾，但仍然是物有所值。[③]

为改变生活方式而移居泰国的中国人往往是因为受到当地生活方式和文化的吸引。许多来自中国的移民起初是以游客身份到泰国，喜欢上那里的人文环境和生活方式，因而希望能够在这里找到工作，定居下来。如多位旅泰中国人曾向笔者表示，他们第一次到泰国出差或旅游时，就为当地的环境和民风所吸引，认为这里才是他们的居留之地，因此决心要在此地定居，并最终实现夙愿。他们对移居泰国的理由的解释也是多种多样的。很多人是被泰国的生活氛围和环境吸引，认为相比国内城市，泰国的大小城镇都显得更为

①　Aranya Siriphon and Fanzura Banu, "The Nature of Recent Chinese Migration to Thailand," *Researchers at ISEAS-Yusof Ishak Institute Analyse Current Events*, 2021 No. 168, Singapore, 22 December 2021. https://www.iseas.edu.sg/wp-content/uploads/2021/11/ISEAS_Perspective_2021_168.pdf.

②　Sivarin Lertpusit, "New Chinese Migrants in Thailand and the Perceived Impact on Thai People," ISEAS-Yusof Ishak Institute, Singapore: August 2023, https://www.iseas.edu.sg/wp-content/uploads/2023/08/TRS11_23.pdf.

③　Sivarin Lertpusit, "New Chinese Migrants in Thailand and the Perceived Impact on Thai People," ISEAS-Yusof Ishak Institute, Singapore: August 2023, https://www.iseas.edu.sg/wp-content/uploads/2023/08/TRS11_23.pdf.

干净整洁，空气质量也更好，而且当地的生活方式和人们的处世态度也更具吸引力。此外，还有为数不少的新移民是为宗教信仰而来。他们认为泰国以佛教为国教，在泰国信佛比较自由，令人心情舒畅。因此，在泰国的许多华人寺庙可以看到为数众多的来自中国的佛教信徒，他们积极参加各种禅修班或宗教活动，并以居士身份在寺庙从事义工服务。

随着中国经济的发展和中产阶层队伍的扩大，到泰国养老已经成为不少人的选择，除了这里的生活消费水平较低、食品安全较有保障以及气候和环境条件较适合老年人等因素之外，泰国政府规定超过 50 岁的外国人就可以办理养老签证的政策也为有意到此养老的人们提供了方便。目前，在泰国各地，如春武里府、曼谷、清迈和清莱等地都有为数众多的中国退休人员在那里长期居住。据统计，持有泰国养老签证的中国移民从 2012 年的 1027 人增加到 2019 年的 5864 人。虽然 2022 年降为 4054 人，但 2023 年后人数的增长幅度正在加大。此外，随着泰国投资委员会于 2022 年 9 月推出最新的十年长期签证计划，也将吸引更多比较富裕的中国退休者申请该签证赴泰养老。①

此外，在中国新移民中，与当地华裔或泰族结婚成家的也颇常见。其中，既有在中国成婚后移居泰国的，也有在泰国相识而终成眷属的，其中以中国男子娶泰籍女子的现象更为多见。

由此可见，改革开放以来数量庞大的中国新移民移居泰国，有其时代背景和原因，中泰两国关系的发展是中国新移民出现和延续的最重要动力，它们构成了促使中国新移民前往泰国的"推力"和泰国吸引中国新移民的"拉力"。一些在泰国长期存在并不断有所拓展的移民网络，则为这一人口迁移活动提供了有效的支持。

与早期移民相比，改革开放以后来到泰国的中国新移民具有一些明显的特点。

---

① Sivarin Lertpusit, "New Chinese Migrants in Thailand and the Perceived Impact on Thai People," ISEAS-Yusof Ishak Institute, Singapore：August 2023, https：//www. iseas. edu. sg/wp-content/uploads/2023/08/TRS11_23. pdf.

第一，他们的来源地广泛，几乎遍及中国各省份，诸如河南、陕西、四川、湖南、重庆等省份的新移民数量不断上升，人员往来大幅度增加，加之旅游业的快速发展，致使亚航（Air Asia）、皇雀（Nok Air）等航空公司纷纷开辟通往中国内地省份的航班和包机服务，以满足需求。

第二，新移民的总体受教育程度明显高于老华侨。来泰国的早期移民多是迫于生活压力而下南洋，而新移民则大多在国内接受过中等教育或高等教育。例如，泰国朱拉隆功大学的一项调查显示，在曼谷辉煌区（Huai Khwang）的"新唐人街"的中国移民中，有68.9%的人拥有学士学位。[①]而且在旅泰华人新移民中，有不少人在国内读过泰语专业，语言优势为他们在泰国驻留和发展提供了有利的条件。

第三，与老华人相比，赴泰中国新移民的职业结构发生了重大变化，朝着职业多元化方向发展，涉及驻在国的科技、教育、商业和金融服务业，并且有相当一部分人已成就斐然。新移民职业多元化的出现首先与他们自身的教育背景有关。他们在出国前大多已具备一定的工作经历和职业背景，到泰国后能够找到接近自己原来工作的机会。同时，新移民职业多元化还与当地劳动力市场的需求有关。随着中泰两国各领域关系的发展，泰国对各种涉华人才的迫切需求增加，从而给新移民创造了很多难得的就业机会。

第四，新华人具有较大的流动性。调研结果显示，许多中国新移民虽然来到泰国寻求教育和商业机会，或者追求个人梦想和更好的生活质量，但并不一定是为了在东道国定居。[②]例如，有的人可以在有商机时呼朋引伴前来泰国经营，也可能在遇到挫折或问题时回国另谋发展，其中有些人又因国内的创业环境不甚理想而重回泰国打拼。此外，由于泰国的移民管理法规比较

① 《泰媒：中国在泰国新的移民将不同以往》，新浪网，http：//news.sina.com.cn/o/2016-09-19/doc-ifxvyrit2774078.shtml。

② Aranya Siriphon, Fanzura Banu and Pagon Gatchalee, "New Chinese Migrants in Chiang Mai: Parallel Paths for Social Interaction and Cultural Adjustment," 2022/30, https://www.iseas.edu.sg/articles-commentaries/iseas-perspective/2022-30-new-chinese-migrants-in-chiang-mai-parallel-paths-for-social-interaction-and-cultural-adjustment-by-aranya-siriphon-fanzura-banu-and-pagon-gatchalee/.

严格，许多人因为签证问题而成为"候鸟式"的移民。比如，在需要去移民局报到时回国去处理业务，再入境后的停留时间就可以顺延。

华人有喜好聚居以便相互扶助、共谋发展的传统，随着旅泰中国新移民的大批抵达，他们也很快就在泰国的一些主要城市形成了聚居区，即新兴的"唐人街"。其中，以曼谷辉煌区布拉查腊邦蓬（Pracharatbamphen）街一带的中国新移民聚居区的名气最大，被称为曼谷"新唐人街"。这条长400米的街道已形成一条繁华的商业街。各种商店、餐厅和服务机构如雨后春笋般出现；无数中国特色十足的汉字广告牌引人注目，而商店里各种中国商品应有尽有，中餐美食比比皆是，中国游客来来往往。

随着中国新移民的大批进入及他们之间的互助需求的增加，为数颇多的华人新移民社团也异军突起。长期以来，地缘因素在华人社团建立过程中占据着重要地位，这一现象在泰国的中国新移民中也表现明显。在新移民社团中，因地缘而建立的社团仍然占据着主要地位。旅泰中国新移民大多依然怀有相当浓烈的地域认同意识，因此新华人社团也大多以地域因素而建立。例如，以河南、上海等省份命名的"总商会""同乡会"均颇具规模。此外，以省份以下行政区划构成的地缘社团也如雨后春笋般地出现。许多成员在加入这些由老乡们建立的社团时，都表示此前在泰国常感孤独和空空落落，加入社团后终于有了回家的感觉，因而对参与社团的活动也表现出较高的积极性。

由于旅泰中国新移民中经商者占有很高的比例，许多新移民社团把地缘和业缘密切结合，建立起地方总商会。如颇具规模的河南人社团就命名为"泰国河南总商会"。此外，泰国华人新移民社团的章程虽然仍以为某地域籍乡亲服务为宗旨，但实际上地域限制并不严格。很多外地籍贯的人士也可加入地缘性社团或参与其活动，这些基于地缘而建立的华人社团显示出越来越明显的开放性和包容性。

随着当代科技，尤其是网络和信息技术的发展，加之新移民由于受教育程度较高，对新事物了解、理解和把握、运用能力较强，在旅泰中国新移民中出现了以新技术为依托的组织和活动方式。其中，应用最多的当属各式各样的社交及自媒体软件，它们已经成为新移民彼此交流信息和沟通情感的主要途径。例如，很多新移民利用微信等社交软件，建立各种类型的微信群。其中，既有以地缘为依托的交流群，如某地在泰老乡群；也有以业缘为主的群，如在泰留学人员群等。这些微信群体未必与相应的地缘或业缘社团有联系，但因他们通过微信软件建群非常方便，也不必缴纳入群费用，进退自由，而通过微信发布的信息又非常及时和丰富，深受新移民的欢迎。如清迈的中国学生家长通过使用微信平台，以博客、文章、说明、官方文件等各种形式提供和探讨有关各类签证的办理、选择学校、生活指导、驾照考试、国际医院、银行账户、物流服务、购物等在泰国生活所需的信息和技能，以帮助群组成员在清迈更顺利地生活。

作为中国改革开放后来泰国的第一代中国侨民，新移民对中国的国家认同感自然比较强烈。由于他们的经营和生存环境与国内有着千丝万缕的联系，他们对国内形势的发展和变化相当关注，对中国的内外政策和形势发展也非常关心。同时，泰国的中国新移民社团，特别是地缘社团也与原籍地尤其是与各地的侨办、侨联保持密切联系，多次组织泰国著名侨领到相关省份进行投资考察，为发展双方关系积极引线搭桥，在泰中交流中发挥了一定的作用，同时也扩大了该社团在泰国侨界的影响。

在努力了解和融入泰国社会的过程中，中国新移民对接纳他们的泰国社会也怀有深深的感恩之心，深感自己能够得以在泰国立足和生存，得益于泰国人民的友善和宽容。例如，在泰王拉玛九世于 2016 年 10 月驾崩后，许多新移民社团都在第一时间通过各种方式表达对泰王的哀悼，与泰国人民同悲。

同时，一些来泰国较早，特别是与当地人结婚生子的新移民已经开始面临更多具体的认同问题。例如，在泰国成家定居者中，有为数众多的中国男性新移民与泰国的华裔或泰人联姻。但由于种种原因，这些男性新移民加入泰国籍的愿望并不太强烈或可能性不大。然而，随着孩子的成长，孩子的选籍以及对子女的教育，包括教育方法及是否让孩子接受汉语教育等则成为亟须面对的问题。有时，夫妻双方也可能因此而出现一些矛盾。此外，他们的子女也面临着与新生代华人相似的问题。现已成年的早期华人新移民子女大都认同自己是泰国人，同时也表示对中国和中华文化有感情。有些来自中国的年轻夫妇则对孩子的汉语能力并不在意，认为他们将来在泰国学习和生活，首先要学好泰语，将来再熟练地掌握英语就足够了。但这类年轻夫妇基本上已经能够比较熟练地使用泰语，与孩子之间的沟通不存在障碍。

至于旅泰中国新移民今后的去向，他们大都希望能够在泰国扎根。但他们在做出这一选择的过程中，大多也经历过一些比较复杂的心理历程。例如，旅泰中国新移民多以经营为主，但他们大部分以小本商贸为业，即使其中的一些已经较有实力的新移民也仍处在继续创业和资本积累阶段，而且他们所从事的业务也大多与国内业界和市场有着密切的联系。总体而言，旅泰中国新移民的整体经济实力和社会影响力还都不够强。也正是由于此类原因，一些泰国学者认为，中国新移民打算一旦赚到足够的钱，就返回中国。[①] 但也有很多人出于经济和家庭的原因，希望将来能够在泰国定居。如有新移民坦言："过去确实想在赚够钱后回中国。但现在孩子、房子和财产都在这里，回去的话怎么办？因此，还是要从现在起就认真考虑如何在泰国扎根。"

四　结语

通过对泰国华人社团现状的观察可以看出，随着中泰两国在各个领域中关系的不断发展，泰国华人在该国经济社会中的地位逐步提高，泰国华人与中国之间的交往进一步增强。作为后起之秀，新生代华人的地位和作用逐渐凸显，并不断得到加强。与此同时，血缘和文化所产生的心理亲近感成为泰国新生代华人与祖籍国中国联系的重要驱动力，并为他们学习和事业的

---

① Prof. Dr. Supang Chanthawanich and Dr. Chada Triamwithaya, "The New Chinese Migrants in Bangkok," in Summary of the Seminar on New Chinese Migration in Thailand and the Mekong Region Dipak C. Jain Room, 1st Floor, Sasa Niwet Building Chulalongkorn University May 19, 2016.

成功与发展提供了便利。因此，新生代华人对自己华裔身份的族群认同感会逐步呈现并持续增强。与此同时，在国家认同方面，无论泰国新生代华人中的部分人士的汉语程度有多高，与中国的生意做得有多大，他们对泰国的国家认同和效忠是不会改变的。

在新生代华人茁壮成长的同时，随着中国改革开放而大批来到泰国的华人新移民群体也在不断扩大。在泰国民众看来，要在最大限度地发掘中国新移民为泰国社会带来的好处的同时，尽量减轻和消除由中国新移民涌入带来的一些不好的影响。对于中国新移民群体而言，在充分发挥自身优势以在泰国立足和发展之外，也应不断提高自身素质，加强对所在国文化和民情的了解和理解，主动增强与当地社会的沟通和互动。

总体而言，我们必须充分关注泰国华人社团出现的新变化及其发展趋势，全面认识和深入研究其新特征，这既有利于进一步促进泰国华人社团的发展，发挥其在两国官方和民间交流中的桥梁作用，也有助于"一带一路"倡议在泰国的实施和中泰命运共同体的建设。

B.3
越南华人发展状况

于向东 覃 翊*

摘 要： 越南华人约有 100 万人，已经融入越南社会。越南革新开放特别是 21 世纪以来，华人在越南的地位和作用得到改善和重视。华人擅长商业经营活动的特长得到充分发挥，成为越南经济和社会发展的重要力量；华人的政治与社会地位得到提升，参与越南政治的热情和积极性逐步增强；越南华人作为一种中介因素，已经并将继续为发展中越睦邻友好关系、推动中越经济文化交流做出积极贡献。

关键词： 越南 华人 中越关系

越南全国现有 63 个省市，包括 58 个省和 5 个直辖市。据 2019 年越南全国人口普查数据，截至 2019 年 4 月越南总人口为 96208984 人，10 年内增长 1040 万人，年均增长率为 1.14%。[①] 据最新数据，越南人口于 2023 年突破 1 亿大关，总人口达 1.003 亿人。[②] 越南共有 54 个民族，其中主体民族京族（Kinh，也称越族 Viet）约占总人口的 85%，达 82085826 人。[③] 华人已经完全融入越南社会，与其他 53 个民族一起和睦

---

* 于向东，黄河科技学院、郑州大学越南研究所教授、博士生导师，主要研究方向为越南历史与现状、南海问题、马克思主义理论；覃翊，广西师范大学历史文化与旅游学院，主要研究方向为越南外交、越南文化、越南华人和中越关系研究。本文通讯作者为覃翊。

① 参见越南统计总局《2019 年人口与住房普查全部结果》，河内统计出版社，2020。

② 参见〔越〕安之《2023 年越南人口已达 1.003 亿人》，〔越南〕《人民报》官网，https：//nhandan. vn/dan - so - trung - binh - cua - viet - nam - nam - 2023 - dat - 1003 - trieu - nguoi - post789936. html。

③ 参见越南统计总局《2009 年越南全国人口与住房普查》，河内统计出版社，2009。

生活，形成了各民族大杂居、华人小聚居的特点，华人遍及越南全国各省市，南方一些地区华人相对集中。此外，越南部分省市可能仍分布着很少数量的华侨。

越南华人已成为越南多民族家庭中的一员。20世纪80年代后期，越南共产党第六次全国代表大会决定在全国推行全面革新开放路线，华人政策调整步伐加快，华人在越南经济建设中的作用得到承认，华人进一步融入越南社会，华人的政治与社会地位有了较大提升，参与政治的热情增强。华人经济逐步恢复，新的富豪群体形成。伴随着越南革新开放取得显著成绩，越南华人物质和文化生活状况得到改善，贫困人口比例逐步下降。随着华人社会状况的发展变化，越南在华人聚集的胡志明市长期专门设立的华人工作管理机构，也被并入少数民族工作管理机构之中。

一 越南华人数量的变化与人口结构

关于当前越南华人的数量，各种说法不一，差别较大。国内学者曾估算越南华人有近200万人，[①] 此说法明显过高。根据2019年4月越南第五次全国人口普查结果，[②] 越南华人数量为749466人，[③] 与1999年相比，相对减少。近年来，越南华人数量又略有增长。

（一）越南华人人口数量变化的估计

历史上，很早就有来自中国的移民在越南谋生居留，世代生活下来。

---

① 王志章：《全球华侨华人：中国国家软实力建设中一支不可或缺的力量》，载丘进主编《华侨华人研究报告（2012）》，社会科学文献出版社，2012，第10页。
② 与其他国家相似，越南也是10年组织一次全国人口普查，越南统一后共组织了5次全国人口普查。除2019年全国人口与住房普查外，其他4次人口普查分别为1979年度全国人口普查、1989年度全国人口普查、1999年度全国人口与住房普查、2009年全国人口与住房普查。此外，越南还分别于1960年和1974年在北方组织了人口普查，于1976年在南方组织了人口普查。
③ 参见越南统计总局《2019年人口与住房普查全部结果》，河内统计出版社，2020。

明清鼎革时期曾经出现大规模来越南生活的中国移民现象，形成著名的"明香（乡）人"。清朝后期已有人关注越南华人的数量，徐继畲《瀛寰志略》曾推测，在越南的华人"盖不下十余万也"。① 近代以来，越南华人数量增长迅速，至 20 世纪 50 年代，根据各种资料估算，整个越南的华侨华人已达 100 万人以上，他们大多集中于南部地区。越南新闻社 1952 年 3 月 30 日发表《越南的华侨》一文，估计 1951 年全越南有华侨 150 万人，其中北部 9 万人，中部 5.3 万人，南部 135.7 万人。② 中国台湾地区学者张文和估计，至 20 世纪 70 年代初，仅"西贡堤岸华侨华商当在 120 万人以上"③。据越南研究华人的学者陈庆介绍，有学者估计到 1975 年越南南方的华人高达 200 万人，北方为 17.5 万人。但陈庆本人认为，1976 年越南华人人数是 123.6 万人，约占越南当时总人口的2.6%。④ 也有人估计，至 1978 年越南的华人达 180 万人之多，⑤ 其中还有较多人属于华侨。

（二）2019年越南全国人口普查情况

越南政府于 2019 年 4 月进行全国人口与住房普查，这次普查被视为越南史上规模最大的人口普查。⑥ 越南统计总局于同年 12 月 29 日公布了该次普查的全部结果。根据该次普查，截至 2019 年 4 月越南华人数量为 749466 人

① 徐继畲：《瀛寰志略》第一卷《南洋滨海各国·越南》，上海书店出版社，2001。
② 转引自张文和《越南华侨史话》，台北黎明公司出版部，1974，第 46 页。
③ 张文和：《越南华侨史话》，台北黎明公司出版部，1974，第 52 页。
④ 〔越〕陈庆：《越南华人的人口学分析》，〔越南〕《民族学》2001 年第 1 期。
⑤ 转引自〔美〕沈已尧《海外排华百年史》，中国社会科学出版社，1985，第 115 页。
⑥ 参见〔越〕天平《人口普查：越南正处于"人口黄金期"》，越南之声广播电台（VOV）官网，https://vov.vn/xa-hoi/tong-dieu-tra-dan-so-viet-nam-dang-trong-thoi-ky-co-cau-dan-so-vang-991782.vov，2019 年 12 月 19 日；〔越〕秋恒：《4 月 1 日全国人口普查投入经费 11000 亿盾》，越南网，https://vietnamnet.vn/1100-ty-dong-tong-dieu-tra-dan-so-va-nha-o-tu-14-513392.html，2019 年 3 月 19 日。

（见表1）。①与2009年越南全国人口普查时华人人口数量为823071人和1999年越南全国人口普查时华人人口数量为862371人相比，2019年普查结果华人人口持续下降。②

表1　2019年度越南全国人口普查华人情况统计

单位：人

地区（括号内为越文名）	总数			城镇人口			农村人口		
	合计	男	女	合计	男	女	合计	男	女
全国	749466	389651	359815	522327	266669	255658	227139	122982	104157
（一）北部山区和红河中流地区	44298	23280	20918	8073	3982	4091	36225	19398	16827
1. 河江省（Ha Giang）	7988	4180	3808	2720	1368	1352	5268	2812	2456
2. 高平省（Cao Bang）	112	59	53	92	51	41	20	8	12
3. 老街省（Lao Cai）	788	402	386	411	233	188	377	179	198
4. 北洤省（Bac Kan）	822	447	375	312	154	158	510	293	217
5. 谅山省（Lang Son）	1786	875	911	1506	737	769	280	138	142
6. 宣光省（Tuyen Quang）	5659	3013	2646	982	470	512	4677	2543	2134
7. 安沛省（Yen Bai）	544	276	268	203	96	107	341	180	161
8. 太原省（Thai Nguyen）	2133	1067	1066	812	393	419	1321	674	647
9. 富寿省（Phu Tho）	153	61	92	62	29	33	91	32	59
10. 北江省（Bac Giang）	20225	10900	9325	253	105	148	19972	10795	9177

---

① 据越南学者统计，1976年至1979年，越南华人数量减少24.35%；1976年华人占越南总人口的比例为2.57%，1979年为1.77%。1979年至1989年，越南华人数量减少3.73%；1989年华人占越南总人口的比例为1.4%。1989年至1999年，越南华人数量减少4.2%；1999年华人占越南总人口的比例为1.13%。1999年至2009年，越南华人数量减少4.78%；2009年华人占越南总人口的比例为0.96%。2009年至2019年，越南华人数量减少0.94%；2019年华人占越南总人口的比例为0.778%。参见〔越〕阮公致《当前越南华族经济-社会发展情况及涉华族政策内涵》，〔越南〕《政治科学》2020年第9期。该杂志系越南胡志明国家政治学院（即越共中央党校）中部地区分校的学报；该论文为阮公致承担的国家级课题"当前涉越南华族相关基本及紧迫问题"阶段性研究成果。

② 参见覃翊《近年来越南华人数量的估算与分析》，《南洋问题研究》2015年第1期。

续表

地区(括号内为越文名)	总数			城镇人口			农村人口		
	合计	男	女	合计	男	女	合计	男	女
11. 莱州省(Lai Chau)	849	461	388	434	233	201	415	228	187
12. 山萝省(Son La)	177	63	114	105	43	62	72	20	52
13. 和平省(Hoa Binh)	151	84	67	43	19	24	108	65	43
14. 奠边省(Dien Bien)	2911	1492	1419	138	61	77	2773	1431	1342
(二)红河平原地区	9098	4846	4252	4931	2661	2270	4167	2185	1982
15. 河内市(Ha Noi)	1731	872	859	1554	800	754	177	72	105
16. 广宁省(Quang Ninh)	4514	2474	2040	2246	1221	1025	2268	1253	1015
17. 海防市(Hai Phong)	886	519	367	793	476	317	93	43	50
18. 永福省(Vinh Phuc)	84	29	55	13	3	10	46	24	22
19. 北宁省(Bac Ninh)	509	204	305	118	64	54	391	140	251
20. 海阳省(Hai Duong)	1189	680	509	152	76	76	1037	604	433
21. 兴安省(Hung Yen)	44	19	25	6	1	5	38	18	20
22. 河南省(Ha Nam)	12	1	11	1	0	1	11	1	10
23. 南定省(Nam Dinh)	63	29	34	39	20	19	24	9	15
24. 太平省(Thai Binh)	47	16	31	5	0	5	42	16	26
25. 宁平省(Ninh Binh)	19	3	16	4	0	4	15	3	12
(三)中北部和中部沿海地区	16616	9089	7527	6580	3624	2956	10036	5465	4571
26. 清化省(Thanh Hoa)	279	137	142	86	44	42	193	93	100
27. 义安省(Nghe An)	178	94	84	65	38	27	113	56	57
28. 河静省(Ha Tinh)	21	7	14	2	1	1	19	6	13
29. 广平省(Quang Binh)	9	4	5	1	1	0	8	3	5
30. 广治省(Quang Tri)	57	26	31	47	25	22	10	1	9
31. 承天-顺化省(Thua Thien-Hue)	222	129	93	165	98	67	57	31	26
32. 岘港市(Da Nang)	1536	875	661	1479	841	638	57	34	23
33. 广南省(Quang Nam)	574	315	259	511	280	231	63	35	28
34. 广义省(Quang Ngai)	93	49	44	58	33	25	35	16	19
35. 平定省(Binh Dinh)	353	200	153	292	164	128	61	36	25
36. 富安省(Phu Yen)	171	92	79	130	62	68	41	30	11
37. 庆和省(Khanh Hoa)	1969	1130	839	1521	879	651	448	260	188

续表

地区（括号内为越文名）	总数			城镇人口			农村人口		
	合计	男	女	合计	男	女	合计	男	女
38. 宁顺省（Ninh Thuan）	1237	669	568	763	418	345	474	251	223
39. 平顺省（Binh Thuan）	9917	5362	4555	1460	749	711	8457	4613	3844
（四）中央高地地区*	23058	12847	10211	9233	5035	4198	13825	7812	6013
40. 昆嵩省（Kon Tum）	134	86	48	118	76	42	16	10	6
41. 嘉莱省（Gia Lai）	515	284	231	388	210	178	127	74	53
42. 多乐省（Dak Lak）	2842	1561	1281	1850	1025	825	992	536	456
43. 多农省（Dak Nong）	5779	3271	2508	201	105	96	5578	3166	2412
44. 林同省（Lam Dong）	13788	7645	6143	6676	3619	3057	7112	4026	3066
（五）东南地区	506947	262338	244609	397406	202296	195110	109541	60042	49499
45. 胡志明市（TP. Ho Chi Minh）	382826	194833	187993	363389	184128	179261	19437	10705	8732
46. 平福省（Binh Phuoc）	8049	4575	3474	1359	725	634	6690	3850	2840
47. 西宁省（Tay Ninh）	1852	997	855	1114	574	540	738	423	315
48. 平阳省（Binh Duong）	17993	9823	8170	16255	8823	7432	1738	1000	738
49. 同奈省（Dong Nai）	87497	47248	40249	12331	6474	5857	75166	40774	34392
50. 巴地-头顿省（Ba Dia-Vung Tau）	8730	4862	3868	2958	1572	1386	5772	3290	2482
（六）九龙江平原地区**	149449	77151	72298	96104	49071	47033	53345	28080	25265
51. 隆安省（Long An）	3801	2112	1689	1122	608	514	2679	1504	1175
52. 同塔省（Dong Thap）	971	481	490	804	404	400	167	77	90
53. 安江省（An Giang）	5234	2697	2537	4859	2498	2361	375	199	176
54. 前江省（Tien Giang）	2310	1201	1109	1840	959	881	470	242	228
55. 永隆省（Vinh Long）	3627	1862	1765	2886	1453	1433	741	409	332
56. 槟知省（Ben Tre）	2495	1304	1191	1323	693	630	1172	611	561
57. 坚江省（Kien Giang）	24051	12500	11551	10450	5367	5083	13601	7133	6468
58. 芹苴市（Can Tho）	10925	5606	5319	10718	5488	5230	207	118	89
59. 茶荣省（Tra Vinh）	6632	3462	3170	5229	2718	2511	1403	744	659
60. 后江省（Hau Giang）	4806	2621	2185	2794	1492	1302	2012	1129	883
61. 朔庄省（Soc Trang）	62389	31853	30536	39301	19915	19386	23088	11938	11150
62. 薄寮省（Bac Lieu）	15865	8120	7745	9975	5007	4968	5890	3113	2777
63. 金瓯省（Ca Mau）	6343	3332	3011	4803	2469	2334	1540	863	677

注：*中央高地地区即越语的"西原地区"；**九龙江即湄公河流经越南河段。

资料来源：越南统计总局《2019 年人口与住房普查全部结果》，河内统计出版社，2020。

（三）越南华人居住、年龄结构情况

1999 年至 2019 年的 20 年间，由于行政改革，越南行政区划数次变迁。2003 年奠边府市（原莱州省省会）从莱州省剥离，新组建奠边省；2004 年多乐省从多农省剥离；后江省从芹苴省剥离，原芹苴省升格成为中央直辖市；2008 年河西省并入首都河内市，形成越南的 5 个中央直辖市（河内市、海防市、岘港市、胡志明市、芹苴市）和 58 个省的行政区划布局。越南区域划分也有不同调整，2006 年越南政府将原东北部和西北部地区重新规划为北部山区和红河中游地区，中北部和中南部地区重新规划为中北部和中部沿海地区；广宁省从东北部划分至红河平原地区，宁顺省和平顺省从东南部地区划分至中北部和中部沿海地区。

从表 1 可知，华人遍及越南全国各地，各省市均有华人定居生活，华人集中聚居在越南南方地区的情况没有改变，南方华人数量达 656396 人（主要为东南地区及九龙江平原地区），约占越南全国华人数量的 87.6%；如按传统分界线——北纬 17 度线划分越南南北方，南方华人数量为 695583 人，占越南全国华人数量的比例高达 92.8%。根据笔者此前梳理的情况：胡志明市仍是华人数量最多的城市，但 1999 年至 2009 年的 10 年间胡志明市华人的数量也减少近 1.5 万人，2009 年至 2019 年的 10 年间胡志明市华人的数量则减少近 3.1 万人。华人男性和女性的数量差距不大，基本实现性别平衡。近 70% 的华人生活在城镇地区，其余则居住在农村地区；城镇和乡村地区之间男女数量也基本实现性别平衡。1999 年至 2009 年的 10 年间越南全国仅有河内、北江、北宁、永福、山萝、南定、承天－顺化、昆嵩、平富、平阳等 10 个省市华人数量略有增加；其余绝大多数省市华人人口数量均有不同程度减少，其中胡志明市、同奈省、安江省、坚江省华人数量减少较多，同奈、安江和坚江三省华人分别减少 7282 人、3181 人和 2843 人。其中河内市华人数量增加的一个原因是河西省并入该市；而莱州省华人人口数量急剧减少也是缘于其行政区划的变迁，即原莱州省省会奠边府市曾是越南西北地区区域大型城市，行政区划改革后重新组建奠边省；芹苴省升格为

直辖市之后，华人数量也有所减少；但原多乐省则是个特例，多农省从多乐省剥离后，多乐与多农两省华人数量相加较剥离前反倒有较大增加，增幅达3000多人。而2009年至2019年的10年间，河江、太原、北江、莱州、奠边、广宁、永福、北宁、兴安、河静、多农、隆安等省市的华人数量有小幅增长，但上述地区华人增长总量不超过1万人。

此外，根据越南2009年人口普查数据，华人15～60岁人口数量为556694人，约占该时期整个华人数量的67.6%；15岁以下人口近19万人；65岁以上人口仅有6万多人。可见当前越南华人是"年轻且富有生命力"的民族，且构成与越南人口结构类似，正处于"黄金人口结构期"。[①]

（四）越南华人数量减少的原因

全国人口普查作为越南政府组织的大规模社会性调查活动，其发布数据的权威性是毋庸置疑的。越南华人数量减少已然成为现实，这客观上反映了当前越南华人数量的状况。问题是，哪些因素导致了越南华人数量持续减少？还需要做一些深入分析。

越南学者田野调查时发现，由于华人已完全融入越南社会，华人与京族以及其他少数民族如高棉族居民相互通婚，婚育后代则为混血，由于能说流利的民族语言，尤其是其越南语几乎无异于母语水平，故在调查时许多华人均刻意回避自己的华人身份，申报自身民族成分为京族或是其他民族；如北部的广宁省和南部的朔庄省等地，原为华人聚居数量众多的地区，但每次在人口普查之后，华人的数量都出现较大数量减少的现象。[②] 还有部分华人与外

---

① 越南当前15~64岁适龄劳动人口数量约为6800万人，约占总人口比重的69%。参见《"人口黄金期"，不利用则荒废》，越南卫生部官网，https：//moh. gov. vn/chuong－trinh－muc－tieu－quoc－gia/-/asset_ publisher/7ng11fEWgASC/content/co-cau-dan-so-vang-neu-khong-tan-dung-se-lo-thoi--1，2020年11月27日。另，越南在2019年全国人口普查中调整了统计口径，不再统计各民族人口年龄结构；华人仍然是越南最长寿的民族。

② 参见〔越〕吴文丽、阮维平等《南部华人》，胡志明市国家大学出版社，2005，第20页；〔越〕阮公致《当前越南华族经济-社会发展情况及涉华政策内涵》，〔越〕《政治科学》2020年第9期。

国人结婚以后旅居海外，其所生育孩子则送回原籍抚养，这部分群体的户口、户籍、国籍情况难以掌握，故导致其数量均难以统计或估算；而中越山水相连、文化相通，故中越通婚相当普遍，通婚夫妻生育小孩后，许多夫妻为其后代选择加入越南籍，入籍后民族成分申报为越族或华人也很难了解。此外，越南官方在调研时就曾发现，早在 20 世纪 50 年代，就有部分华人希望享受民族政策，通过各种途径申报或是更改自身民族成分为侬（Nung）族的情况；尤其是 20 世纪 70 年代，因各种原因而无法离开越南的华人想方设法申报或更改民族成分为侬族和艾族（Ngai）。① 无独有偶，与华人有着密切联系的艾族同样存在类似情况，根据越南政府民族委员会的统计，艾族人口在 1999 年 4 月 1 日为 4841 人，至 2003 年 7 月 1 日为 7386 人，② 但 2009 年越南人口普查时，竟仅有 1035 人；而到 2019 年越南人口普查的时候，艾族人又复增至 1649 人。③ 据了解，20 世纪七八十年代中越交恶期间，许多艾族人为了免受侵害，或是外迁甚至外逃，或是隐瞒并更改了自己的民族成分，因此，艾族的实际人口存量应当远多于人口普查统计数据。由此可见，为避免不公正待遇和能够正常享受公民合法权益，不少华人更改了自己的民族成分。

由此可见，越南华人数量减少的重要原因之一是有较多数量的华人由于各种原因和顾虑在申报或统计时更改了自己的民族成分，华人更改民族成分成为较为普遍且得到越南认可的社会现象；二是数量较多的华人因故移居他地包括移居他国，越南官方未能及时全面掌握移居和流动华人的具体情况。据了解，一些获中资企业或中国相关单位聘用的越南华人，其孩子或是加入

---

① 侬族为越南少数民族之一，与我国少数民族壮族有着密切的亲缘关系，两族在语言、风俗习惯、文化传统等方面仍保持着共同的特征；根据《2009 年越南全国人口与住房普查》，侬族人口为 968800 人，主要分布在与我国广西和云南接壤的谅山、高平、老街、河江等省，此外在北江、太原、北洴、多乐、多农、林同、平复等省亦有分布。

② 艾族 1999 年人口数量参见 http：//www.gso.gov.vn/default.aspx？ tabid ＝ 407&idimit ＝ 4&ItemID ＝ 1346；2003 年数据参见越南民族委员会官网，http：//www.cema.gov.vn/modules.php？ name＝Content&op＝viewcat&mcid＝124&page＝2。

③ 艾族 2009 年数量参见越南统计总局《2009 年越南全国人口与住房普查》，河内统计出版社，2009；2019 年数据参见越南统计总局《2019 年人口与住房普查全部结果》，河内统计出版社，2020。

外籍，或是更改民族成分，但在参加人口普查时就没有如实向职能机关申报。

（五）当前越南华人实际人口数量及其结构

1999~2019 年，越南人口总数由约 7660 万人增至约 9621 万人；[①] 20 年间增加近 2000 多万人口，年均增长约 100 万人（见表 2）。另据统计，1979 年越南人口总数为 5474.2 万人、1989 年为 6437.6 万人，越南统一以后近半个世纪人口增长趋势也呈缓慢下降态势，1979~1989 年增长率为 2.1%、1989~1999 年为 1.7%、1999~2009 年为 1.2%、2009~2019 年为 1.12%。[②]

除城镇人口与农村人口数量相反外（越南 70% 以上人口为农村人口，越南华人主要生活在城市，而在城市生活意味着更容易接受良好的医疗服务）。前文中提到华人人口结构与越南人口结构十分相似（见表 3），即均处于年轻型的社会年龄结构；2009 年越南 65 岁以上人口比例仅为 6.41%，而华人仅为 0.08%。[③]

按照一般常识，如无战争、自然灾害、大规模迁徙等导致人口迅速减少的事件发生，且人口增长率不为零或是负数的话，人口数量应呈增长趋势；越南经济社会飞速发展，人民生活水平日益提高，百姓安居乐业，身体健康，人们的社会发展满意度和幸福指数均很高，且越南社会传统的家庭观念与中国非常相似，推崇生养后代、延续血脉的理念。越南也是一个相对长寿的国家，2010 年越南民众平均预期寿命已达 72.8 岁，[④] 并且随着医疗条件的不

[①] 2019 年数据参见越南统计总局《2019 年人口与住房普查全部结果》，河内统计出版社，2020。

[②] 参见〔越〕陈琼《5 次人口普查中的越南人口数量》，〔越南〕《越南共产党电子报》，https://dangcongsan.vn/xa-hoi/infographic-dan-so-viet-nam-qua-5-lan-tong-dieu-tra-dan-so-545359.html，2019 年 12 月 21 日。

[③] 覃翊：《近年来越南华人数量的估算与分析》，《南洋问题研究》2015 年第 1 期。

[④] 参见〔越〕越玲《身体健康情况及影响因素》，越南卫生部人口和计划生育总局官网，http://www.gopfp.gov.vn/so-5-122; jsessionid = 8557FC70A2C2BEF349848839BABE751D? p_p_id = 62_INSTANCE_Z5vv&p_p_lifecycle = 0&p_p_state = normal&_62_INSTANCE_Z5vv_struts_action =%2Fjournal_articles%2Fview&_62_INSTANCE_Z5vv_version = 1.0&_62_INSTANCE_Z5vv_groupId = 18&_62_INSTANCE_Z5vv_articleId = 27405。

表2 越南1999~2022年人口数量

单位：千人，%

年份	1999	2000	2001	2002	2003	2004	2005	2006	2007	2008	2009	2010
数量	76596.7	77635.4	78685.8	79727.4	80902.4	82031.7	83106.3	84136.8	85054.9	85122.3	86024.6	86927.7
增长率	1.51	1.36	1.35	1.32	1.47	1.4	1.31	1.24	1.21	1.07	1.06	1.05
年份	2011	2012	2013	2014	2015	2016	2017	2018	2019	2020	2021	2022
数量	87440	88809.3	89759.5	90728	91709.8	92692.2	93671.6	94670	96209	97580	98510	99000
增长率	1	1.01	1.01	1.01	1.01	1.01	1.01	1.01	1.01	1.01	1.01	0.99

资料来源：1999年至2007年数据参见覃翊《近年来越南华人数量的估算与分析》，《南洋问题研究》2015年第1期；2008年数据参见越南统计总局《2010年越南统计年鉴》，河内统计出版社，2011；2010年数据参见越南统计总局《2011年越南统计年鉴》，河内统计出版社，2012；2011年数据参见越南统计总局官网，http：//www.gso.gov.vn/default.aspx？tabid=387&ItemID=12875；2012年数据参见越南统计总局官网，https：//www.gso.gov.vn/default.aspx？tabid=714；2013年数据参见越南统计总局官网，https：//www.gso.gov.vn/default.aspx？tabid=714；2015年数据参见越南统计总局官网，https：//www.gso.gov.vn/default.aspx？tabid=714；2016年数据参见越南统计总局官网，https：//www.gso.gov.vn/default.aspx？tabid=714；2018年数据参见越南统计总局官网，https：//www.gso.gov.vn/default.aspx？tabid=714；2019年数据参见《越南人口结构向好转变》〔越〕海昊《人口结构向好转变》，〔越〕《人民报》（电子版）》，https：//nhandan.vn/co-cau-dan-so-chuyen-dich-theo-huong-tich-cuc-post731802.html，2022年12月26日。2017年数据参见越南快讯网，https：//vnexpress.net/suc-khoe/dan-so-viet-nam-dat-gan-95-trieu-nguoi-3870940.html，2020年和2021年数据参见越南统计总局官网，https：//www.gso.gov.vn/dan-so/infographic/；2022年数据参见《越南人口接近9500万》，越南快讯网，https：//www.gso.gov.vn/default.aspx？tabid=714；2014年数据参见越南统计总局官网，https：//www.gso.gov.vn/default.aspx？tabid=714。

表3 2019年度越南全国人口普查人口年龄结构

单位：人

年龄段	总数			城镇人口			农村人口		
	合计	男	女	合计	男	女	合计	男	女
	96208984	47881061	48327923	33122548	16268095	16854453	63086436	31612966	31473470
0~4岁	7819326	4100479	3718847	2436970	1279623	1157347	5382356	2820856	2561500
5~9岁	8332719	4354887	3977832	2638637	1384755	1253882	5694082	2970132	2723950
10~14岁	7219837	3737030	3482807	2301523	1193320	1108203	4918314	2543710	2374604
15~19岁	6506217	3352386	3513831	2271322	1144545	1126777	4234895	2207841	2027054
20~24岁	6675703	3417149	3258554	2535087	1235901	1299186	4140616	2181248	1959368
25~29岁	8477977	4301210	4146767	3064686	1486402	1578284	5383291	2814808	2568483
30~34岁	8393810	4276404	4117406	3064953	1501326	1563627	5328857	2775078	2553779
35~39岁	7692386	3891950	3800436	2860531	1418373	1442158	4831855	2473577	2358278
40~44岁	6684119	3366147	3317972	2378278	1185366	1192912	4305841	2180781	2125060
45~49岁	6257471	3132172	3125299	2180612	1086509	1094013	4076859	2045663	2031196
50~54岁	5662010	2772157	2889853	1888768	920327	968441	3773242	1851830	1921412
55~59岁	5108724	2402096	2706628	1754005	831261	922744	3354719	1570835	1783884
60~64岁	3992034	1810497	2181537	1405242	645948	759294	2586792	1164549	1422243
65~69岁	2685271	1167214	1518057	893601	384987	508614	1791670	782227	1009443
70~74岁	1640850	687339	953511	542687	225971	316716	1098163	461368	636795
75~79岁	1171811	453972	717839	374648	150984	223664	797163	302988	494175
80~84岁	907732	327330	580402	266768	99825	166943	640964	227505	413459
85岁及以上	1010987	330642	680345	264230	92672	171558	746757	237970	508787

资料来源：越南统计总局《2019年人口与住房普查全部结果》，河内统计出版社，2020。

断改善和生活水平的不断提高，越南人的平均预期寿命仍在继续增长，2018年这一数据已达 73.4 岁；① 而越南 54 个民族中，华人最为长寿，2017 年据越南职能机关测算，越南华人平均预期寿命达 76.2 岁；② 2019 年越南全国人口普查数据显示，越南华人平均预期寿命达 74.4 岁，仍为最长寿民族。③

二　当前越南华人政治与社会地位

一般认为华人参与越南的政治生活热情不高，尤其是 20 世纪 70 年代末到 90 年代初中越关系非正常化时期，华人的政治地位更是一落千丈。随着越南革新开放政策全面实施和中越关系逐步恢复正常，华人的政治待遇得到改善，政治与社会地位也得到提升。越南华人的作用重新得到客观认识和评价，华人参与越南政治的热情与积极性也逐步恢复。

（一）越南华人政策的调整

从 20 世纪 70 年代末以来，越南华人政策的调整，主要经历了以下几个阶段。

1. 破冰阶段

1979 年 3 月，越南政府出台《越南民族成分名称》，确认在越南世居的民族共有 54 个，其中包括华裔越南人，并将华人群体确定为"汉（华）族"。1982 年 11 月，越共中央书记处发布《关于在新阶段中加强华人工作的第 10 号指示》，指出应该把华人视为越南 54 个民族中的一员，因而应该

---

① 参见〔越〕天林《越南在人口工作上取得重大成就》，越南《人民报（电子版）》，http：//www. nhandan. com. vn/suckhoe/tieu-diem/item/38377702-viet-nam-dat-nhieu-thanh-tuu-ve-cong-tac-dan-so. html。

② 参见〔越〕陶端雄《华人工作的积极转变》，〔越南〕《民运》2017 年第 3 期。陶端雄时任越共中央民运部民族司副司长。

③ 参见越南民族委员会、统计总局《2019 年 53 个少数民族之基本特征》，河内统计出版社，2020，第 9 页。

看作越南公民，① 并且承认把华裔视为中国的"工具"的政策是错误的。越共中央于 1982 年 11 月 17 日颁布了《第 10-CT/TW 号关于落实新阶段华人政策的指示》（以下简称"第 10 号指示"）；此后，越南部长联席会议主席（即越南政府总理的前身）于 1986 年 10 月 11 日颁布《第 256/CT 号关于落实对华人工作的指示》（以下简称"第 256 号指示"）。第 10 号指示和第 256 号指示，一般被认为是越南调整华人政策的基调性文件，这两个文件的颁行意味着华人身上的束缚开始得到松绑。

2. 恢复阶段

越南革新开放和中越关系正常化之后，1995 年 11 月 8 日，越共中央书记处出台《第 62-CT/TW 号关于在新形势下加强华人工作的指示》（以下简称"第 62 号指示"），如果说此前第 10 号指示和第 256 号指示是基调性文件，那么第 62 号指示可以定义为越南统一后至今为止华人社会发展进程中最为重要的里程碑式文件，意义极其重大。第 62 号指示的颁行，使束缚在华人身上的枷锁基本得到解除，越南华人全面融入越南社会有了全面的政策依据，越南华人真正成为越南各民族大家庭中的成员。1996 年 8 月 3 日，越南政府颁布《第 501-CT/TTg 号关于落实部分华人政策的指示》（以下简称"第 501 号指示"），从行政管理的具体层面再次为华人社会发展提供了便利条件。

3. 全新阶段

进入 21 世纪，越南华人完全融入越南社会，安居乐业；越南涉华人政策主要是沿用已有经验和做法，并基本稳定下来。2011 年以后，越南涉华人政策文件主要有 2 份，均以越共中央书记处名义颁行，即 2011 年 6 月 20 日出台的《第 07-KT/TW 号关于在新形势下做好华人工作，落实第 62-CT/TW 号指示的结论》（以下简称"第 07 号结论"）和 2013 年 9 月 10 日出台的《第 68-KT/TW 号关于在华人群体中培养骨干分子和发挥有威望人士作用的结论》（以下简称"第 68 号结论"）。

---

① 赵和曼：《越南华侨华人在振兴该国经济中的作用》，《华侨华人历史研究》1993 年第 1 期。

总体而言，"第07号结论"是对第62号指示的延续，而"第68号结论"则是越南共产党的民族政策，主要是对在少数民族同胞中培养骨干分子和发挥有威望人士作用相关方针和主张的细化。

第62号指示和第501号指示颁行至今已经20多年，越南的华人政策没有再进行重大的调整，由此可见越南华人政策和对华人管理模式已经基本成形并固定下来。另外，也说明其国内华人形势也基本保持了长期的稳定。如果没有重大社会变故，华人全面融入越南社会的趋势基本不会逆转。

华人形势在越南趋于稳定，还可以从中央和地方主管华人事务的职能部门相对固定或是转制体现出来：越南华人管理一直是党和政府双重指导。党务层面的管理职能主要由民运部承担（1982年至今），政府方面则主要由民族事务委员会主管。

在地方则以胡志明市为代表。1959年底，为动员广大华侨华人参加革命，西贡-堤岸-嘉定特区（即胡志明市前身）区委成立了直属区委工运处的"华人工运小组"；1967年初，"华人工运小组"升级组建为直属西贡-堤岸-嘉定特区区委的华运部（华运即华人运动，由于西贡-堤岸-嘉定特区区委代号为T4，故西贡-堤岸-嘉定特区区委华运部也简称"T4华运部"）。越南统一后，1975～1978年，T4华运部改称胡志明市华运处；1978～1988年改称胡志明市市委民运部华人工作小组；1988～2012年则成立了胡志明市人民委员会华人工作处（加挂市委民运部华人工作小组的牌子）；① 华人工作管理部门负责人一般由德高望重的华人干部担任，级别为厅局级。2012年3月1日，胡志明市人民议会（相当于中国地方省级的人民代表大会）出台《第04/2012/NG-HDNN号关于成立管理民族事务职能机构的决议》；3月16日，胡志明市人民委员会出台《第10/2012/QD-

① 参见〔越〕梁鸿德《华运力量戊申春季总进攻与起义及建设与捍卫祖国的贡献》，〔越南〕《西贡解放日报（华文版）》，https：//cn. sggp. org. vn/%E8%8F%AF%E9%81%8B%E5%8A%9B%E9%87%8F%E6%88%8A%E7%94%B3%E6%98%A5%E5%AD%A3%E7%B8%BD%E9%80%B2%E6%94%BB%E8%88%87%E8%B5%B7%E7%BE%A9%E5%8F%8A%E5%BB%BA%E8%A8%AD%E8%88%87%E6%8D%8D%E8%A1%9B%E7%A5%96%E5%9C%8B%E7%9A%84%E8%B2%A2%E7%8D%BB-post15177. html。

UBND 号关于成立隶属于人民委员会的民族事务委员会之决定》；根据上述文件精神，4 月 5 日，原专司华人问题管理职能的华人工作处①撤销，与胡志明市人民委员会（即人民政府）内政办公室宗教民族事务处负责民族事务的部分单位结合共同组建胡志明市民族事务委员会，该委员会是政府职能部门，主要管理胡志明市的民族事务，直属胡志明市人民委员会。② 胡志明市民族事务委员会组建 10 多年来，人员配置基本稳定。组建初期任命的部门负责人和大部分业务主管干部均留用，正常轮岗也多在本单位内进行。这表明，该市民族工作形势尤其是华人工作形势是比较稳定的。

（二）当前越南华人政治状况

进入 21 世纪，越南改变了过去的一些做法，重视对华人的工作，采取了一些措施改善华人的政治待遇，恢复其社会地位。③ 随着越南华人的政治待遇得到改善，政治地位不断得到提升，越南华人参与政治的热情和积极性逐步恢复，越南华人在越南政治体系的方方面面如参政议政、入党参军等均有参与并有卓越表现。这是越南华人已完全融入越南社会的直接体现。

1. 越南华人参政议政情况

越南华人参与越南政治最直接和最普遍的体现是参政议政。总体而言，越南国会（相当于中国全国人民代表大会）和各级人民议会（相当于中国地方人大），各级祖国阵线均有华人代表，并直接参与其运作与活动。

从 1964 年至今，包括中越关系尚未正常化期间，各届越南国会均有华人代表当选国会代表和各级人民议会代表，而根据越南政府副总理的结论，

---

① 此外，华人聚居较多的郡人民委员如第五郡、第十一郡等还设有华人工作科。
② 参见〔越南〕《胡志明市民族处正式成立——市人委会主席黎黄军任命正副主任》，〔越南〕《西贡解放日报（华文版）》2012 年 4 月 6 日，第 5411 期。另，根据前掌握的材料，新组建的民族事务委员会主要班底基本为原华人工作处工作人员。
③ 关于越南华人政治方面的变化，参见于向东《目前越南华人的政治状况》，《当代亚太》2003 年第 6 期。

历届国会均有华人代表，这一点我们在越南国会历届代表名单中得到确认。①

根据越南官方公开的资料，2004~2009 年任期中，有 832 名华人当选越南全国各地各级人民议会代表、祖国阵线委员。② 而 2008 年仅胡志明市就有 557 名华人代表当选胡志明市各级祖国阵线委员，③ 蔡俊纺织公司董事长蔡俊志则先后当选第七届（任期 2004~2009 年）和第八届（任期 2011~2016 年）胡志明市人民议会代表，以及第九届（2009~2014 年）胡志明市祖国阵线委员。在 2016~2021 年任期中，有 1 名华人担任越南国会代表，867 名华人当选越南全国各地各级人民议会代表，上万名华人代表当选越南各级祖国阵线委员。④ 2021~2026 年任期，有 2 名华人担任越南国会代表。

2. 越南华人在越南党政机关任职情况

总体而言，目前越南华人在越南党政机关中任职较为常见，人数增多，岗位多样，但主要还集中在群团组织岗位，部分高级别华人干部已官至厅局级；而在广义的华人概念的范畴内，已经有华人成长为越南共产党和国家领导人。

胡志明市华人干部何增曾当选胡志明市祖国阵线副主席；2014 年 3 月，华人女干部赵丽庆出任胡志明市祖国阵线党团委员会委员兼副主席。平仙集团董事长尤凯成是越南祖国阵线中央委员会委员。2016 年 3 月，华人青年女干部王青柳获选出任越南胡志明共产主义青年团胡志明市团委副书记。2011 年底，经越共中央书记处批准，胡志明市国家金融投资公司总经理叶勇成为越南共产党胡志明市市委员会中唯一一位华人委员代表（任期 2010~2015 年）；除担任胡志明市市委委员外，叶勇还曾担任胡志明市贸易合作社联合会党委书记兼主席。朔庄省"80 后"华人女干部赵氏玉艳曾担

---

① 《政府办公厅第 125/TB-VPCP 号通报：政治局委员、书记处书记、政府副总理张永仲同志在落实政府总理关于华人政策第 501/TTg 号指示 10 周年总结大会上的结论》。

② 参见〔越〕http://baodientu.chinhphu.vn/Utilities/PrintView.aspx? ID=10333。

③ 参见《2008 年胡志明市华人八大事件》，〔越南〕《西贡解放日报（华文版）》2009 年春刊。

④ 参见〔越〕陶端雄《华人工作中积极转变》，〔越南〕《民运》2017 年第 3 期。

任省团委副书记（2016年12月）、县级市人民委员会副主席（即副市长）（2019年8月），之后提升为省团委书记（2021年9月）。

此外，在越共十一大和越南第十三届国会上，与华人有着千丝万缕联系的山由族代表杜文战已经官居越共中央委员、安沛省委书记；之后，杜文战于2016年继续当选越共十二届中央委员，并转任越南民族事务委员会主任；杜文战在越共十三大上又当选越共中央书记处书记，之后任越南祖国阵线中央委员会主席。如果按越南对汉语系民族划分来看，则已然有华人代表成为越南共产党和国家领导人。

3. 越南华人入党情况

截至2005年底，越南共产党各级党组织中华人党员已近3000人，其中1066名华人党员干部在各级党委、各级人民议会担任相关职务；2017年，越南共产党共有4000多名华人党员。①华人党员还有年轻化的趋势，如胡志明市2010年参军入伍的283名华人青年中有5名党员，②按照常识，社会主义国家青年参军入伍年龄一般为18~22周岁。此外，每年还有一定数量的华人通过考察，获介绍加入党组织，成为越南共产党新党员。

当然，越南共产党华人党员数量增长相较而言仍处于较为平缓的程度，2005~2017年，越南共产党华人党员一共增长了1000多人。这一方面表明越南华人的政治地位正处于缓慢、平稳的改善进程之中，另一方面也体现出越南华人参与政治的热情和积极性正在逐步增强，华人的政治待遇已经得到比较充分的保障。

4. 越南华人参军情况

适龄青年尤其是优秀适龄青年参军入伍日益成为越南社会的潮流，越南各界对鼓励青年参军履行军事义务日益重视。越南华人青年也是如此，据观

---

① http：//baodientu. chinhphu. vn/PrintView. aspx？ID＝10333；〔越〕陶端雄：《华人工作中积极转变》，〔越南〕《民运》2017年第3期。

② 参见〔越〕麒麟《虎年喜结丰收果 兔岁欣开幸福花——访胡志明华人工作处副主任朱纪文》，〔越南〕《西贡解放日报（华文版）》2011年春刊。

察，近年来每年均有越南华人参军；时任越南政府副总理张永仲曾指出，"华人青年参军，履行军事义务的场合日益增多"①。

仅胡志明市，每年参军的华人青年数量均有数百人，且所占比例很高，占胡志明市新兵总人数的 1/7 左右；如 2009 年胡志明市有 297 名、2010 年有 283 名华人青年参军入伍（胡志明市 2009 年度和 2010 年度适龄青年参军入伍人数均为 1900 人）；② 2023 年，该市第五郡 139 名新兵中，华人新兵达 35 人。③

此外，越南华人参军的兵种范围也日益扩大，越南 2023 年入伍新兵中就有华人青年入伍到海军部队。④

三　当前越南华人的经济实力

1975 年实现统一后，越南推行了对资本主义工商业和私营经济的社会主义改造，华人经济成为改造对象。经改造后的华人经济转制为国家管理下的合作社、生产组或公私合营类型经济单位，华人经济基本被收归国有。20 世纪七八十年代越南国内经济社会发展遭遇挫折，经济社会发展停滞不前，人民生活包括华人生活非常困难。

内外交困的境地使越南急于发展经济，摆脱困境，随着 1986 年底全面革新开放路线的推行，特别是 2001 年，越共九大确立"社会主义方向市场

① 参见《政府办公厅第 125/TB-VPCP 号通报：政治局委员、书记处书记、政府副总理张永仲同志在落实政府总理关于华人政策第 501/TTg 号指示 10 周年总结大会上的结论》。

② 2009 年数据参见《2009 年本市华人活动总结》，〔越南〕《西贡解放日报（华文版）》 2009 年 12 月 20 日第 4603 期。2010 年数据参见〔越〕麒麟《虎年喜结丰收果 兔岁欣开幸福花——访胡志明华人工作处副主任朱纪文》，〔越南〕《西贡解放日报（华文版）》 2011 年春刊。

③ 参见〔越〕心雨《年轻人踊跃入伍》，〔越南〕《西贡解放日报（网络版）》，https：// cn. sggp. org. vn/%E5%B9%B4%E8%BD%BB%E4%BA%BA%E8%B8%8A%E8%B7%83% E5%85%A5%E4%BC%8D-post92226. html，2023 年 2 月 8 日。

④ 参见〔越〕宇杰《华人优秀青年罗金富志愿入伍》，〔越南〕《西贡解放日报（网络版）》，https：//cn. sggp. org. vn/%E5%8D%8E%E4%BA%BA%E4%BC%98%E7%A7%80%E9% 9D%92%E5%B9%B4%E7%BD%97%E9%87%91%E5%AF%8C%E5%BF%97%E6%84%BF% E5%85%A5%E4%BC%8D-post93154. html，2023 年 3 月 6 日。

经济"理论和经济体制改革目标后，华人经济又逐步受到重视，得到大发展的新机遇。

（一）越南华人经济的复苏

越南华人经济的复苏始于家庭手工作坊式的个体经济。1979 年，部分主观能动性较强的华人家庭敏锐地捕捉到越南计划经济体制出现松动的迹象，投入力量进行小商品经营并逐渐发展壮大。

而越南华人在经济领域的创造性经营，推动以胡志明市为代表的地区经济取得快速增长，1976~1980 年，胡志明市的 GDP 年均增长速度仅为 2.2%，而 1981~1985 年则提升至 8.2%。1985 年，胡志明市各类华人个体工商户已达 5320 家，占全市工商户的 31.5%；华人小手工业生产总值近 57 亿越南盾（1980 年价格），占全市小手工业生产总值的 38%。[①]

（二）越南华人经济的快速发展

1986 年越南开始实行革新开放政策，社会主义定向的市场经济体制逐步取代计划经济体制，市场经济地位日益得到提升。越南经济规模较小，市场经济有一定基础，社会经济模式转型相对更为灵活和容易，华人经济如获得更为宽松的发展环境，即可十分顺畅地进入相对快速发展时期。

1988 年胡志明市仅第五、六、十一郡 3 郡 251 个大小自由市场中就有 47417 户华人个体户在经营，此外还有 134016 名华人商户在家从事零售业或是流动经营；1990 年胡志明市第五郡近 60 家宾馆和酒店中，除 4 家属国营性质外，其余均为华资经营或是华人与外资联营；现代华资股份制企业也得到发展，1992 年胡志明市就已经有 200 多家华人企业在活动，而 1995 年华人企业数量则猛增至 1380 家。[②]

---

① 参见〔越〕陈氏英宇《胡志明市华人经济》，胡志明市文化文艺出版社，2018，第 80~81 页。另有数据为胡志明市至 1985 年华人个体工商户已达 5678 家，占全市工商户的 35%，参见〔越〕潘安、潘春边《1975 年以前的越南南部华人经济》，〔越南〕《经济发展》1991 年第 14 期。

② 数据由原胡志明市华人工作委员会提供。

（三）越南华人经济日益发展壮大

越南华人经济日益发展壮大，以中小企业为主体，部分现代华人企业经历了从传统单一经营向多元化、集团化的发展历程。一些华人企业进入金融和高科技等领域，成为越南知名的并具有雄厚实力的集团企业，涌现出了一些华人富豪。

胡志明市作为越南的经济中心和华人聚居最多的城市，华人企业也大多集中于此，据统计，2007 年越南全国共有 17375 家华人企业，而胡志明市就有 14115 家华人企业。①2015 年，全胡志明市的华人企业继续增长至 16244 家（尚未包括个体经营户），在华人集中聚居的第五、六、十一郡，华人企业经济占本地经济的 40%~70%（其中第五郡为 60%，第六郡为 40%，第十一郡为 70%），当地经济增长年均速度基本在两位数；仅以 2014 年为例，胡志明市第五、六、十一郡华人企业在第二、第三产业实现约 511 亿元人民币的生产总值，② 华人的经济实力和对当地经济的贡献可见一斑。此外，华人企业共为胡志明市解决了 20% 的劳动人口就业。③

随着越南华人经济的逐步发展壮大，越南也开始涌现出实力雄厚的华人财团和富豪群体，部分知名财团和富豪在越南国内外具有巨大影响力。

---

① 参见《政府办公厅第 125/TB-VPCP 号通报：政治局委员、书记处书记、政府副总理张永仲同志在落实政府总理关于华人政策第 501/TTg 号指示 10 周年总结大会上的结论》；但另据西贡商人网站，1995 年，整个胡志明市华人企业仅为 1380 家，至 2006 年胡志明市华人企业就增长至约 24000 家，占全国华人企业总数的 94%，占胡志明市企业总数的 30%，参见〔越〕吉玉《胡志明市华人企业，合力发展，吸引外资》，西贡商人网，http://www.doanhnhansaigon.vn/online/tin-tuc/kinh-te/2007/03/381/doanh-nghiep-nguoi-hoa-o-tp-hcm-hop-luc-phat-trien-thu-hut-dau-tu-nuoc-ngoai/，2007 年 3 月 6 日。

② 本部分货币转换均为当年价。

③ 参见〔越〕陈氏英宇《胡志明市华人经济》，越南胡志明市文化文艺出版社，2018，第 102、117、137 页。

四 越南华人社会文化事业及社会活动发展现状

按照地域建立的传统帮会组织被取消后，经过多年发展，越南华人社会活动网络逐步恢复并得到发展，华人会馆、氏族宗亲会、华人协会、华人劝学会、华人相济会等松散自治组织得以建立。越南华人文化传统得到较好的传承和弘扬，传统文化活动基本得到正常开展，华文教育缓慢前行，华文文学也有所发展。随着越南华人的文化活动逐渐发展，宗教信仰得到尊重，社团文化活动丰富多样。我们利用在越南学习和工作的机会，收集了越南出版的部分中文《西贡解放日报》，也对越南华人的文化和宗教信仰情况进行了一些实地考察，并有相关论文发表。①

（一）会馆成为越南华人开展社会活动的主要载体

华人会馆是越南华人实现自我管理与整合、凝聚乡情和互济互助的重要纽带。因华人社团的前身多为华人寺庙，故各地华人会馆通常与华人寺庙有着直接密切的关系。在会馆成立后，原寺庙的职能也继续得到传承，许多华人方言、地域群体或行业群体设立的会馆与他们之前建立的神庙是合二为一的组织机构，且往往也同时供奉本群体成员共同崇拜的神灵。因此，先庙后馆、馆庙同处、既庙亦馆的现象十分常见。华人会馆通常具有宗教、商业管理和慈善福利等方面的职能。

越南统一后，各地华人帮会先后被取消；随着华人政策的逐渐落实，部分有条件的会馆交予华人管理。各地会馆承担了原华人帮会的部分职能，成为华人社会网络的主要载体，属松散的华人自治组织。每年各地华人会馆均举办各种类型的活动，如祭拜祖先、祭祀传统神灵；当前各地华人会馆主要承担社会福利和慈善功能，筹措善款扶助贫困华人，资助穷苦华人子弟奋发成才。由于华人会馆在维系华人情感方面发挥了积极的效果，华人会馆的作

---

① 于向东：《越南华人政治、文化和宗教活动现状评价》，《八桂侨史》2004 年第 6 期。

用也日益受到越南国家机关职能部门的重视。2007 年 9 月 20 日，崇正会馆理事会副会长黄即兢获推荐入党，他是越南首位加入越南共产党的华人会馆成员。

华人聚居较多的越南省市大多保留了华人会馆，而华人会馆多为历史悠久的华人寺庙，中华建筑的风格十分突出，富含浓厚的中华文化特色。华人会馆基本保持建立之初的原貌，成为各地远近闻名的名胜古迹并被评为越南文化遗产。

（二）越南华人的宗教和信仰

宗教信仰是连接华人社会和凝聚民族情感的又一纽带。中越文化相通，越南民众对宗教也十分推崇，各种主流宗教在越南均得到较好的传承和发展，而华人带入越南的宗教信仰与越南本地的社会文化有着良好的适应性，大多得以顺利融入越南的乡土文化。

1.越南华人社会流行的宗教

越南华人主要信奉佛教、道教，有些人信奉基督教和天主教，这几种宗教在华人群体中具有较为稳固的基础，形成了一定数量的华人信徒。宗教已经成为多数越南华人精神生活中不可或缺的一部分。

佛教是越南历史最为悠久和分布最为广泛的宗教信仰，为京族所信奉，也是华人最主要的宗教信仰，信奉佛教的华人可以在家中供佛，也可以到寺庙拜佛。胡志明市华人聚居数量最多，据越南学者估算，仅胡志明市一地的华人佛教徒数量就占越南华人佛教徒总数的 90%。[①] 道教也是越南华人信奉的传统宗教，随华人一道传入越南，同样具有悠久的历史。当前越南全国的道教徒有 3000 名左右，[②] 多为广东籍华人。越南约有 1 万华人信奉基督教和天主教，信奉这两种宗教的华人主要为广东籍华人。

---

① 参见〔越〕潘安《南部华人》，越南社会科学出版社，2005，第 219 页。
② 3000 名华人道教徒为估算，而由庆云南院授予正式证书的教徒有 1000 多人。参见〔越〕杨黄海平《华人群体中的道教与胡志明市庆云南院》，〔越南〕《宗教研究》2018 年第 1 期。

2. 越南华人的民间信仰

民间信仰同样是越南华人精神生活不可或缺的组成部分，是华人精神的重要依托；越南华人民间信仰与其他国家华人族群的传统民间信仰并无太大区别，与宗教信仰之间的界限也十分模糊。越南华人民间信仰主要分为家庭和宗亲信仰、群体信仰、行业信仰。

家庭和宗亲信仰主要是华人在自家中设立供桌供奉，供奉对象除各类神灵如天官、门神、土地神、财神、灶君外，还祭祀本家和本族祖先。群体信仰则主要是各帮华人集体信仰的神灵，且通常有固定的活动场所。群体信仰供奉的对象主要有天后（即妈祖）、关公、本头公（即周达观）、玉皇、观音、孔子、老子和城隍等。行业信仰即华人祭祀行业创始人，即祖师爷，如经营中医和药材行业的华人有祭祀华佗的习俗。

（三）越南华人社会的华文教育发展情况

越南华人的华文教育处于缓慢恢复之中，发展形势还难言乐观。当前越南华文学校主要为社会力量开设的民办学校和汉语培训中心，公立学校则根据实际情况开设汉语课。许多华文培训中心没有固定的办学场所，教学力量相对薄弱且教学水平参差不齐，教师待遇低下，许多地方的教师甚至是义务教学。

在越南华人数量最多的胡志明市，当前有10多家依托各公立学校而建的华文学校，主要有日新、陈佩姬、麦剑雄、文朗、陈友庄、团结、启秀、礼文、崇正、胡文强、中庸、旧邑等。华文学校多由华商捐资修建，建立之初还成立了董事会管理学校日常活动，提供学校日常运转的活动经费；当前只有团结、启秀、崇正等华校还设有董事会。

（四）越南中文传媒发展情况

越南当前仍没有真正意义上的华人传媒。《西贡解放日报（华文版）》是当前越南唯一一份全华文报刊；《西贡解放日报》实际上为胡志明市党委机关报，该报虽然面向广大华人并在全国范围内公开发行，但主要宣传的仍是越南共产党和政府的大政方针及国内外时事等内容。

当前越共电子报（即越南共产党官方网站）、《人民报》电子报（《人民报》是越南共产党机关报）、越南政府电子报、越南通讯社（越南国家级通讯社）、《人民军队报》电子报（《人民军队报》是越南人民军机关报）等网站推出了中文版网站，但受众主要面向中国读者。此外，部分越南省市如朔庄省、平阳省及同奈省等地的广播电视台则根据本埠形势和情况制作了相关华语节目，主要为新闻时事内容节目。

（五）越南华文文学的发展情况

近些年来，在华人集中的胡志明市出现的华文刊物主要有：胡志明市各民族文学艺术协会华文文学会（会长学明）于1997年创刊《越华文学艺术》、文艺出版社于2008年创办《越南华文文学》（季刊，由有中越两国血统的女作家李兰主办，靠厂商赞助经费维持，主编怀雨为越南诗人，曾任《西贡解放日报》主编）、胡志明市华文教育辅助会不定期编辑出版的《萌芽》（主编陆进义，2000年创刊）和胡志明市出版社于2002年创办的《华语世界》（月刊，主编为张文界）等。

《西贡解放日报》在推动汉语写作和汉文学社团活动方面发挥了一些作用。越南革新开放后，《西贡解放日报》曾经建立笔友俱乐部，第一任会长为李福田，但该俱乐部存在的时间并不长。目前，影响较大的是胡志明市各民族文学艺术协会的华文文学会。尽管越南汉文学社团和报刊数量、规模都还有限，但也为越南的华文文学作者提供了发表作品的渠道和平台。越南汉语作家不仅在本国发表作品，也在国外中文报刊登载作品。同时，一些越南国外作家的作品，也经常出现在越南出版的汉文学报刊上。

越南出版的中文报刊中，一部分属于文学作品创作、语言学习，还有一部分属于服务于华人社会生活实际需要的经济和法律信息，为华人提供了便利。如劳动出版社月刊《华人黄金篇》（主编郑明廉，2007年创刊，刊载经济信息）、越南司法部半周刊《越南法律报》（代总编辑陶文会，2008年创刊，出版未几停刊）、通讯文化出版社月刊《越南台商》（发行人庄耀奎，2009 年创刊，刊载经济信息）、通讯出版社季刊《法律咨询指南》（主编林贵荣，2010 年创刊）等。①

---

① 以上华文文学刊物情况，参见谢振煜《越华文学三十五年》，原载中国世界华文文学学会会刊《华文文学》双月刊 2011 年第 3 期，http：//www.ausnz.net/wenyuan/wcwa_ detail. asp？id＝1110。

B.4
印度尼西亚华侨华人现状分析与展望

陈燕武 朱怡贺 林佳敏 蔡鸣*

摘　要： 2023年是"一带一路"倡议提出的十周年，印尼作为首倡之地，在中国与东盟合作中扮演着重要角色，并积极推进本国的"全球海洋支点战略"与"一带一路"倡议相对接。华侨华人作为连接中国与印尼的"桥梁"，在印尼经济、文化及参政议政方面发挥作用。本文考察了当前印尼华人在上述方面的现状，并基于相关数据对印尼华人在印尼经贸及文化层面的影响进行展望。

关键词： 印度尼西亚　华侨华人　经济参与　政治参与

一　引言

作为印度尼西亚具有广泛影响力的华商社团的"掌门人"，印尼中华总商会总主席张锦雄认为，2013~2022年是中国与印尼的经贸关系"历史上最紧密的十年"。2014年印尼总统佐科计划并全面推进"全球海洋支点战略"，与中国提出的"21世纪海上丝绸之路"倡议高度契合，这极大地提升了印尼对中国投资者的吸引力。2021年印尼与中国的双边贸易额突破1200亿美元，同比增长58.6%，中国连续9年成为印尼最大的贸易伙伴；

＊　陈燕武，经济学博士，华侨大学数量经济研究院教授，主要研究方向为数量经济学（侨情统计方向）；朱怡贺，华侨大学数量经济研究院硕士研究生，主要研究方向为数量经济学；林佳敏，华侨大学数量经济研究院硕士研究生，主要研究方向为数量经济学；蔡鸣，华侨大学数量经济研究院硕士研究生，主要研究方向为数量经济学（侨情统计方向）。

同年中国在印尼落实投资 31.6 亿美元,连续多年成为印尼的第三大投资来源国;[①] 2022 年中国与印尼双边贸易额达到 1490.9 亿美元,其中中国向印尼出口 713.2 亿美元,进口 777.7 亿美元。[②] 通过共建"一带一路",中国将成熟的技术、先进的经验、充足的资本带到印尼,为印尼经济发展注入活力和动力。"一带一路"倡议搭建起中国与印尼之间的经济文化之桥,华侨华人则成为"桥梁中的桥梁"。

2023 年是共建"一带一路"倡议提出的十周年,印尼是东盟最大的经济体,在中国与东盟合作中扮演着重要角色,并致力于将本国的"全球海洋支点"计划与"一带一路"倡议相对接,其中雅万高铁就是中印尼共建"一带一路"的重要成果。共建"一带一路"成果惠及东南亚各国,带来的发展机遇前所未有,华侨华人为中外合作牵线搭桥,助力共建"一带一路"走深走实。在印尼,高速铁路、高速公路、水电站、码头、工业园等由中企投资或参建的基础设施项目遍地开花,为改善当地民众生活、优化投资环境、带动产业发展提供助力。当前中国—印尼"两国双园"项目正加速推进,中方园区有福建省福州市福清元洪投资区,印尼方合作园区包括民丹工业园、阿维尔那工业园和巴塘工业园等。中国—印尼"两国双园"主要以海外华侨华人为纽带,通过两国之间互设产业园,促进双方政策互惠、设施互通、产业互联,打造与东盟国家经贸合作交流的重要纽带、产业链与供应链国际分工合作的重要平台及"21 世纪海上丝绸之路"贸易投资的重要通道。

中印尼经贸往来的日益紧密离不开印尼华侨华人的推动,华侨华人减少了中印尼经贸合作中的摩擦与隔阂,同时提高了企业的投资效率。截至 2023 年,印尼的华人人口已超过 1000 万人,约占印尼总人口的 4%,[③] 祖籍

---

① 《印尼中华总商会总主席张锦雄——"一带一路"为印尼发展注入活力》,中国一带一路网,https://www.yidaiyilu.gov.cn/p/283394.html。
② 《2022 年中国—印度尼西亚经贸合作简况》,中国商务部网站,https://www.mofcom.gov.cn/tjsj/ywtjxxhz/yzszggbmytjsj/art/2023/art_ ad0b2ad96d714d0289be6ddc85c6452e.html。
③ 笔者据有关资料计算得出。

地主要是福建和广东。印尼华人的大型企业如针记集团、金光集团和盐仓集团等，小企业如各个城市华商开设的商店和进出口公司同中国保持着经贸关系，华商可以说是印尼与中国之间经贸往来的主力。华侨华人作为连接中国与印尼的"桥梁"，在印尼经济、文化和政治等诸多领域发挥着关键作用。基于此，本文将对印尼华侨华人在经济、文化、参政议政三方面现状进行描述分析。

二 文献综述

与本文内容相关的文献可大致归纳为印尼华侨华人在经济、文化和参政议政领域的表现等三个方面。

（一）经济方面

在中印尼经贸研究中，钟明容等通过 G-L 指数和边际产业内贸易指数对中印尼的双边贸易数据进行分析，得出中国与印尼的产业内贸易和产业间贸易并存。① 吴崇伯等利用附加值贸易的方法测算印尼在全球价值链（GVC）中的国际分工地位，并与 RCEP 主要成员国进行比较，得出印尼在 GVC 中的参与程度较低但参与地位处于中游水平，并且中国是印尼出口贸易附加值来源第一的 RCEP 成员国。②

在对印尼华商的研究中，王勇辉等认为印尼华侨华人是中印尼经贸关系中的"奠基者"、"推动者"和"受益者"并发挥着先导作用，指出双方应充分调动华侨华人在两国经贸往来中的积极性。③ Pierre van der Eng 等通过分析印尼股份有限公司的登记注册体系，以长期视角观察印尼华商企业规模

---

① 钟明容、王俊：《"一带一路"倡议下中国与印尼产业内贸易及影响因素研究》，《中国经贸导刊（中）》2020 年第 6 期。
② 吴崇伯、李琰：《RCEP 框架下印尼在全球价值链中的分工与地位——基于附加值贸易的分析》，《南洋问题研究》2022 年第 1 期。
③ 王勇辉、胡翊：《华侨华人在中国与印度尼西亚经贸关系中的作用》，《东南亚纵横》2016 年第 5 期。

的变化。① 刘春锋等指出，印尼华商主要从事能源行业和多元化经营，同时中国应充分利用当地华人富商的资本优势，充分发挥华侨华人在"一带一路"建设中的作用。②

另外，卢文刚等从中印尼两国政府、宗教组织、当地民众三方面分析了"21 世纪海上丝绸之路"背景下印尼华商人身财产安全所存在的问题以及突发事件的应急管理措施。③ 黄国灿也认为，华商投资印尼存在政治环境风险、经济环境风险、社会环境风险，应采取相应的投资风险防范策略。④

（二）文化方面

在对华人报刊的研究中，陆然通过研究印尼早期的华人报刊，发现华人报业对印尼官方语言、民族报业发展及华文教育有着重要贡献。⑤ 涂雨秋指出，印尼华文报刊是中华文化与印尼华人联系的重要纽带，增强了当地华人民族凝聚力。⑥ 高艳杰系统研究印尼华文报刊在中印尼关系间的史料价值，并指出报刊内容应注意的问题。⑦

在对华人社团的研究中，郑一省举例说明华人社团加深了中印尼之间的理解，促进中印尼合作、关系的改善以及中华文化的传播。⑧ 黄玲毅等通过探讨后苏哈托时代福建籍华人社团的重建和发展状况，指出福建籍华人社团

---

① Pierre Van der Eng、侯少丽：《从长期视角观察印度尼西亚的华商企业规模》，载王辉耀、康荣平主编《世界华商发展报告（2019）》，中国华侨出版社，2020，第 100~115 页。
② 刘春锋、李晓菲、王颖：《充分发挥东南亚华侨华人在"一带一路"建设中的作用》，载北京社会主义学院《统一战线与"一带一路"——2019 统一战线前沿问题研究文集》，学苑出版社，2019，第 192~202 页。
③ 卢文刚、黎舒菡：《"21 世纪海上丝绸之路"背景下的海外华商风险管理研究——基于印度尼西亚华商的分析》，《探求》2015 年第 5 期。
④ 黄国灿：《华商投资印度尼西亚的风险及防范》，《湖南行政学院学报》2017 年第 4 期。
⑤ 陆然：《印尼早期的华人报业先驱及其影响》，《新闻爱好者》2010 年第 10 期。
⑥ 涂雨秋：《印尼华文报刊对增强当地华人民族凝聚力的作用》，《新闻知识》2015 年第 12 期。
⑦ 高艳杰：《印尼华文报刊在中印尼关系研究中的史料价值》，《中共党史研究》2019 年第 6 期。
⑧ 郑一省：《当代印尼华人社团与中国的软实力建设》，《东南亚南亚研究》2012 年第 3 期。

对印尼多元文化、社会的构建及印尼经济的发展有重要的贡献。① 郑一省对在后苏哈托时期的华人社团的在地化问题进行探讨，认为该类社团的出现是印尼华人融入主流社会与文化认同变迁的结果。②

在对华文教育的研究中，林新年等基于国别差异视角，以当代印尼华人的汉语习得相关度为个案，探寻当今印尼华文教育的影响力。③ 曹云华从官办的汉语教学、民办的华文教育和孔子学院三个方面分析研究印尼的华文教育体系，并指出华文教育热潮产生的动因。④ 叶晗等基于印尼华文教育的发展历程和现状，探讨华文教育在发展中存在的问题并在"一带一路"的背景下提出对策建议。⑤ 姚敏根据东南亚各国华文教育政策与其实践之间的关系将实践路径分为四种类型，指出印尼是适度平衡型，即华人教育在政策框架下进行平衡或适度调整以谋求生存的状态。⑥

（三）参政议政方面

在印尼独立前，印尼华人的参政方式主要是通过创建华人政党或社团代表华人参与，对此学者们的看法大体一致，认为以族群性的华人政党参与政治活动不是有效参与政治的方式。为缓解族群对立和促进更广泛的政治参与，学者们提出诸如跨族群的政党合作、寻求政府针对性的政策改革支持来帮助应对该类特定族裔政党而引发的潜在问题，并推动印尼社会的多元化和包容性。例如郭继光回顾印尼华人参政历史指出，针对当时印尼政治环境下

---

① 黄玲毅、丁丽兴：《后苏哈托时代福建籍华人社团与印度尼西亚多元社会的构建》，《东南亚纵横》2012 年第 5 期。

② 郑一省：《印度尼西亚华人社团在地化初探》，《广西民族大学学报（哲学社会科学版）》2021 年第 2 期。

③ 林新年、蔡明宏：《基于国别差异视角的华文教育影响力实证调研——以当代印尼华族的汉语习得相关为个案》，《东方论坛》2015 年第 5 期。

④ 曹云华：《全球化、区域化与本土化视野下的东南亚华文教育》，《八桂侨刊》2020 年第 1 期。

⑤ 叶晗、陈钧天：《"一带一路"背景下印度尼西亚华文教育发展探析》，《浙江科技学院学报》2021 年第 4 期。

⑥ 姚敏：《东南亚国家华文教育政策与实践类型研究》，《东南亚纵横》2022 年第 4 期。

建立华人基础的族群性政党无法改善华人参政环境以及族群对立问题。[1] 杨阳研究二战后的印尼华人政策和参政情况，同样认为以族群为依托组建政党将引起政治隔离，华人想要在政治上获得平等的权益应淡化政党的族群色彩，更多吸纳当地民众和联合其他族群一起推动改善华人问题。[2] 同样，庄国土对比东南亚华人的参政情况，认为中印尼关系以及世界华商网络的良好发展有助于华人参政环境的改善和意识的唤起，但还应努力促进族群平衡发展以提高华人政治地位、优化华人参政环境。[3] 江振鹏等同样提出印尼华人要达到政治融入就必须尝试暂时减弱华人少数族裔的特性，增强宣扬与当地文化的共性以此来提升族群之间的认同感。[4]

在印尼进行民主改革 10 多年之后，华人参政呈现良好发展态势。廖小健等通过对印尼几次大选和地方选举的研究发现华人对印尼政治发展的影响逐渐攀升且越发成熟稳定。[5] 米拉通过分析印尼华人近 10 年的参政情况，从印尼华人的政治角色、参政目标和影响力三方面的历史现状对比总结出华人参政的新特征和问题。[6] 李皖南对 2019 年印尼大选以及华人参政情况进行分析，发现华人与印尼政治生活的融合步入更加积极活跃的阶段。[7] 曹云华等对比总结东南亚华人政治参与概况，指出华人应该将重心从经济转向政治参与。[8]

综上，学者通常关注印尼华人在经济、文化或参政议政单方面的表现、发展特点、现状问题及作用。基于现有研究，本文以大量数据为支撑，探究印尼华侨华人在经济、文化和参政议政三个领域的表现及其影响并进行展望。

---

[1] 郭继光：《印尼华人参政问题：历史与现状》，《东南亚研究》2002 年第 2 期。

[2] 杨阳：《二战后印尼政府的华人政策与华人参政》，《东南学术》2003 年第 2 期。

[3] 庄国土：《东南亚华人参政的特点和前景》，《当代亚太》2003 年第 9 期。

[4] 江振鹏、丁丽兴：《印尼华人与其他族群的关系及华人参政调查》，《世界民族》2013 年第 3 期。

[5] 廖小健、吴婷：《后苏哈托时期的印尼华人参政——以几次大选和地方选举为例》，《南洋问题研究》2015 年第 3 期。

[6] 米拉：《近十年来印尼华人参政情况分析》，《东南亚研究》2016 年第 2 期。

[7] 李皖南：《"民主的盛宴"——评 2019 年印尼大选与华人参政》，《东南亚研究》2019 年第 5 期。

[8] 曹云华、冯悦：《东南亚华人政治参与的现状、特点与趋势》，《东南亚研究》2020 年第 6 期。

三 现状描述

（一）印尼华人现状

1. 印尼华人人口结构分布

由于印尼缺乏对华人人口的全面普查，且印尼华人后代中有相当大一部分同化于当地土著，因此调查华人在印尼各地区的分布结构十分困难，故本文仅根据以往研究粗略总结。2000 年印尼政府第一次在人口普查中标注族群信息，但是印尼中央统计局只统计了每省人数最多的大族群的人口数量，在印尼的 30 个省中只有 11 个省含有印尼籍华人的人口数据。[①] 华人是印尼的主要族群之一，2023 年华人约占印尼总人口（2.7 亿人）的 4%。1978 年以来，中国的新移民大量进入印尼。印尼华人大多来自中国福建、海南、广东等南方省份，多数聚集在雅加达、泗水、棉兰等城市。大体而言，客家人多分布在爪哇、苏门答腊北部、邦加-勿里洞、西加里曼丹；潮州人主要集中在棉兰、占碑、巨港、爪哇岛的雅加达、三宝垄和泗水，西加里曼丹省的坤甸等地；广府人多在加里曼丹东南部、苏门答腊东岸、邦加、苏拉威西、马鲁古和努沙登加拉群岛等地；闽南人多分布在印尼东部，如中爪哇、东爪哇及苏门答腊西海岸等地。[②]

2. 印尼华人的第二次移民

印尼华人这个概念，不仅指定居在印尼的华人，还包括从印尼出发、分散在全世界的华人。从明朝开始华人从中国来到东印度群岛谋生，这是第一次移民；20 世纪中叶起华人再由印尼向全球迁徙，这是第二次移民。

印尼华人已散布至世界各地。新加坡一度是印尼华人资本家的大本营；

---

① 罗杨：《2019 年越、老、柬、缅、印尼、尼泊尔侨情分析》，载张春旺、张秀明主编《世界侨情报告（2020）》，社会科学文献出版社，2020，第 133~129 页。

② 罗杨：《越老柬缅印尼侨情分析（2018）》，载张春旺、张秀明主编《世界侨情报告（2019）》，社会科学文献出版社，2019，第 126~134 页。

马来西亚与印尼华人关系源远流长；澳大利亚是印尼华人的第二大聚集地；中国香港作为国际都市也吸引了不少印尼华人企业家来开拓对华贸易；在美国，南加州尤为受到印尼华人青睐；荷兰是不少受荷兰语教育的印尼土生华人的聚居地。

（二）印尼华人在经济方面的表现

1. 印尼的华商富豪

印尼十大华裔富豪及其家族企业展现了强大的商业实力与跨国经营模式。2022年印尼华商中前十大富豪的总资产达到了1042亿美元，而当年印尼的国内生产总值仅为13193亿美元，由此可以看出华商在印尼经济中的深远影响力。2022年，在印尼十大华裔富豪中，以黄氏兄弟（黄惠忠、黄惠祥）为首的前三位富豪的总资产为706亿美元，占前十大富豪总资产的68%。

此外，印尼华裔富豪及其家族企业涉及多个行业，包括烟草、银行、房地产、电子商务、能源、制浆造纸、金融、农业、基础设施、通信及健康医疗等。黄氏兄弟旗下的针记烟草、中亚银行、大印尼购物中心、Kaskus论坛和Blibli电商平台，涵盖了烟草、银行、电商和零售等领域；刘德光的巴彦资源公司专注于煤炭、可再生能源和海底电缆；黄奕聪的金光集团在制浆造纸、金融、农业、房地产、能源、通信及健康医疗等多个产业均有布局。从以上可以看出，印尼华商在传统产业和新兴产业上有广泛涉足。

2. 印尼华商投资互联网科技独角兽企业

截至2021年1月，印尼互联网用户达2.02亿人，占总人口的73.7%，其中96.4%为移动用户。[①] 由于人口结构优势，印尼电商发展的速度快、渗透率高。

印尼最大科技独角兽公司Go To Gojek Tokopedia（Go To）于2022年4

---

① 国家税务总局国际税务司国别（地区）投资税收指南课题组：《中国居民赴印度尼西亚共和国投资税收指南》，国家税务总局网站，http://www.chinatax.gov.cn/chinatax//n810219/n810744/n1671176/n1671206/c2582395/5116207/files/d91b03a990da409abc246ebe45c9a80f.pdf。

月 11 日在印尼证券交易所（IDX）上市。Go To 为印尼贡献了 2% 以上的 GDP，为印尼近 2/3 的家庭消费提供服务，其由印尼最大的移动服务平台 Gojek 与印尼最大的电子商务平台 Tokopedia 合并创建，这两家公司分别被称为"印尼版滴滴"和"印尼版淘宝"。电商平台 Blibli 于 2022 年 11 月 8 日在 IDX 上市。Blibli 隶属于针记集团（PTD jarum），2011 年成立。金光集团和中国新光集团合资成立了一家 B2B 电商——OG"欧记新零售"，服务东南亚街巷的摊贩和小卖部。2014 年金光集团成立风投公司 SMDV（Sinar Mas Digital Ventures），曾投资过新加坡电商平台 Red Mart、印尼共享办公公司 Co Hive、泰国电商代运营鼻祖 A Commerce、印尼美容门户网站 Female Daily Network、印尼生鲜电商 Happy Fresh 等明星公司。

执掌印尼房地产企业力宝集团（Lippo Group）的李氏家族很早就成立风投部门 Venturra Capital。该集团于 2015 年推出 1.5 亿美元的风险基金，开始在科技领域跑马圈地，同年投资 5 亿美元成立电商平台 Matahari Mall，立志超越 Lazada 印尼成为"印尼阿里巴巴"。2016 年 3 月，力宝集团和 Grab 建立战略合作伙伴关系，成为 Grab 的早期投资者之一。2016 年 12 月力宝集团推出本土移动支付应用 OVO，2019 年 OVO 发展成为印尼第 5 家独角兽，估值达 29 亿美元。此外，力宝集团还投资印尼教育科技初创公司 Ruang guru 和时尚电商平台 Zi lingo 等。[1]

（三）印尼华侨华人在文化方面的表现

华侨华人在国家间文化交流中起到至关重要的作用，印尼华侨华人具备双重文化背景，这一特殊身份意味着他们既能帮助中国文化以印尼本土化的方式得以推广，又能以中国化的方式向中国各界宣传印尼文化。赵凯、叶俊梅提出，"一带一路"共建国家与中国的文化距离过大容易对贸易畅通起阻

---

[1] 《东南亚华人富豪的新生意：投出行，投电商，投年轻人》，澎湃网，https://www.thepaper.cn/newsDetail_forward_6916668。

碍作用。① 可见印尼华侨华人不仅可以促进中印尼的文化交流，同时对中印尼之间的贸易畅通有着重要意义。印尼华人主要通过华文报刊、华人社团、华文教育等来发挥文化融合作用。本部分将从华文报刊、华人社团、华文教育三个方面来对印尼华侨华人的文化发展现状进行阐述。

1. 印尼华文报刊

印尼最早的华文报刊是 1908 年创刊的《泗滨日报》，主编为同盟会会员田桐。该报积极宣传孙中山的革命学说，号召华侨团结，支持革命，还刊登了一些揭露荷兰殖民者的文章，成为东爪哇华侨的喉舌。第二家华文报刊是 1909 年巴达维亚华侨书报社主办的《华锋报》。该报常常抨击保皇思想，宣扬革命学说，宣传民族主义和中华文化，反映广大侨胞的愿望，成为广大华侨的喉舌，其宗旨是"培养华侨独立、合群、尚武的品德和国家观念"。

当今，印尼的华文报刊除官方发布的《印尼日报》之外，还有《国际日报》《印尼商报》《新生报》《讯报》《千岛日报》等，在此仅列举一些知名且影响力相对较大的报刊。印尼《国际日报》是印尼最有影响力、发行量最大的华文报刊，印尼华人高度认同《国际日报》的权威性和正统性；《印尼日报》于 1966 年在雅加达创办，是印尼官方出版的唯一华文报纸，主要报道印尼政府的政策和经济、文化消息以及少量有关华人的消息；印尼《讯报》创办于 2007 年 5 月 21 日，总部设在印尼第三大城市棉兰，由当地华人企业家林荣胜创办，是一份面向当地华人，以报道当地和大中华区域新闻为主的日报，为苏门答腊岛第一大华文报纸，也是全印尼主流华文报刊之一；《千岛日报》创刊于 2000 年 10 月 10 日，由 PT Sinar Pulau Seribu 出版，立足于印尼第二大城市泗水，主要刊登当地重要新闻和时事评论，其在印尼国内属于销行量较多、销行地区较广泛、影响面较大的华文报刊。

---

① 转引自翟威甯、宋镇照、蔡博文《华人家族企业在印尼经济转型背景下的发展策略调查》，载贾益民、张禹东、庄国土主编《华侨华人研究报告（2019）》，社会科学文献出版社，2019，第 157~182 页。

2. 印尼华人社团

学术界通常将华人社团、华文学校、华文报刊作为海外华人社会的"三大支柱",但由于华文学校通常由华人社团创办或资助,有些学校的校址甚至由华人社团提供,同时华文报刊多数由华人社团负责人创办,因此华人社团才是"三大支柱"的核心。进入21世纪后,随着对外经贸关系的发展,印尼的新华人社团随之成立,例如印尼华裔总会、印尼百家姓协会、印尼中华总商会、印中商务理事会和印尼—中国经济、社会与文化合作协会等。

(1)印尼三大华人社团

目前印尼规模较大、人数较多的华人社团是印尼华裔总会(INTI)、印尼百家姓协会(PSMTI)和印尼中华总商会。其中,印尼华裔总会和印尼百家姓协会是1998年5月后成立的,同期也成立了印尼中华青年正义联合会(SIMPATIK)、印尼民族联合会(SNB)等华人社团。此外,还有在宗教名义下在苏哈托时期得以幸存的印尼孔教总会(MATAKIN)。

当今印尼华人第一大社团是印尼华裔总会,简称印华总会,于1999年成立。黄德新连任总主席,他带领华人开展各种传统活动,把重点工作放在与印尼主流社会互动、加强与政府有关单位合作上,在保送非华裔优秀子弟前往中国留学、赈灾扶贫、灾后学校重建、为贫困白内障患者免费手术、彩虹助学、发展华文教育及举办学术讲座等方面获得好评。印尼华人第二大社团是印尼百家姓协会,作为印尼第一个全国性的百家姓协会,1998年创立于雅加达。该社团不仅在印尼各地办学助学,而且创建了中华文化公园,建造了印尼客家博物馆,为发扬中华民族传统文化、促进华人各社团的团结做出了贡献。印尼华人第三大社团是印尼中华总商会,是非营利性、全国性的华裔商业社团组织,在杨克林、陈大江等人的倡议下于2001年创立。多年来印尼中华总商会帮助华商发展商业经济,沟通和发展了中国与印尼的经贸往来。这三大华人社团与印尼当地民族和谐相处,为印尼经济建设做出了贡献,受到印尼政府和民间的赞许。

(2)印尼部分华人商会

庄国土提到21世纪华侨华人的社团不但增长速度快,而且经济功能也越来越突出，华人商会在印尼的表现可圈可点。下文列出部分在印尼相对知名的商会。①

①印尼中华总商会。印尼中华总商会总部设在印尼首都雅加达。总商会的会员企业主要涉及制造业、矿业、林业、建筑、银行、保险、房地产、纺织、食品、进出口贸易、零售业、信息通信技术、物流供应链等多个领域与行业。2015 年 9 月印尼中华总商会在巴厘岛成功举办第十三届世界华商大会，以"融聚华商·共赢在印尼"为主题，全球各地 3000 多华商到场参会。印尼中华总商会现已成为印尼与世界各国华人、华商、华人社团经贸交流、商业合作的重要平台，在推动印尼与中国、印尼与东盟及世界许多国家经贸合作、社会文化交流方面扮演重要角色。

②印尼—中国商务理事会。印尼—中国商务理事会于 2002 年 6 月 6 日成立。印尼—中国商务理事会的主要任务是促进印尼、中国两国企业家之间的交流和合作，并提高印尼、中国在商业、投资和工业活动的往来。印尼—中国商务理事会是联系印尼与中国商务的桥梁机构，具有很强的商务代表性，主要履行以下职能：促进印尼、中国两国商界的商务来往；提供有关贸易、投资及工业等方面的有益资讯；向各政府、印尼工商会馆及有关单位反映表达会员有关经济及商界利益的建议与愿望。

③印尼—中国经济、社会与文化合作协会。印尼—中国经济、社会与文化合作协会成立于 1992 年 7 月 3 日，是一个民间组织。该组织的成立旨在促进印尼、中国两国在经贸、社会文化方面进行合作交流，努力增进印尼、中国的友好关系。例如，该组织于 2023 年 2 月在雅加达南部举办了一场以中华文化为主题的活动，展示了中国传统的舞龙、舞狮及印尼东爪哇传统舞蹈虎面孔雀羽冠舞，其中最引人注目的是本地穆斯林女子舞龙队的表演，堪称中印尼民间文化交流互通的缩影。

3. 印尼华文教育

曹云华认为一国华文教育的持续发展离不开两方面的因素，一是当地政

---

① 庄国土：《21 世纪前期海外华侨华人社团发展的特点评析》，《南洋问题研究》2020 年第 1 期。

府的支持，二是当地华侨华人的力量。① 当今，印尼的华侨华人社团积极开办华文学校，推动华文教育，促进两国人文交流。陈友明提出印尼的语言在使用范围上来讲，除印尼语外，排名靠前的是英语、阿拉伯语、日语、韩语，汉语排在第6位，可见汉语在印尼的地位是偏低的。② 但如今印尼国内已开始出现学习中文普通话的热潮，越来越多的印尼人意识到，掌握中文普通话不仅可以促进与中国投资者的沟通，以便于更好地理解中国的文化和市场，还能增强两国人民之间的交流和理解，进一步推动中印尼关系的发展，因此华文教育显得越发重要。

印尼近年来官办的华文教育学校有雅加达的建国大学、印尼基督教大学和新亚学院，万隆的玛拉拿达大学，日惹的加查马达大学和穆哈玛迪亚大学，泗水的北德拉大学和智星大学等高校。这些高校采取与中国高等院校或与当地华文教育机构合作的方式创办成立。

1998年后，印尼出现"英语、印尼语、汉语"三语学校的形式，这些三语学校均是民办学校，也是印尼华文教育的最大特色。它们以国民教育为主，华文教育为辅。华人所创办的三语学校大多为"强化型国民学校"③，大多集中在爪哇岛，除华裔学生就读外，还有15%的非华裔学生就读。这在印尼华文教育史上是比较罕见的情况，同时也从侧面说明了印尼对华文教育的重视程度逐渐加深。另外，印尼还出现由华人出资建立的综合性三语型大学，如位于东爪哇的玛中大学、雅加达的慈育大学、北苏门答腊的亚洲国际友好学院等。近年来，印尼学习华文的环境越来越宽松，华文学校如雨后春笋般不断涌现，表1展示了印尼华人创办的主要华文学校的情况。

---

① 曹云华：《全球化、区域化与本土化视野下的东南亚华文教育》，《八桂侨刊》2020年第1期。
② 陈友明：《印尼华文教学现状研究》，《世界华文教学》2019年第1期。
③ 强化型国民学校指增设或强化某种课程（语言类或宗教类）的学校。除了增设的课程、科目以外，其他课程、科目的教学大纲、课程设置、评估制度、学制学时以及学校的管理方法和标准等须按照印尼教育部制定的方案实施，并受当地教育督学署的监督。

表1　印尼华人创办的主要华文学校的情况

学校名称	创办时间	所在地区	主要创办人或机构
明诚书院	1690 年	雅加达市	郭郡观
明德书院	1787 年	雅加达市	雷珍兰
八华学校	1901 年	雅加达市	梁映堂
华英中学	1912 年	三宝垄市	黄仲涵
雅加达中华中学	1939 年	雅加达市	李春鸣
崇德三语国民学校	2006 年	日惹市	李喜庆
八华学校（复办）	2008 年	雅加达市	梁世桢
亚洲国际友好学院	2008 年	棉兰市	苏北省华社慈善与教育联会
培德学校	2013 年	坤甸市	黄氏江夏世家基金会
亚细安（东盟）南洋大学	2015 年	民丹岛	沈德民、李卓辉、郭文龙等

（四）印尼华人在参政议政方面的表现

庄国土通过对比东南亚华人的参政情况发现，印尼与中国的关系以及世界华商网络的良好发展有助于华人参政环境的改善和意识的唤起，但是还应努力促进族群平衡发展以提高华人政治地位、优化华人参政环境。1999 年以来，印尼华人的社会地位不断提升，为印尼华人参政议政创造了更加良好的宏观环境。近 10 年来印尼华人逐步融入当地环境，参政议政的态度越发积极，本部分将探讨印尼华人的参政情况以及面临的问题。

1. 印尼华人参政情况

2004 年印尼议会大选，华裔参政人数有所增加，3 位华裔当选地方议员，12 位华裔进入国会，超 20 位华裔当选地方县市议员。此届国会，华裔议员最大的成果是在 2006 年通过新的《国籍法》，华裔争取到出生地公民权，取得与其他族群的平等地位，可参与竞选省长，甚至总统。2009 年议会大选中华人候选人更是多达千余人，2 位华裔当选地方议员，14 位华裔当选国会议员，数十位华裔当选地方议员，华人参政热情空前高涨。

2014 年印尼议会大选中当选国会议员的华裔有 13 位，有 3 位华人当选副省长，分别为：雅加达省副省长钟万学、西加里曼丹省副省长黄汉山、东努沙登加拉省副省长李振光。此次选举华人参政日趋成熟，有意参政的华人在精神上、组织上及其他方面的准备相较于以往都更加周全，多年积极投入党务工作，且多被推举进入华人相对集中的选区参选。同年大选出现了印尼华人副总统候选人，华裔传媒大亨陈明立与印尼民心党主席维兰托搭档竞选正副总统，成为首个竞选如此高位的华裔，这反映了印尼华裔在政坛地位上升。

2019年印尼议会大选是华裔候选人参选最多的一届，其中还包含许多女性及年青一代。这表明印尼华裔青年对于参政相比于上一辈更加积极。但印尼华人参政也更加谨慎和保守，在此次大选中表现出积极但不高调的特征。

2. 印尼华人参政面临的问题

（1）民族主义

印尼政治体系基于多数族群主义，其中政治权力和资源分配主要以多数民族为基础进行决策和分配。在这种体系中，多数民族的利益和意见通常被优先考虑和实施，而华人作为少数族群可能面临政治上的边缘化或权益受损，从而限制了华人在政治中的发言权和代表性，使华人参政面临挑战。现今印尼社会始终存在的族群冲突，使印尼华人深受影响。

（2）宗教因素

印尼是世界上穆斯林人口最多的国家，其穆斯林人口占印尼总人口的87%。印尼政治环境中普遍存在民族主义和宗教的强烈影响，这可能导致一些政治党派和候选人更加强调本土文化和伊斯兰价值观，而对华人等少数族群的关注度有限。

（3）政党因素

不同政党对印尼华人的态度和对华人候选人的支持程度各不相同。一些政党可能更加开放和包容，积极支持华人参与政治，而另一些政党可能更加偏向本土文化和伊斯兰价值观，对华人持保留态度，这影响了华人候选人的选举机会和政治参与的程度。在印尼的政治体系中，政党联盟和政治派系的力量也对华人参政产生影响。华人候选人可能需要在特定的党派联盟中寻求支持，或与特定的政治派系建立合作关系，以增加他们的选举机会和政治影响力。

印尼政党较多，其中建设团结党、繁荣公正党、星月党均为伊斯兰教政党（见表2），其主要成员基本上是穆斯林。民族觉醒党和国民使命党则是带有宗教民族性的政党，强调社会和谐和宗教和睦，其中国民使命党主要代表城市中产阶级穆斯林的诉求和利益，提倡将伊斯兰教道德观作为主要指导。上述这些政党在选举中主要支持穆斯林代表，但从2004~2019年4次国会选举结果来看，专业集团党和民主斗争党始终名列前茅，伊斯兰政党总体的得票率走势低迷，甚至如建设团结党这类伊斯兰老党派的得票率也持续下跌。由此可见，虽然印尼大部分政党带有宗教性质，但是其力量始终有限，专业集团党和民主斗争党的高得票率就是最好的说明，而这些政党中都有不少华裔族群的参与。

表2　印尼政治转型以来历届国会选举各政党得票率

单位：%

政党	1999 年	2004 年	2009 年	2014 年	2019 年
专业集团党	22.46	21.58	14.45	14.75	12.31
民主斗争党	33.77	18.53	14.03	18.95	19.33
繁荣公正党	1.36	7.34	7.88	6.79	8.21
国民使命党	7.12	6.44	6.01	7.59	6.84
建设团结党	10.72	8.15	5.32	6.53	4.52
民族觉醒党	12.62	10.57	4.94	9.04	9.69
星月党	1.94	2.62	1.79	1.46	0.79
民主党	—	7.45	20.85	10.19	7.77
大印尼运动党	—	—	4.46	11.81	12.57
民心党	—	—	3.77	5.26	1.54
民族民主党	—	—	—	6.72	9.05

资料来源：陈琪、夏方波：《民族主义政权与伊斯兰政党的盛衰：以印度尼西亚为例》，《当代世界与社会主义》2020年第5期。

四 结语

未来，华侨华人将持续为印尼带来大量的劳动力、熟练的管理经验以及充足的资本，不断推进两国文化交融以减少经贸合作中的摩擦与隔阂。印尼华人积极参政议政以提高华人的政治与社会地位，继续发挥在两国经贸、文化中"桥梁"的作用。在"一带一路"建设的不断推进和华侨华人的带动下，中国与印尼的双边贸易合作和文化交流将会更上一层楼。

在经贸合作方面，印尼的华侨华人在中印尼之间扮演着"桥梁"的角色，可以促进两个国家之间的经贸合作。他们拥有中国和印尼的商业网络和联系，可以帮助印尼企业扩大市场、寻找合作伙伴和引进技术。结合中国和印尼的产业分析，基于印尼华商视角可分别对消费导向型、资本导向型和出口导向型产业进行展望。首先，两国均是以农林牧业，食品、饮料和烟草业，批发和零售业等为消费导向型产业，上述产业将不断成为两国拉动内需的重要力量，并带动其他产业的需求，印尼华商可以利用自身资源和优势促进消费或加强合作来推动整个行业发展；其次，印尼华商应抓住"新基建"建设的机遇，积极参与基础设施建设、数字经济发展等方面的投资和合作，来推动印尼经济实现转型，促进产业升级；最后，印尼华商还应该密切关注国际市场需求，通过市场调研、创新产品开发和品牌建设，持续增强出口导向型产品的国际竞争力。

在文化传播和交流方面，印尼的华侨华人在中印尼之间扮演着文化传播的重要角色。他们既了解中国和印尼的文化，又能融入印尼的多元文化环境。未来，他们可以通过文化交流、艺术表演、语言教育等方式，促进印尼与中国之间的文化交流和相互理解。这将有助于加深中国与印尼两国之间的友好关系，同时也有利于提高印尼在国际舞台上的文化影响力。

总的来说，印尼的华侨华人在中印尼的经贸和文化传播方面有着独特的优势，未来可以通过加强经贸合作、技术转移和文化交流等途径，为印尼的发展做出更多积极的贡献。

B.5
20世纪90年代以来新加坡中国新移民
及社团的发展状况[*]

朱光兴 林淋嘉[**]

摘 要： 本文分析了新加坡中国新移民的发展状况，梳理新加坡人口发展及移民政策变迁，考察了新加坡中国新移民社团的基本情况与发展，得出以下主要结论。20世纪90年代以来，新加坡中国新移民人口规模扩大，来源地辐射中国各地，高学历、高技术人口比例加重，行业类型更多元化。新加坡的人口增长率持续下降，人力短缺问题日益严重。新加坡政府吸收高素质移民以缓解人口问题，确保各族裔占比和高新产业发展。随着新移民的持续涌入，新加坡的移民政策进行了适时的调整，由积极移民时期过渡到适度移民时期。在社会活动上，中国新移民所组织或参与的社团蓬勃发展，其中包括综合性社团、地缘性同乡会、地缘性商会、中国高校新加坡校友会。这些新移民社团辐射范围广、影响力大，成员的学历和素质普遍较高，社团活动形式多样且丰富。它们为帮助新移民成长与融入、搭建跨国商业网络平台和促进中新文化友好往来做出了贡献，但社团发展也存在一定问题，需要进行内部的自我优化和外部的交流整合。

关键词： 新加坡 中国新移民 新移民社团

---

* 本文系国家社科基金一般项目"基于大数据技术的美英澳重点智库涉华舆论动态研究"（项目编号：22BGJ010）的研究成果。
** 朱光兴，华侨大学海上丝绸之路研究院副研究员，硕士生导师，主要研究方向为涉侨文化传播、"一带一路"与国家形象建构；林淋嘉，华侨大学新闻与传播学院硕士研究生，主要研究方向为华侨华人与跨文化传播。

新加坡是除中国以外唯一一个华人占多数的多元种族国家。1965 年新加坡建国以后，早期来自中国的移民选择在新加坡落地生根，成为新加坡公民。20 世纪 90 年代中国和新加坡建立邦交后，中国新移民①在新加坡逐渐形成一定规模的存在。这些新移民的来源辐射中国各地，相较于新加坡的早期中国移民群体，他们的受教育程度更高、专业技能更强，工作背景也更多元化。中国新移民被认为是 1993~2003 年这 10 年当中，对新加坡生活带来最深刻影响的十件事之一。随着新加坡近年来社会发展的变化，其人口状况和移民政策发生了较大转变，中国新移民成为其人口重要组成部分，中国新移民社团在本地社会中也相当活跃，积极发挥其特殊作用。新加坡中国新移民是中新两国社会交流与合作的亲历者和见证者，更是扩大两国社会利益融合、和合共生的建设者和推动者。

目前学界对新加坡中国新移民的研究主要有以下方面：刘宏从全球化视野出发，探讨了跨国华人移民群体的兴起、特征及其对新加坡的影响，以新政治经济学的视野为分析架构，分析了当代新加坡新移民社会的嬗变与特征；② 小木裕文、游俊豪探究了新加坡中国新移民的融合问题；③ 谢美华基于历年新加坡的人口统计数据，推估了新加坡中国新移民的新数据；④ 彭慧、王玉娟、黄玲毅等考察了新加坡中国大陆新移民社团的发展。⑤ 本文将基于前人研究，以新加坡中国新移民为研究对象，考察 20 世纪 90 年代以来新加坡

---

① 本文的新移民与侨务部门提出的"新华侨华人"大体重合，差别在于新移民包括所有 20 世纪 80 年代以后前往外国定居的中国移民，无论其身份合法或非法，而侨务部门则很大程度上不把没有合法居留身份的新移民纳入新华侨的统计之列。有些省份的侨务部门，如福建侨务部门，在统计中把这些尚未取得合法或定居身份者称为"出国人员"。

② 刘宏：《战后新加坡华人社会的嬗变：本土情怀·区域网络·全球视野》，厦门大学出版社，2003，第 24~169 页；刘宏：《当代新加坡华人社会的嬗变及其动力与特征——新政治经济学的视野》，《华侨华人历史研究》2021 年第 4 期。

③ 〔日〕小木裕文：《新加坡的中国新移民》，刘晓民译，《南阳资料译丛》2003 年第 1 期；游俊豪：《新加坡与中国新移民：融入的境遇》，香港城市大学出版社，2021，第 8~104 页。

④ 谢美华：《近 20 年新加坡的中国新移民及其数量估算》，《华侨华人历史研究》2010 年第 3 期。

⑤ 彭慧：《试析近二十年新加坡中国大陆新移民社团的发展》，《华侨华人历史研究》2015 年第 4 期；王玉娟：《沟通与融合：新加坡华人宗乡会馆与中国新移民》，《东南亚研究》2013 年第 5 期；黄玲毅、刘文正：《试析新加坡的中国新移民社团》，《东南亚纵横》2011 年第 11 期。

中国新移民的发展动态。本文主要分为两大板块：第一部分考察新加坡中国新移民发展状况；第二部分梳理新加坡中国新移民社团的基本情况，分析其特点、功能及存在的问题。本文的资料来源主要有两个：一是笔者的田野调查，例如与相关个人和机构的访谈等；二是公开文献，如人口和贸易统计数据、议会辩论以及当地的中英文媒体报道等。

一　新加坡中国新移民发展状况

（一）来自中国内地的新移民人数占比稳中有降

20世纪90年代以来，新加坡吸引了大规模的中国内地移民。特别是进入21世纪后，每年都有数万名中国人通过各种移民途径进入新加坡，其数量占新加坡移民的首位。新加坡政府基本每年都会公开披露包括移民人口在内的统计数据，但一直以来都未公布本国移民的来源国占比，因而难以得知20世纪90年代以后新加坡国内中国移民的确切统计。吴前进教授在2007年曾估计新加坡的中国移民人数有近30万人[1]，庄国土教授在2008年估计其人数为35万~38万人[2]，刘宏教授在2009年估计其人数约为35万人[3]。谢美华研究员在2009年结合数据推估，来自中国（包括香港、台湾）的新加坡居民至少有50万人以上，甚至可能达60万人。[4]

2020年，联合国公开发布的全球移民存量统计中披露了新加坡国际移民来源的相关数据。根据联合国人口司发布的数据，如表1所示，1990年以来，新加坡的移民存量总数不断上升，从1990年的72.7万人上升到2020

① 吴前进：《1990年以来中国-新加坡民间关系的发展——以中国新移民与当地华人社会的互动为例》，《社会科学》2006年第10期。
② 庄国土：《经贸与移民互动：东南亚与中国关系的新发展——兼论近20年中国人移民东南亚的原因》，《当代亚太》2008年第2期。
③ 刘宏：《当代华人新移民的跨国实践与人才环流——英国与新加坡的比较研究》，《中山大学学报（社会科学版）》2009年第6期。
④ 谢美华：《近20年新加坡的中国新移民及其数量估算》，《华侨华人历史研究》2010年第3期。

年的 252.4 万人，增长了约 2.5 倍。其中，来自中国内地的移民存量从 1990 年的 15.0 万人上升到 2020 年的 42.6 万人，增长了约 1.8 倍。来自中国香港的移民存量从 1990 年的 1.5 万人上升到 2020 年的 6.6 万人，来自中国澳门的移民存量从 1990 年的 1.2 万人上升到 2020 年的 2.2 万人。考虑到新加坡的人口自然增长率与 2020 年新冠疫情的影响，笔者推估，截至 2023 年 8 月，新加坡的中国移民数已超过 52 万人。

表 1　1990~2020 年新加坡移民存量及来自中国的移民存量

单位：人

年份	新加坡移民总数	中国新移民总数	中国内地	中国香港	中国澳门
1990	727262	177245	150447	15043	11755
1995	991492	233092	191075	31708	10309
2000	1351691	311501	250198	51442	9861
2005	1710594	366057	299651	52509	13897
2010	2164794	441008	365797	56502	18709
2015	2483405	505913	419634	64817	21462
2020	2523648	514110	426434	65867	21809

注：由于缺失中国台湾地区的新加坡新移民数据，因此表 1 所展示的中国新移民总数不包括来自中国台湾地区的新移民数量。

资料来源：《联合国 2020 年国际移民存量报告》，https://www.un.org/development/desa/pd/sites/www.un.org.development.desa.pd/files/undesa_pd_2020_ims_stock_by_sex_and_destination.xlsx。

（二）中国新移民中高学历人士和专业技术人才比例提高

20 世纪 90 年代以来，新加坡政府积极吸纳全球各地的高学历人士和专业技术人才来新加坡定居。新加坡引进的高素质中国移民大致分为两类。一是利用优质的教育资源吸引中国的高质量生源。《2022 年中国留学白皮书》调查显示，2021 年中国学生前往新加坡留学申请数量增长了 21.34%。[①] 据新加坡教育部和新加坡移民管理局统计，截至 2023 年 1 月，新加坡总共吸

---

① https://www.shicheng.news/v/bn6kJ。

引了约79300名国际学生，其中中国学生在新加坡总数超过6万人。[①] 二是吸引来自西方发达国家的中国人。新加坡在这方面取得了显著的成功。20世纪90年代以来，有数以万计的来自中国的专业技术人才不断涌进新加坡。据统计，2001年在新加坡从事高技术、高科技领域的中国人数量就已经突破1万人。[②]

除此之外，新加坡的中国劳务人员仍占据相当比例。据中国商务部统计，2021年中国企业在新加坡新签合同74份，新签合同额61.9亿美元，完成营业额29.3亿美元，派出各类劳务人员2.89万人，年末在新加坡劳务人员4.41万人（见表2）。另外，近两年中国在新加坡的劳务人员结构出现新变化，建筑行业劳务人员相对减少，制造业、服务业中高级劳务人员数量有所增加。[③]

表2　2017~2021年中国在新加坡承包工程和劳务合作

年份	对外承包工程		对外劳务合作	
	新签合同额（亿美元）	完成营业额（亿美元）	当年派出人数（万人）	年末在外人数（万人）
2017	35.17	34.37	4.24	9.55
2018	27.9	25.8	3.1	9.7
2019	50.6	35.5	3.7	9.9
2020	47.8	23.6	1.7	4.4
2021	61.9	29.3	2.89	4.41

资料来源：中国商务部《对外投资合作国别（地区）指南——新加坡（2022年版）》，第34页，http://www.mofcom.gov.cn/dl/gbdqzn/upload/xinjiapo.pdf。

（三）中国新移民从事的行业类型更多元化

老一辈移居新加坡的华人以华商和华工为主，从事的行业类型相对集

---

①　https://www.shicheng.news/v/GoMo3.

②　范若兰、孟庆顺、谌焕义：《大陆中国人在新加坡：一个实地调查》，《东南亚研究》2001年第1期。

③　《中新劳务合作有关情况》，http://sg.mofcom.gov.cn/article/gclw/201812/20181202821124.shtml。

中，如杂货店、餐饮业、裁缝业、建筑业及海上贸易等。20 世纪 90 年代之后来到新加坡的中国新移民所从事的行业类型则更为多元化，他们遍布在金融、商贸、教育、文化、演艺、建筑、制造等领域，在享受新加坡经济富足的成果时，也为新加坡社会贡献自己的智慧。另外，近 20 年来，中资企业在新加坡的投资和经营迅速扩大。据中国商务部数据统计，截至 2022 年 6 月，在新加坡注册登记的中资企业近 9000 家，企业经营范围主要涉及外贸、金融、船舶运输、设施建设、医疗、建筑等多个行业。由此看来，以就业准证长期居留新加坡的中国企业相关人员也具有一定的规模。随着新加坡经济转型和发展，近来中国新移民从事的热门行业主要包括：生物医药科学、化工、电子与精密工程、工程与环境服务、资讯信息及媒体、物流与运输工程、教育。[①]

（四）新移民的来源地辐射中国各地

老一辈移居新加坡的华人来自以福建和广东为主的南部省份。若以籍贯来划分，新加坡华人公民中，40%是福建人、20%是潮州人、15%是广府人、8%是客家人、7%以下是海南人，剩余的约 10%则属于其他籍贯的华人。[②] 20 世纪 90 年代后，大量中国新移民涌入新加坡，这些新移民来自中国各省份，如江苏、云南、陕西、山东等地。在近期笔者的访谈中，已入籍新加坡的 L 先生说："新加坡作为城市国家，国土面积不大，中国人随处可见，过去讲闽南语、客家话和粤语的比较多，现在哪里的口音和方言都有。"[③] 另外，老一辈华人在新加坡倾向于根据地缘、血缘聚居在固定的区域内，如牛车水一带的厦门街、直落亚逸街和新加坡河等区域曾是福建人聚集的生活区域，广东人的落脚处则集中在水车路、登婆街和宝塔街等区域。而新移民来源地分散、行业多元，宗亲连接相对较弱，主要依据职业、生活及家庭需要选择生活区域，散落在新加坡各个规划区，呈卫星状分布。[④]

---

① https://www.shicheng.news/v/Gop8V.
② https://www.sohu.com/a/443226037_120466712.
③ 来自笔者对新加坡新移民 L 先生的访谈记录，2023 年 7 月 24 日。
④ 来自笔者对新加坡华源会会员 X 女士的访谈记录，2023 年 7 月 10 日。

（五）中国新移民的方言使用人群比例下降

在新移民群体中，方言的使用次数在不断下降，且随着时间的推移，方言使用人群可能会进一步减少。一方面，大多数新移民是拥有"可携带技能"的高学历或专业人士，他们更容易适应新加坡的语言环境和社会文化，能够流利地使用普通话和英语。另一方面，新加坡政府也对方言的使用有一定的限制和规范。自 1979 年开始，新加坡推行"讲华语运动"，旨在促进华人使用标准华语（即现代标准汉语）作为通用语，以提高华人的教育水平和国际竞争力。此外，随着中国经济在 21 世纪的快速发展，普通话在新加坡华人中的使用和重要程度也有显著上升的趋势。这些都进一步导致了方言在教育、媒体和公共场合的使用大幅减少，也影响了方言在家庭和社区的传承。

二 新加坡中国新移民社团的发展

（一）中国新移民社团的基本情况

新加坡中国新移民社团指的是由新加坡中国新移民创立，以新移民为主体成员的华侨华人社团。当前，新加坡的中国新移民社团可划分为五种类型：综合性社团、地缘性同乡会、地缘性商会、在新留学生社团（下文不展开）和中国高校新加坡校友会。

1. 综合性社团

就目前来看，新加坡中国新移民社团中影响最大、人数也最多的是天府会与华源会。新加坡江苏会作为后起之秀，发展迅速，会员人数可观，社团活动丰富，是新加坡中国新移民的第三大社团。

新加坡天府会[①]，因四川古称天府之国而得名，是以来自四川省的新移民为主体，并以专业人士居多的新移民社团，也是中新建交以来最早在本地

---

① 新加坡天府会网址，http://www.tianfu.org.sg/（2023 年 8 月 1 日）。

创立的新移民社团。天府会自 1996 年开展活动，2000 年经新加坡政府批准，注册成立社团。天府会成立至今，共约有 2300 位理事和会员加入。天府会约有 600 个家庭，近 70% 已成为新加坡公民。天府会每年举办两场有 400 人以上出席的大型报告会、交流会及中秋庆典。为了促进中华传统文化和当地社会的融合发展，天府会举办了多项体现中华民族优秀传统和社会价值的文化活动。例如 2021 年 9 月，天府会在线举办了第十四届国民融合千人博饼庆中秋活动。

华源会[①]创立于 2001 年，由来自中国各省份、不分血缘、地缘的新一代移民所组成的新型综合性社团，由此取名"华源会"，"华源"象征着华人的发源地。华源会是新加坡规模最大的聚集、服务、成就新移民的非营利性社团组织，会员来自科研、商贸、媒体、文化产业、服务业、制造业等不同行业和领域，人数近 7000 人。华源会于 2016 年成立了"全球华源"的机制，实现了以华源会为中心与各国社团的"一对多"的合作模式。2018 年，该机制进一步升级为"多对多"的合作模式。2019 年，华源会设立华源商会。目前，华源会还建立了"华源全球发展联盟"，并在 21 个国家注册成立全球华源分会，其会员可以享受商务接待及信息交流资料共享等服务。

新加坡江苏会[②]成立于 2016 年 10 月，作为一个"三新"社团，即新社团（年轻）、新型社团（运作模式）、新移民社团，其主要宗旨是：促进在新加坡的江苏籍会员的联络与交流，推动新加坡和江苏的经济、科技、文化和教育的交流与合作。与过去的同乡社团不同，江苏会的会员吸纳对地域的限制放得更宽，不仅招募原籍为中国江苏省的会员，只要和江苏有一定渊源的都可被纳入其中。目前，江苏会正式注册会员近千人，其会务范围包括社会公益、文化艺术交流、商务及外贸交流、科技与互联网交流和人才教育交流。2018 年 11 月，江苏会正式成立科创英才库，聚类各类科创人才，为新加坡与中国企业的人才储备与交流贡献力量。值得一提的是，江苏会与福建

① 华源会网址，https://huayuanassociation.com/zh/（2023 年 8 月 1 日）。
② 新加坡江苏会网址，https://jiangsu.org.sg/。

会馆、潮州八邑会馆、九龙会四家社团于 2017 年 11 月 11 日成立了"新加坡社会公益联盟"（Alliance for Betterment of Community）。可以说，这是新移民社团跨群体公益行动的最佳表现。

2. 地缘性同乡会及商会

20 世纪 90 年代后的地缘性同乡会以 1990 年成立的新加坡九龙会为代表。九龙会是一个非营利机构，主要成员是来自中国香港、内地的新移民。2008 年之后，新加坡出现了一定数量的以中国内地省份为主的同乡组织，如天津会、齐鲁会、陕西同乡会等（见表 3）。它们以同乡关系或同族关系作为纽带，发挥着其他类型社团所不能承担的社会功能。笔者通过访谈了解到，来自传统侨务大省（如闽粤两地）的新移民更热衷于参与地缘性的社团而非综合性社团，尤其是以乡镇或村落为单位组建的社团及组织在新移民群体中信任度更高、影响更大。地缘性的商会以新加坡浙商总会和广东商会为代表，它们往往是以内地东部沿海经济较发达省份的新加坡华商企业为主要成员。这些地缘性商会能够提供会员经营所需的咨询和资源网络，协助新老华商和当地社会进行交流合作，是联结各国兄弟商会、中国和新加坡社会交流合作的纽带。

表 3   1990 年以来成立的地缘性同乡会及商会（部分）

	中文名字	英文名字	成立年份
1	九龙会	Kowloon Club	1990
2	新加坡天津会	Tianjin Association（Singapore）	2008
3	新加坡陕西同乡会	Shanxi Association	2011
4	新加坡龙岩同乡联谊会	Long Yan Friendly Association Singapore	2013
5	新加坡晋商商会	Jinshang Bussiness Club（Singapore）	2013
6	新加坡贵州同乡会	Guizhou Association（Singapore）	2013
7	新加坡齐鲁会	Qi Lu Association（Singapore）	2013
8	新加坡浙商总会	Zhejiang（s）Entrepreneurs Association	2013
9	新加坡广东商会	Guangdong Enterprise Association（Singapore）	2014

资料来源：笔者根据各社团网站、新闻报道等资料综合整理制作。

3. 中国高校新加坡校友会

根据随笔南洋网"校友会专栏"列出的校友会名单，目前新加坡的中国高校校友会组织有 27 个左右。[①] 代表性的有上海交大新加坡校友会、华南理工大学新加坡校友会、清华大学新加坡校友会、华侨大学新加坡校友会、中山大学新加坡校友会等（见表4）。这些校友会内部分工明确，搭建了校友与中新高校之间沟通的桥梁，发挥着帮助校友融入新加坡的功能。随着中国高校与新加坡之间的交流逐渐频繁，中国高校与海外高校之间的学术交流近年来日益频繁，对海外人才的需求日益凸显。在这其中，新加坡的校友会就成了人才流动的正式或非正式的途径与渠道。一方面，中国高校借助校友会发布相关招聘信息来招徕人才，另一方面则是通过私人渠道在校友会招贤纳士。

表4　新加坡的中国高校新加坡校友会（部分）

	中文名字	英文名字	成立年份
1	上海交大新加坡校友会	Shanghai Jiaotong University Alumni Association	1999
2	华南理工大学新加坡校友会	South China University of Technology Alumni Association (Singapore)	2006
3	清华大学新加坡校友会	Tsinghua Alumni Association(Singapore)	2007
4	北京大学新加坡校友会	Peking University Alumni Association(Singapore)	2008
5	华侨大学新加坡校友会	HuaQiao University Alumni Association(Singapore)	2009
6	西安交大新加坡校友会	Xi'an Jiaotong University Alumni Association Singapore)	2010
7	复旦大学新加坡校友会	Fudan University Alumni Association(Singapore)	2012
8	中山大学新加坡校友会	Sun Yat-sen University Alumni Association(Singapore)	2014

资料来源：笔者根据各社团网站、新闻报道等资料综合整理制作。

此外，近年来，随着网络交友软件的普及，新加坡中国新移民的网络虚拟同乡会（社群）爆发式增长起来。虚拟同乡会分为两类，一类是实体社团的线上延伸，如江苏会目前已建立了 3 个 500 人的微信大群；另一类则集结方式多元，大多是借助网络信息平台重新组建的虚拟社群，如在笔者近期

---

① 《随笔南洋网〈校友会专栏〉》，http：//www.sgwritings.com/bbs/forumdisplay.php？fid=130。

的访谈中，在新加坡生活 6 年的 L 先生提到，早在 2011 年他就通过厦门"小鱼网"论坛加入了新加坡厦门交流 QQ 群，当时群成员数量就已突破 300 人。① 在这些以地域或留学组建的虚拟同乡会中，还衍生出以相似兴趣爱好为纽带的趣缘虚拟社群。虚拟同乡会借助互联网的便捷沟通，能够快速聚集相当数量的会员或群成员。网络虚拟同乡会作为一种新的交往方式，对新移民的融入产生了重要影响。L 先生还提到，"社团活动我很少参加，平时我主要是通过 QQ 群认识中国新朋友，群成员都很热情，需要帮助或者有什么新消息也是从群里知道的"②。

（二）中国新移民社团的特点

新加坡中国新移民社团在 20 世纪 90 年代开始活跃，较新加坡老华侨华人社团而言，有几点显著特征。③

1. 新移民社团的辐射范围广、影响力大

新加坡老华侨华人社团大多以地域为划分，以传统侨务大省（如福建、广东、海南等）的地域性同乡会为主，会员构成相对单一。而新移民社团的会员来源地辐射范围更广，相当部分会员来自非传统侨务大省，会员人数也更多。如新加坡华源会会员不分地域、血缘，人数近 7000 人，是目前新加坡会员数量最多的华人社团。此外，新移民社团不仅在新移民群体当中有重要影响，而且在新加坡社会也引起了各界的重视。例如 2022 年华源会第十届（2022~2025 年）理事管委会就职典礼，由新加坡财政部兼交通部高级政务部长徐芳达主持监督仪式；④ 2023 年新加坡天府会举办的 23 周年庆典上，除近 700 位会员及家属参加外，出席人士还包括新加坡内政部政务部长孙雪玲、新加坡宗乡会馆联合总会会长蔡其生、中国驻新加坡大使馆参赞

---

① 来自笔者对新加坡归侨 L 先生的访谈记录，2023 年 8 月 11 日。
② 来自笔者对新加坡归侨 L 先生的访谈记录，2023 年 8 月 11 日。
③ 此部分内容主要针对新加坡的综合性社团进行分析。
④ 新加坡华源会，https://huayuanassociation.com/zh/。

兼总领事邱元兴。① 另外，天府会的多位理事也受邀加入新加坡的社区组织、政府专门委员会等机构，如市镇理事会、国民融合理事会、国内税务局民意委员会等，为新加坡的社会发展献计献策。② 可以说，这些新移民社团通过自身出色的表现，得到了新加坡社会各界的认同。

2. 新移民社团的活动形式多样

新加坡传统华人社团通常拥有相对紧密、闭合的组织机构，且兼备多种社会功能，而新移民社团的组织形式更灵活、活动形式更多样，举办聚会活动更多，参与者数量庞大。就华源会来说，成立至今，华源会根据社会需求和社团发展举办的活动超过 1000 场，活动项目包括："新移民杰出贡献奖"评选、妆艺大游行活动、海外华裔青少年"寻根之旅"、青奥会传接圣火活动、大型义工活动、全岛募捐活动、斋月派粥活动和免费英语学习班等。华源会定期开展丰富、积极的社团活动，不断创造社团会员与新加坡社会交流与融合的机会，从而帮助社团会员提高社会交往能力、走进新加坡社会。

3. 新移民社团的成员学历与素质较高

前文提到，新加坡中国新移民的精英人群逐年增加，而新移民社团成员的学历和素质也不断提升。就天府会来说，会员中大专、本科以上学历背景的人数占比高达 99%，超过 30% 的会员又在新加坡再次求学提升，硕士比例达 57%，还有近 30 名博士。江苏会会长周兆成在 2020 年也提到，高学历化已成为江苏会会员的特征之一，会员中有一半以上是硕士或博士学历。③这些高学历、高素质的会员，给新移民社团带来更大的发展空间。他们通常拥有较强的语言能力、专业水平和领导能力，能够在促进新移民与本地华人的交流和融合、提升新移民社团的影响力和声誉、推动新移民社团的创新和发展等方面发挥重要的作用，为新加坡的社会、经济、文化等领域做出积极的贡献。

---

① 《联合早报》，https：//www.zaobao.com/news/singapore/story20230213-1362456。
② 《新加坡天府会15周年（2000-2015）纪念特刊》，新加坡天府会，2015，第1页。
③ 《联合早报》，https：//www.zaobao.com/world/20200809/76256.html。

4. 新移民社团的对外交流活动频繁

随着中国新移民构成的显著改变，新移民社团的对外交流活动也更加丰富、频繁，尤其是与中国的商务交流活动和文化交流活动。新移民社团利用自身的优势和资源，为新加坡和中国的商业合作搭建桥梁，促进双方的经贸往来和投资合作。例如，新加坡华源会与新加坡商务部、中国驻新加坡大使馆等机构保持密切联系，为会员提供最新的商业信息和政策指导。另外，新移民社团积极参与和组织各种文化活动，展示中华文化的魅力，增进新移民与本地华人以及其他族群的了解和友谊。例如，新加坡天府会每年都会参加妆艺大游行活动，以精彩的表演展现四川文化的风采。天府会还举办了榴梿节、印度纱丽体验等活动，让会员尝试不同的风味和风俗。此外，天府会还与本地的其他社团进行交流互访，如与南洋理工大学华裔馆合作举办讲座、与新加坡福建公会联合举办中秋晚会等。

（三）中国新移民社团的功能

1. 帮助新移民成长与融入

新移民社团最重要的功能之一就是为初到新加坡的中国人提供一个熟悉而亲切的空间，让他们可以与同乡或同胞交流，分享经验，互相支持，缓解他们在异国他乡的孤独感和不适感，帮助他们成长和融入当地。首先，新移民社团举办的各种活动，包括文化、娱乐、教育、商务等，能让新移民拓宽视野、提高技能、享受生活。其次，新移民社团也鼓励新移民参与社区服务，了解新加坡的社会问题并做出贡献。这样能够有效增强新移民的社会责任感，提高他们对本地社会的认同感和归属感。再次，新移民社团还致力于促进新移民与本地华人和其他族群的沟通和交流，让新移民了解新加坡的多元文化，尊重和适应当地的风俗习惯和法律规范等。最后，新移民社团能充分利用他们与中国各地区的联系和资源，为新移民提供重要的信息和服务，如经济与商业资讯、留学申请手续等。华源会作为代表性社团，在促进融合、丰富新移民文化生活上做了不少尝试。华源会常组织不同类型的讲座，主题包括健康生活、金融经济及防火等；组织各项体育赛事和娱乐活动，包括足球赛、羽毛球赛、团跑，以及"千人竞走"和"新春团拜晚会"等；组织义工定期进行爱心和慈善活动，如关怀高龄人士、斋月施粥及爱心募捐等，引导会员积极回馈社会。2009年，为鼓励新移民融入并积极回馈社会，华源会发起主办"新加坡新移民奖"，并在2010年、2014年和2019年举行了颁奖典礼。2023年第四届"新加坡新移民奖"首次增设"红心奖"，以表彰那些帮助新移民融入新加坡社会的人士。

2. 搭建跨国商业网络平台

跨国性与流动性是新移民商业网络的主要特质，中国因其天然的亲缘性与发展机遇，被视为新移民投资的重要目的地，而这需要一个功能性的半官方组织进行牵线搭桥，新移民社团恰好承担了这一角色。[1] 首先，新移民社团借助其在两国的人脉资源和文化认知，为新移民提供信息、咨询、培训等服务，帮助他们了解两国的市场需求、政策法规等，降低跨国经营的风险和成本。其次，新移民社团通过举办各种形式的活动，如论坛、研讨会、考察等，为新移民提供交流、对接、展示、推广的机会，拓展他们在中国的商业网络和合作伙伴。最后，新移民社团与中国政府及相关机构建立良好的关系，推动双边的经贸项目和合作协议的签署和实施。例如，华源会与中国30多个省份的侨务机构、商务局、投资促进会、高校等保持长期友好关系，为会员提供在中国的交流、投资、洽谈等机会。再如，新加坡清华校友会自2009年起建立了"创业平台"小组，旨在为有意在新加坡或中国创业的校友提供渠道与平台。[2] 这些新移民社团作为新加坡本地与中国之间的商业平台，是新移民与中国政府之间接触与沟通的载体，同时也为社团内部成员之间搭建商业网络，为其生存发展提供机遇。

3. 促进中新文化友好往来

新移民社团通过举办各种文化、艺术、教育等活动，维护和弘扬中华文化的传统和价值，同时也促进两国两地的文化交流和互鉴。在传承文化和弘

---

① 彭慧、杨亚红、谢春海：《当代新加坡华人社会》，世界华语出版社，2019，第40~41页。
② https://www.tsinghua.org.sg/.

扬传统方面，新加坡江苏会与新加坡中国文化中心、江苏文化和旅游厅联合举办"2019新加坡—中国江苏文化旅游年"，全年在新加坡推介江苏的文化特色。为庆祝新加坡开埠200周年，江苏会特邀江苏省演艺集团歌剧舞剧院在新加坡华族文化中心呈献《茉莉飘香》歌舞专场和跨界舞剧《桃花扇——香君的琵琶》。2023年5月，新加坡江苏会会长周兆成受邀出席以"情系江苏，共筑梦想"为主题的第三届江苏发展大会，进一步推动新加坡与江苏的交流合作。在增进两国两地的文化沟通和理解方面，华源会常年组织上百名12~18周岁的华裔青少年前往中国各地进行学习与文化交流，与中国各省市侨联、侨办合作，共同促进华裔青少年传承中华优秀传统文化、体验中国现代化的最新成果，为未来中国和新加坡两地的文化交流和互动打下良好基础；天府会近年来多次参加中国各地来新加坡的文化交流等活动，扮演了沟通中新交流的桥梁的角色，推动两国两地的贸易和文化友好往来。

可以说，新加坡的中国新移民社团为新移民及新加坡主流社会做出了重大贡献。但从目前多家中国新移民社团的发展情况来看，仍存在两个方面的问题：一是社团内部的体制机制问题，内部运作制度化程度不深，领导层和管理层更新换代困难；二是新老华人社团、不同地域的社团之间，其横向或纵向合作均不够深入，仍有待进一步提高。对此，新移民社团需要规范社团内部的运作机制，吸纳新鲜血液，强化组织凝聚力，更高程度地整合新老社团，更好地发挥中新之间商贸往来的桥梁作用，有效维护华侨华人的共同利益，密切新移民与新加坡本土社会、新加坡与中国之间的文化交往。

三　结语

本文分析了新加坡中国新移民的发展状况，考察了新加坡中国新移民社团的基本情况与发展，得出以下主要结论。20世纪90年代以来，新加坡中国新移民人口规模扩大，来源地辐射中国各地，高学历、高技术人口比例提高，行业类型更多元化。中国新移民所组织或参与的社团蓬勃发展，其中包括综合性社团、地缘性同乡会、地缘性商会、中国高校新加坡校友会等。这些新移民社团辐射范围广、影响力大，成员的学历和素质普遍较高，社团活动形式多样且丰富。它们为帮助新移民成长与融入、搭建跨国商业网络平台和促进中新文化友好往来做出了贡献。

B.6
老挝华侨华人社团的变迁与发展趋势

方 芸[*]

摘 要： 在老挝历史上，由于华侨华人数量少、经济实力弱，对当地的影响有限，社团数量有限，组织形式和功能单一。20世纪末以来，大量的中国公民移居老挝，成为老挝经济、社会发展中一股新的力量，华侨华人社团组织数量快速增加、功能扩大、观念转变，在中老政治经济文化交流与合作中发挥着积极作用，但同时也面临社团内部资源整合、社团之间联合的挑战。理性对待这些挑战，将有助于他们在祖籍国和住在国之间更好地发挥桥梁和纽带作用。

关键词： 老挝 华侨华人 华人社团

华人社团、华文教育和华文媒体是海外华人社会的三大支柱，华人社团的发展状况反映了华人社会的兴衰；华人社团是华文教育与华文媒体的主体和依托，华文教育和华文媒体的发展状况直接反映华人社团的地位和作用；华人社团、华文教育及华文媒体三位一体，支撑着海外华人社会的存在、延续与发展。随着中国与老挝政治经济关系的恢复，中老两国合作领域的扩大和深化，进入21世纪以来的20多年来，为着不同目的、通过各种途径前往老挝的中国新移民急剧增加，老挝华侨华人社会的人口规模迅速扩大，中国新移民的数量超过老侨，进而成为促进老挝华侨华人社会发展与变迁的要素之一。老挝华侨华人社团组织的恢复和新建，带动了华文教育的兴起和华文

---

* 方芸，云南大学国际关系研究院研究员，主要研究方向为老挝问题、跨境民族、东南亚历史与文化。

媒体的涌现，老挝华侨华人社团的传统得以保留和延续的同时，华侨华人社团的组织和功能不断扩展，新老华侨华人社团并存发展，共同推动老挝华侨华人社会的发展。

一 老挝华侨华人社团：传承与延续

（一）华侨华人社团的源流

相对于东南亚其他国家，老挝华侨华人人口数量相对较少，社团组织相对单一。追根溯源，按籍贯成立的各个帮公所是老挝最初的华侨社团组织形态。帮公所产生于越南阮朝嘉隆帝时期，嘉隆帝为感激华侨对其统一越南的支持，于1814年特许华侨按籍贯、方言、习俗的不同，分帮自行管理。各帮公所设正副帮长各一人，由帮民公开推举产生。通过正副帮长发挥对内管理以及上下和内外信息的承转，各帮公所实行有效的自治。法国统治越南、老挝、柬埔寨三国后，沿用帮长制，分帮管理华侨。①

老挝老侨主要来自广东、福建等沿海省份，其中潮州籍最多，其他籍贯人数多少不等，没有像越南、柬埔寨华侨社会那样形成五帮。因此，老挝各省帮公所的设立，主要根据当地华侨各籍贯人数的多少，设立一个或两个帮公所。万象设有潮州公所和客帮公所，为数不多的其他籍贯的华侨全部加入客帮公所。琅勃拉邦设有潮州公所和海南公所，川圹设有广府公所和云南公所，巴色设有潮州公所和客帮公所，沙湾拿吉和他曲设有潮州公所。帮公所帮长的对外职责是为当地政府传达政府政令，代为收缴居留税、商业牌照税，代帮民申请各种许可证，办理出入境事务等；对帮内则负责解决纠纷、修葺公共场所、救济难民等事务。② 1934年，万象各帮帮公所合并为一，取名华侨公所。

---

① 周南京主编《世界华侨华人词典》，北京大学出版社，1993，第548页。
② 辛祖康主编《寮国华侨志》，华侨志编撰委员会编印（台北），1962，第98页。

第二次世界大战结束后，中国政府向法国殖民当局提出更改华侨社团名称，即以"中华理事会"取代"帮公所"的要求，法国殖民当局同意，并于 1948 年 9 月 28 日由法国驻越南高级专员下令将华侨公所改称为中华理事会。万象、琅勃拉邦、川圹、巴色、他曲等地均有设置。中华理事会实行监理事制，设正副理事长、正副监事长各 1 人，职责与前各帮帮长基本相同。理事、监事均由原各帮侨民大会推选，名额依当地华侨、华人人数多少而定，任期 2 年，可连选连任。① 虽然名称有变，但中华理事会职能与管理制度都没有实质性改变，只增加一条，即理事长人选必须经中国领事馆同意，以加强中国政府对老挝华侨华人的管理，强化华侨华人与祖籍国的联系。

1959 年，老挝政府下令取消中华理事会，拟以中华会馆代之，对华侨社团进行改组。② 1959 年 10 月 28 日，改组后的第一个华侨社团——万象中华会馆成立，该会馆的宗旨是联络华侨、华人感情，维护同胞福利，但不进行任何政治活动。③ 老挝华侨华人，不分男女，年满 18 岁，均可入会。根据万象中华会馆组织章程，会馆大会为最高权力机构，下设理事会，设理事长 1 人，副理事长 2 人，理事 25 人。政府监事长 1 人，监事 5 人。理事会下设总务、财务、交际、康乐 4 个组。1960 年后，参照万象中华会馆的组织结构，琅勃拉邦、川圹、百细、他曲等地相继设立了中华会馆，各地中华会馆的主要活动有：主持华侨坟场，救济安置各种天灾人祸造成的难侨，为难侨募捐等。④

1988 年，中老两国恢复互派大使，双边关系实现正常化，此后双边关系快速改善，老挝华侨华人社团组织及其活动得以恢复，功能不断完善，老挝各地原有的中华会馆或是华侨理事会等社团组织均改名为中华理事会，新成立的侨社也冠之以中华理事会之名。在万象之外的其他华侨华人集中的城市都成立了中华理事会，包括沙湾拿吉中华理事会、占巴塞中华理事会、川

---

① 周南京主编《世界华侨华人词典》，北京大学出版社，1993，第 32 页。
② 方芸：《老挝华侨华人与"一带一路"建设》，《八桂侨刊》2018 年第 2 期。
③ 周南京主编《世界华侨华人词典》，北京大学出版社，1993，第 32 页。
④ 周南京主编《世界华侨华人词典》，北京大学出版社，1993，第 32 页。

圹中华理事会和琅勃拉邦中华理事会等，中华理事会成为老挝华侨华人社会重要的社团组织。

老挝华侨兴办华文教育始于 20 世纪初，广大侨胞为了让子孙后代了解和保持中华民族传统文化，慷慨解囊，捐资办学。至 20 世纪 60 年代中期，老挝全国有华文学校 20 多所，万象的寮都学校学生最多时有 5600 人，巴色、沙湾拿吉、他曲、琅勃拉邦、川圹等地华校的学生人数也超过 1000 人。20 世纪 70 年代末，老挝人民民主共和国建国初期，老挝政府允许续办的华文学校仅有万象寮都中学，其余华文学校均被强制停办，华文教育落入低谷。①

（二）华侨华人社团传统的延续

传统的老挝华侨华人社团是散布于主要城镇的中华理事会，各地的中华理事会规模大小不一。中国新移民到来之前，中华理事会是老挝唯一的华侨华人社团组织，但一直没有全国性的统一领导机构。老挝全国各地的中华理事会之间没有隶属关系。各地中华理事会的结构和功能基本一致，唯有辖区范围大小和华侨华人数量差别。如前述，尽管经历了诸多波折，中华理事会仍然发挥了维护华侨华人权益、维系群体内部稳定与发展的作用。通过对万象中华理事会的宗旨、机构设置、组织管理、功能的考察，老挝华侨华人社团的基本状况可谓了然。

中华理事会的宗旨是维护和保障华侨华人利益。围绕其宗旨，中华理事会的具体任务包括：筹资兴办教育，管理学校；发展社会福利慈善事业，开展互助自救，解决各种困难；协助当地政府贯彻实施有关法规，以确保华侨华人遵纪守法；处理华侨华人社团内部事务，促进侨胞团结；以及沟通侨胞与中国驻老挝大使馆的联系等。② 长期以来，老挝各地中华理事会一方面为广大华人做了大量实事好事，如积极发展华文教育事业、传播中华文化等；

---

① 傅曦、张俞：《老挝华侨华人的过去与现状》，《八桂侨刊》2001 年第 1 期。
② 根据笔者 2008 年、2012 年在老挝万象和琅勃拉邦调查资料整理。

另一方面，增进华人与当地各族人民和政府的友好关系，帮助华人更好地融入当地社会。因此老挝各地中华理事会得到了广大华人的支持和当地老挝人民的赞许以及老挝政府的认可。

理事会是万象中华理事会的组织管理机构，每届理事会由 15 位委员组成，其中理事长 1 位、副理事长 5 位，监事长、组织主任各 1 位。万象中华理事会定期召开年度工作总结会议，由理事长和各机构负责人向大会报告本年度的工作情况及财政收支情况，并报告次年及后年的工作计划，并报请大会审核。每届委员会任期 3 年，换届选举由中华理事会会员领取选票进行无记名投票，根据票数多少先选出 15 名委员，再从 15 名委员中选出理事长、副理事长、监事长等。在投票选举日及选举过程中，老挝有关部门的领导和中国大使馆的领导到场指导监督，保证选举工作的公开化和透明化。新一届委员会成立后，即呈报老挝中央建国阵线及有关部门和中国驻老挝大使馆备案。

万象中华理事会下设机构有：寮都公学董事会、永珍善堂常委会、福德庙委员会、伏波庙委员会、中华妇女会、中华少狮团、寮都公学校友总会、德教会紫珍阁委员会、寮都公学修校委员会和万象华侨各区区长联谊会。这些机构都在理事会领导之下，但都有各自的领导班子和工作计划和程序，有自己独立的财务核算，定期向理事会和华侨华人社团汇报工作情况及财务收支情况。永珍善堂是华人慈善福利机构，其职能是帮助料理贫困的华侨华人、老挝人及其他外国人的后事，收养一些孤寡老人。每年盂兰盆节等传统节日永珍善堂均举行慈善捐助活动。而伏波庙不仅是华侨华人宗教信仰的实践场所，而且成为日常生活中联络朋友、亲朋集会的主要场所。

二 21世纪以来老挝华侨华人社团：扩展与重构

2000 年之前，老挝华侨华人社团组织形式单一，仅有分布于各地、各自独立的中华理事会。2000 年以来，随着中国与老挝经贸合作的发展，快速增长的中国新移民不仅意味着人口规模的扩大，更重要的是从根本上改变了老挝华侨华人社会的构成，为老挝华侨华人社会注入了新的发展动力，华侨华人社团的相继成立和快速发展，促使老挝华侨华人社会在延续传统中发展。

（一）中国新移民的概况

随着中国与老挝经济贸易关系的恢复与发展，越来越多的中国人前往老挝经商，其中不少人长年居住在老挝。20 世纪 80 年代末，中国新移民开始前往老挝经商定居，老挝华侨华人多从事小型的工商业活动，如批发、零售、进出口贸易等，虽然大部分经营规模较小，但商业网点不仅集中于万象、琅勃拉邦、沙湾拿吉等中心城市，而且散布于偏远的村镇，从而构成有机的商业网络。老挝的中国新移民主要来自云南、湖南、安徽、江西、江苏、浙江、广西等省份，以湖南、云南、安徽三省的人口占多数，在湖南人中，又以邵东人为主。①

20 世纪 90 年代末以来，老挝吸引了来自中国的大量投资，中国与老挝在农业、交通基础设施、电力、矿产、加工制造、金融等领域开展了密切合作。在对老挝投资的 53 个国家中，中国的投资总额居首位。截至 2023 年 10 月，中国企业在老挝投资的项目共计 900 多个，投资总额达到 160.7 亿美元，对促进老挝经济社会发展、提高当地民众就业水平起到了重要作用。随着中国投资增加，老挝的中国新移民人数急剧增加，但其准确数量是不可知的，这是因为老挝政府相关部门对外籍人口缺乏有效管理，加之对合法入境、非法滞留的新移民的数量难以掌握，所以关于老挝中国新移民的人数缺乏权威统计。根据庄国土教授调查数据，截至 2004 年，在万象的中国公民有 1 万多人，其中湖南人约 8000 人。② 范宏贵在实地调查中发现 1975 年以前老挝琅勃拉邦大约有华侨华人 1.5 万人，基本上是广东人和海南人，而

---

① 黄兴球：《老挝族群论》，民族出版社，2006，第 138 页。
② 庄国土：《略论二战以来老挝华人社会地位的变化》，《华侨华人历史研究》2004 年第 2 期。

1999年琅勃拉邦的华侨华人有3000人左右，其中95%都是近年迁入的云南人。[1] 据万象中华理事会负责人估算，20世纪80年代至2012年，到老挝做生意、谋生的中国人至少有25万人。[2] 同一时间，笔者从老挝中国商会湖南分会负责人处了解到的情况是，2012年在老挝的湖南人约有4万人。[3] 1989~1994年磨憨口岸开通前，以邵东人为主的湖南商贩在老挝自北向南地流动摆摊，并于20世纪90年代形成了以邵东人为主的"老挝帮"的地域分布格局。[4] 2015年，湖南商会公开表示在老挝的湖南人已经达到10万人，居在老挝的各省中国人之首。[5]

庄国土依据出国目的、途径和职业结构，将中国新移民分为留学生、非熟练劳动力、商务移民和劳务输出人员四种类型，其中商务移民包括投资移民、驻外商务人员和各类商贩。[6] 在老挝的中国新移民以商务移民为主，即在老挝投资的国有企业各级管理者、在老挝经商或开设工厂的中小企业主、经营餐饮及批发零售等行业的个体老板，以及到老挝投亲靠友的打工者。若按王赓武提出的四种中国海外移民形态类型来看，在老挝的新移民则可分为华商形态和华工形态。[7]

（二）各类华商会相继成立

各类华商会的涌现，反映了华侨华人在居住国不断增长的经济实力和在祖籍国与居住国关系中突出的作用。2000年以来，老挝华侨华人社团组织

---

① 范宏贵：《老挝华侨华人剪影》，《八桂侨刊》2000年第1期。
② 本数据来自笔者2012年春节田野调查资料。转引自方芸《老挝华侨华人与"一带一路"建设》，《八桂侨刊》2018年第2期。
③ 本数据来自笔者2012年春节田野调查资料。
④ 张恩讯、申玲玲：《中国新移民跨国实践的特征研究——以老挝的湖南人为例》，《南洋问题研究》2019年第2期。
⑤ 本数据来自笔者2015年在万象调查资料。转引自方芸《老挝华侨华人与"一带一路"建设》，《八桂侨刊》2018年第2期。
⑥ 庄国土、刘文正：《东亚华人社会的形成和发展——华商网络、移民与一体化趋势》，厦门大学出版社，2009，第374~376页。
⑦ 王赓武：《王赓武自选集》，上海教育出版社，2002，第189页。

发展的一个突出特点就是超地缘、业缘和血缘的社团组织的成立，包括中国总商会和中华总商会。

1. 老挝中国商会（2019年更名为老挝中国总商会）

经中国商务部批准备案、在老挝依法注册等一系列程序，2005 年 11 月 16 日，老挝中国商会正式成立。老挝中国总商会是以在老挝的中国新移民为主体的、自律性的和非营利社团组织，代表中资企业利益，维护中资企业权益，在老挝依法注册的中国独资公司、合资公司以及代表处均可自愿参加。老挝中国总商会在老挝国家工商会的领导下和驻老挝中国大使馆经济商务参赞处的指导下开展工作。商会的功能包括：扩大和提高中资企业与老挝的经贸合作和合作质量；增进中资企业与老挝政府部门及工商界的沟通交流；代表中资企业对外维护会员的合法权益；指导和协调会员企业在老挝合法经营、公平竞争，树立中国企业和中国人的良好形象；推动在老挝中国企业之间的交流与合作；协商解决有关中国企业之间的重大经营问题。①

从"走出去"到"一带一路"倡议的实施，进驻老挝的中资企业越来越多，随着商会成员的增加、功能扩大和地位的提升，为保证商会有序、有效运作，促进商会的发展，老挝中国商会在既有总章程和老挝相关法律的基础上修订了商会章程。2019 年 12 月 30 日，老挝中国总商会第一次会员大会正式将"老挝中国商会"更名为"老挝中国总商会"，会员大会集体审议并全票表决通过了《老挝中国总商会章程》。

老挝中国总商会成立以来，规模迅速扩大，下设分支机构不断增加，所属分支机构依据老挝法律法规和总商会章程注册设立，在规定的业务范围内以分会的名义开展工作。目前老挝中国总商会下设分支机构 16 个，其中同乡类分会 11 个，即浙江分会、湖南分会、江西分会、福建分会、四川分会、广东分会、云南分会、广西分会、陕西分会、河南分会和山东分会；地区性分会 3 个，包括老挝中国总商会琅勃拉邦分会、老挝中国总商会川圹分会和老挝中国总商会巴色分会；以行业划分的协会 2 个，即老

---

① 《老挝中国总商会章程》（2019 年 12 月 30 日通过）。

挝中国总商会摩托车协会和老挝中资发电企业协会。各分会现有会员单位总计 88 家，注册会员超过 5000 名，涉及农林牧渔、建筑建材、房地产、金融证券、医药、冶金矿产、石油化工、水利水电、交通运输、信息产业、机械机电、轻工食品、安全防护、环保绿化、旅游休闲、电子电工、家居用品、商品批发零售等具体行业领域，在促进中老经贸合作和人文交流中发挥着重要作用。

2. 老挝中华总商会

不同于老挝中国总商会，老挝中华总商会是一个以老挝传统华侨华人社会为基础，孕育于老挝传统华侨华人社会的、全国性的华侨华人商业社团。

2011 年，时任万象中华理事会理事长林振潮、组织主任李龙及姚宾等发起倡导成立"老挝华侨华人商业联合会"，旨在把各自经营的华侨华人商业人士联合成一个有规模、有实力的商业团体，互相帮助、共同发展。在老挝各地中华理事会及侨界人士的共同努力下，经过 4 年多的酝酿，老挝中华总商会于 2015 年 7 月 29 日正式成立。

老挝中华总商会是由生活、定居在老挝的华人华侨商业人士组成，并报请老挝工商及有关部门批准的非营利性民间商业团体。老挝中华总商会下设会员大会和执委会，执委会成员包括会长、执行会长、常务副会长和秘书长等。[①]

老挝中华总商会以促进老挝工商业发展、经济繁荣、文化教育与社会服务为宗旨，加强老中两国企业和民间商业之间的合作、交流与发展。老挝中华总商会的职能包括：及时向会员通报老挝和中国的经济发展情况，商业投资动向；协助办理政府有关部门、中国大使馆、各地中华理事会及侨团委托的事项；以总商会的名义组织会员和老挝工商界及各国企业之间的交流合作，扩大业务范围，做到资源共享、利益共赢；积极参加中国侨办、侨联等部门所举办的各类商业投资洽谈会、博览会、交易会等活动，帮助会员开阔视野，增强市场营销观念；维护和保障会员的合法权益，公正处理本会会员

---

① 《老挝中华总商会章程》（2016 年 10 月通过）。

与有关企业之间所发生的经济及商业纠纷。

老挝中华总商会的成立为促进在老华商之间的商业合作搭建了新平台，在推动和谐侨社建设、弘扬中华文化、推动中老经贸合作等方面做出了新的贡献。

（三）老挝华文教育联合会应运而生

2000 年以来，随着中老两国合作的广泛深入开展，老挝掀起汉语学习的热潮，华文教育机构如雨后春笋般遍布老挝全国各地，以华文学校为主体的华人社团组织——老挝华文教育联合会应运而生。

老挝华文教育联合会创办于 2017 年 12 月，是在老挝教育部私立司领导下，由老挝全国 10 所华文学校共同组成的教育协会。老挝华文教育联合会的主要宗旨是：统一老挝全国华文学校的教学内容，提高华文教育的教学水平，使老挝全国的华文教育能够同步进展。老挝华文教育联合会的成员包括万象寮都公学、万象中老友谊学校、琅勃拉邦新华学校、琅勃拉邦中华学校、乌多姆赛寮北学校、乌多姆赛老中友谊学校、波乔程自德华文学校、琅南塔寮龚华文学校、他曲寮东公学、百细华侨学校和沙湾拿吉崇德学校。联合会设会长 1 人，常务会长 2 人，副会长 7 人，秘书长 1 人，以及负责日常事务和财务工作的办公室。会长由万象寮都公学董事长兼任。老挝华文教育联合会目前设有各所华校品学兼优贫困学生奖金以及贫困教职工的生活补助金等慈善项目。①

2000 年以来，以新移民为主体的老挝中国总商会、脱胎于各地中华理事会的老挝中华总商会和将新老华文教育机构兼收并蓄的老挝华文教育联合会的相继成立，使老挝华侨华人社团的变迁呈现扩展和重构特点。不论是扩展还是重构，都是华侨华人作为祖籍国和住在国的"中间地带"，在中国与老挝国家关系中因时而动、因势而为、顺势而行的选择，其功能较传统社团

---

① 2023 年 7 月，笔者访谈老挝华文教育联合会办公室主任、万象寮都公学副校长罗白兰女士，资料由罗白兰女士提供。

组织有所突破和扩展。其一，在继承了传统华侨华人社团内部帮扶、互助和联谊、帮助新移民融入当地的一般性功能的同时，商业取向明显、政治政策关怀增强和中华文化传播功能突出。① 中国总商会和中华总商会的相继成立本身就是老挝华侨华人社团功能突破和扩展的结果，都以参与老挝经济建设和促进中老商贸和投资合作作为商会的主要目标，并积极发挥桥梁和纽带作用，助力共建中老命运共同体。其二，在组织架构、商会管理上更加成熟，通过规范管理系统、入会方式、会员范围、会员权利和义务，以及章程的颁布建构族群身份认同。其三，新移民社团具有超地域、超血缘的特征，其地缘性更为广泛，非传统侨乡地区的地缘性社团大量涌现，较之传统侨乡地区的地缘性社团也呈后来居上之势。与此同时，依居住国的住在地地缘纽带而组建的社团也不断涌现。

三 老挝华侨华人社团在构建中老命运共同体 中的作用：参与与贡献

中国和老挝于 2016 年首次在联合声明中阐明中老是"具有战略意义的命运共同体"。2019 年 4 月，中老两国最高领导人签署《中国共产党和老挝人民革命党关于构建中老命运共同体行动计划》。经过 5 年的实践，中老命运共同体意识落地生根，以实践证明人类命运休戚与共、各国利益紧密相连的人类命运共同体价值理念。2023 年中老双方续签并实施新的 5 年行动计划，推动中老命运共同体建设行稳致远。无论是全球层次上、地区层次上，还是国家层次上，"人类命运共同体既是概念性的想象共同体，又具有实践中的过程共同性"②。从中老双方明确提出共同构建双边命运共同体愿望，到行动计划的出台和具体实施，中老命运共同体不再停留于概念的构想，而是推进到构建的实践阶段。在构建人类命运共同体的历史进程中，华侨华人

① 钟大荣：《力推网络时代的华侨华人社团建设》，《侨务工作研究》2011 年第 3 期。
② 李明欢：《国际移民与人类命运共同体构建：以华侨华人为视角的思考》，《华侨华人历史研究》2018 年第 1 期。

既是重要的参与者，又是受益者和贡献者。① 因此，作为老挝华侨华人主要组织形式的社团组织，在中老命运共同体的共建中，是不容忽视的实践者和贡献者，具体体现在以下三个方面。

1. 商会充当经贸合作桥梁，积极参与"一带一路"建设，构建中老经济共同体

老挝各商会与中国地方政府和职能部门建立不同层次、多种模式、常规性投资和商贸交流平台，包括对话会、研讨会、投资推介会、商业调查等，有效提升了中国与老挝之间的交流与合作，实现居住国、祖籍国和社团会员的三赢，促进中老经济共同体的构建。

老挝中国总商会成立以来，发挥在地优势和纽带作用，践行服务职能，连续承办了七届中资企业与老挝政府对话会，总商会紧密对接中资企业和老挝政府相关部门，精心组织来自交通、电力、矿业等合作领域的中资企业，与老挝政府计划投资部、公共工程运输部、工业贸易部、能源矿产部等部委负责人，面对面深入交流，在回顾和评价中老务实合作的成就和进展的同时，针对中资企业面临的困难和问题，共同努力寻求解决方案，有效增进了老挝中资企业与老挝政府部门及商界的交流和沟通。

老挝中国总商会下属各个省分会不仅是联系海外本籍华商的平台，还是中国地方政府在当地的商务代表处，发挥对外商贸和招商引资的职能。②

老挝中国总商会各省分会发挥民间外交功能，立足本省，助力省级地方政府和企业与老挝的交流合作。成立于2008年的老挝湖南商会发挥在老挝深耕多年、熟悉老挝当地政商环境的优势，为湖南省开展与老挝的合作牵线搭桥，助力湖南省与老挝在经贸投资、基础设施建设、文化旅游等方面开展更深层次的合作。2015年长沙—万象直航航线开通；2016年和2017年，湖南省与老挝万象市和乌多姆赛省分别签署缔结友好关系意向协议；2017年12月老挝驻长沙总领事馆落成。老挝湖南商会在其中发挥了桥梁和纽带

---

① 李明欢：《国际移民与人类命运共同体构建：以华侨华人为视角的思考》，《华侨华人历史研究》2018年第1期。
② 庄国土：《21世纪前期海外华侨华人社团发展的特点评析》，《南洋问题研究》2020年第1期。

144

作用。

老挝云南商会充分发挥"两地熟"优势，主动承载云南省和老挝"经济大使"的使命；强化"一手抓引进，一手抓落地"商务功能，承办 2020 年中老经济走廊智库对话会视频会议，负责老挝磨丁经济特区招商工作。

在中国设立商会固定联络处，成为商会与中国政府部门和国内企业进一步密切联系的积极措施。2023 年 4 月，老挝湖南商会在湖南设立驻湖南办事处暨中国·东盟文化交流商品展示中心，这为增进老挝与湖南的商贸往来提供了更加便利的服务，同时也为湖南企业和个人提供了一个了解老挝、开展投资及贸易等方面合作的新平台。①

老挝广西商会会员企业和个人在老挝经商人数多达万人，涉及农林种植加工、茶叶、旅游等多个领域，老挝广西商会与广西壮族自治区农业农村厅之间形成互为支持、合作共赢的关系，广西壮族自治区农业农村厅可以从资金、技术、人才培训、老挝农产品出口到中国国内等方面支持老挝广西商会，老挝广西商会为广西企业和科研院所在老挝投资农业项目和开展科技合作争取更多便利和优惠。为提振疫情后会员企业在老挝农业领域的合作，老挝广西商会和老挝农林部共同举办"新时期老挝农产品投资、种植、深加工、营销（输华）研讨会"。② 老挝 17 个省（市）农林厅负责人、老挝各省农业企业及老挝中国总商会广西分会代表等共同参会，就新时期老挝农产品在投资、种植、深加工和营销等政策和管理方面展开广泛讨论、交流意见，直面当前挑战并深入研讨对策，将有力推动疫情后老挝农产品对华出口，提振双边农产品贸易合作信心，促进中老经贸合作稳步发展。③

2. 发挥华侨华人社团和华文媒体的双重文化优势，宣介人类命运共同体理念

构建人类命运共同体是中国共产党面对全球化进程中出现的各类风险而

---

① 《老挝湖南商会驻湖南办事处暨中国·东盟文化交流商品展示中心成立》，红网，https：//hn.rednet.cn/content/646748/91/12544984.html。

② 《赵文宇参赞出席"新时期老挝农产品投资、种植、深加工、营销（输华）研讨会"》，中华人民共和国驻老挝人民民主共和国大使馆经济商务处网，http：//la.mofcom.gov.cn/article/zxhz/202209/20220903347250.shtml。

③ 《老挝广西商会到自治区农业农村厅座谈交流》，广西壮族自治区农业农村厅网，http：//nynct.gxzf.gov.cn/xwdt/ywkb/t15833924.shtml。

提出的中国方案，形成了以应对人类共同挑战为目的的全球价值观。这一全球价值观包含互相依存国际权力观、共同利益观、可持续发展观和全球治理观，① 与全人类共同价值及共同利益相契合。"人类命运共同体理念充分彰显了联合国宪章精神，符合中西方文化共同追求和人类社会和平发展大势。"② "在对外传播人类命运共同体理念时，不同国家、不同民族的文化背景、价值观念、利益关切和思维方式的差异，使得不同国家对此理解和认知标准不统一，认知态度和关注度存在不同区分。""人类命运共同体理念海外传播必然面对跨文化的客观差异性。"③ 在中老命运共同体的构建中，无论是作为个体的华侨华人，还是作为组织的社团，都是重要的参与者，他们通过参与中老经济、技术和文化的交流与合作，践行人类命运共同体理念。"尽管身处海外，华侨华人社团仍旧保持着与祖籍国的跨国联系，广泛地实施跨国活动，建构起跨国网络，并展现出'宗乡文化'与'本土认同'的双重认同形态。"④ 同时，华侨华人作为构建人类命运共同体的重要资源，他们拥有双重文化的优势。⑤ 因此，可发挥华侨华人社团、华文媒体和华文学校传承中华文化的双重文化优势和平台功能，宣介人类命运共同体理念。

老挝的华侨华人是传播人类命运共同体理念的民间话语主体，华文媒体和华文学校则是人类命运共同体理念的传播渠道。老挝华文媒体以新媒体为主，包括《益友园》和《中国时报》电子版、老挝中国总商会微信公众号、老挝中华总商会微信公众号，以及老挝通、老挝资讯网、掌中寮等微信公众号，这些新媒体既是老挝华侨华人重要的信息来源，也是与不同文化沟通的媒介；它们除了报道当地华侨华人生活之外，还关注老挝和中国的投资经

① 曲星：《人类命运共同体的价值观基础》，《求是》2013 年第 4 期。
② 杨丹：《人类命运共同体理念的时代意蕴与国际传播》，《当代世界》2023 年第 10 期。
③ 谷玲：《人类命运共同体理念的国际传播：基于文化价值的分析》，《新闻爱好者》2023 年第 10 期。
④ 曾玲：《认同形态与跨国网络——当代海外华人宗乡社团的全球化初探》，《世界民族》2002 年第 6 期。
⑤ 曾少聪、李善龙：《华侨华人与构建人类命运共同体：作用和制约因素》，《云南民族大学学报（哲学社会科学版）》2021 年第 5 期。

贸、文化交流信息，成为老挝华侨华人重要的信息来源，在传递两国信息和文化的同时，传播不同文化，分享和促进不同文明的交流和互鉴。

一是华文媒体通过信息和文化交流的多元渠道宣介人类命运共同体理念。新冠疫情期间，《中华时报》、老挝资讯网等老挝华文媒体对中老两国疫情及防疫政策措施的及时、客观、全面的报道，反映了中老两国面对突发危机事件，休戚与共、命运相关的价值理念，人类卫生健康共同体意识也在潜移默化中传递。

《中华时报》与《人民日报（海外版）》签约，共同把《中华时报》打造成为在老挝及国际上有影响力的媒体。2020 年 6 月 16 日，由中国经济信息社（以下简称"中经社"）与老挝中华时报社合作打造的"新华丝路"双语信息专栏，在老挝《中华时报》多语种移动客户端上线，以本地化传播方式满足老挝受众对中国经济信息及"一带一路"相关信息的需求。该专栏采用老挝语和英语两种语言，重点发布"一带一路"经济信息、中老两国双边合作成果、中国—东盟金融信息、中国企业"走出去"案例等内容，为老挝政府、企业、媒体了解中国经济与"一带一路"建设提供窗口，为中国企业赴老投资、与当地企业开展合作搭建平台，为助推中老两国友好、中老人民民心相通架设桥梁。

二是客观、全面、正面地报道中国，批驳各种不当甚至荒谬的关于人类命运共同体的舆论，促进当地主流社会对人类命运共同体的认知和评价更为合理和理性。

三是华文学校发挥传承和弘扬中华文化的渠道作用，一方面向海外华裔开展汉语和中华文化教育，另一方面为所在国培养懂汉语的人才。在老挝，中老经贸合作的扩大和深化掀起了老挝当地人学习汉语的热潮，华文学校如雨后春笋般涌现出来，成为在老挝传播中华文化的重要渠道之一。

3. 积极履行社会责任，夯实中老命运共同体的社会基础和民意基础

老挝华侨华人主动融入当地社会，在促进当地经济发展的同时，发挥企业社会责任，积极参与各种社会服务，回馈当地社会，增进民心相通。老挝中国总商会积极参与老挝政府和中国驻老挝大使馆组织的重大活动，参与救援和赞助阿速坡水灾，参加中国驻老挝大使馆领事保护工作，接待中国国内各类团组并举办座谈会，参加各类性质的对话会、洽谈会、展销会等。

老挝中国总商会获悉万象市巴俄县职业技术学院附属工程项目缺乏建设资金的困难后，向各会员单位、中资企业发出倡议，希望大家积极参与助力老挝国家教育和扶贫事业的建设，老挝中国总商会、中国总商会湖南商会、中国银行（香港）万象分行、中国工商银行万象分行、中国电建海投南欧江流域发电公司等18家商会、企业切实履行社会责任，以缴纳特别会费的方式，筹集资金17.6亿基普，捐赠给巴俄县作为职业技术学院附属工程项目建设经费，助力万象市职业教育发展。①

2021年1月，老挝北部地区经历极端气候，气温低于正常年份，严重影响了老挝北部地区人民的生产生活，寺庙学童缺少御寒物资，急需紧急救援，老挝云南商会组织"迎新春送温暖"活动，3天内共筹集到毛毯1250条，方便面645箱，服装300件等，为在琅勃拉邦3所寺庙学校就读的大约1170名学生筹集了总价值约合1.56亿基普的御寒生活物资。与此同时，老挝云南商会还协助云南省政府机构和公益组织与老挝政府联络和对接，帮助中资企业的各类捐助或资助活动顺利进行。

四 老挝华侨华人社团面临的挑战和发展趋势：整合与联合

老挝华侨华人及其社团在中老国家关系中的沟通功能和桥梁作用具有突出的政策实践和时代意义。吴前进指出："在国家关系的互动中，华侨华人和华族又被特定的历史环境所限定，其角色作用在不同国家和地区各有特征，内中既有'有所作为'的一面，也有'无可奈何'的一面，具有不同

---

① 《老挝中国总商会向万象市巴俄县职业技术学院附属工程建设项目提供17.6亿基普捐款》，中华人民共和国驻老挝人民民主共和国大使馆经济商务处网站，http://la.mofcom.gov.cn/article/zxhz/202211/20221103365398.shtml。

的时空意义。"① 中老友好关系的深入发展、中老命运共同体建设的快速推进，给予老挝华侨华人社团更多的发展机遇和更大的挑战，老挝华侨华人社团把握机遇，"有所作为"；但面对挑战，并非"无可奈何"，正视、探索和行动应是老挝华侨华人社团持续发展的方向。

首先，老挝华侨华人社团面临社团内部以及社团之间资源整合的挑战。老挝华侨华人社团数量不多，但同质性高，无论是商会还是教育联合会，要有效发挥社团的作用，实现社团的宗旨，都面临着整合资源和凝聚华侨华人力量、增强社团吸引力的挑战。

挑战之一，分别代表新老移民社团之间资源的整合与联合。新移民与当地生长的华人之间的关系复杂，既有合作，也有竞争，这种现象是中国和平发展对东南亚华人社会产生影响的结果之一。② 这种复杂关系也困扰着老挝华侨华人社团的发展。老挝中国总商会和老挝中华总商会的会员来源各有侧重，拥有不同的资源和优势，它们与老挝当地社会以及中国的互动模式也有所不同，它们之间存在合作和竞争，统筹两个商会的力量难度较大。

截至 2023 年 10 月，老挝中国总商会有 88 家会员单位，注册会员超过 5000 家，涉及农林牧渔、建筑建材、房地产、金融证券、医药、冶金矿产、石油化工、水利水电、交通运输、信息产业、机械机电、轻工食品、安全防护、环保绿化、旅游休闲、电子电工、家居用品、商品批发零售等具体行业领域。③ 几乎覆盖了老挝经济建设和中老合作的所有领域。根据老挝中国总商会章程，"凡经老挝工贸部或其他政府部门批准的中华人民共和国（含香港、澳门、台湾地区）各种所有制形式企业或组织，或持有中华人民共和国有效护照（含香港、澳门、台湾地区合法身份证件）的个人在老挝注册设立的独资企业、合资企业或代表处、办事处、个体工商户、协会、联谊会

---

① 吴前进：《国家关系中的华侨华人和华族》，新华出版社，2003，第 3 页。
② 刘宏：《中国崛起时代的东南亚华侨华人社会：变迁与挑战》，《东南亚研究》2012 年第 6 期。
③ 老挝中国总商会秘书处：《老挝中国总商会》，2023 年 10 月。

等"①，都可以成为会员，老挝中国总商会会员主要代表了新移民。第六届老挝中国总商会的 7 个会长单位和理事单位均为新移民的企业。老挝中国总商会及其下属分会与中国政府机构之间形成联系密切的双向互动关系，以祖籍地地缘成立、以祖籍地命名的各个分会，成为祖籍地政府、企业与老挝政府及商业企业联系的桥梁，推动祖籍地与老挝当地的投资贸易，并从中获取商业机遇，如老挝中国总商会湖南分会、云南分会等。老挝云南商会的宗旨是"凝聚乡情，整合资源，自愿互助，共同发展"，围绕云南省服务和融入中老经济走廊建设实施方案开展工作。②

老挝中华总商会的会员主要由在老挝定居的华人华侨组成，并吸收已在老挝投资经营多年、遵纪守法的华裔商业人士。③ 老挝中华总商会执委会的构成相对复杂，既有老侨侨领，也有新侨侨领；有的同时兼任各地中华理事会负责人，有的同时兼任老挝中国总商会及其分会负责人。与祖籍国的贸易关系和实质性的联系是新侨和老侨侨居老挝的基础，但是老移民经济实力的培育有更广泛的居住国的社会基础，一旦他们将这种社会基础与来自祖籍国的经济能量结合起来，其经济地位必将获得空前的提升和增强。

"随着中国经济和社会国际化程度越来越高，国内各级政府不同程度上都鼓励企业'走出去'，华侨华人社团就成为地方政府越来越重视的海外资源。"④ 随着中老共建"一带一路"和中老命运共同体建设的推进，中国各级政府越来越重视华侨华人社团与祖籍地的关系，促进和实现代表新老侨的社团之间的资源有效整合，在更大程度上发挥华侨华人社团在中老两国关系中的积极作用。

挑战之二，凝聚新老华侨力量、增强社团吸引力，实现社团联合。庄国土研究了 21 世纪以来东南亚华侨华人社团的发展状况后指出，东南亚华侨

---

① 《老挝中国总商会章程》（2019 年 12 月 30 日通过）。
② 根据笔者 2023 年 8 月 30 日对老挝云南商会秘书处线上采访资料整理。
③ 《老挝中华总商会章程》（2016 年 10 月通过）。
④ 庄国土：《21 世纪前期海外华侨华人社团发展的特点评析》，《南洋问题研究》2020 年第 1 期。

华人社团的联合有待于进一步增强。① 老挝华侨华人社团不多，但构成复杂，同样面临着新侨老侨社团、不同地域社团之间纵向和横向的联合挑战。老挝中国总商会以总商会和分会的形式实现了中国省籍新侨团体和住在地地缘社团的横向联合，老挝中国总商会下属分会既有以原居地地缘设立的分会，如湖南分会、云南分会等，也有以住在地地缘设立的分会，如巴色分会等。老挝中华总商会是在整合具有数十年历史的老挝各地中华理事会的基础上成立的老侨社会的第一个商业侨团；老挝华文教育联合会以联合会的方式，促成老挝全国各地较有影响的华文学校的联合。老挝中国总商会、老挝中华总商会和老挝华文教育联合会从组织架构上实现了老挝华侨华人社团的初步联合，但在增强社团凝聚力和吸引力方面，仍面临着诸多挑战。

老挝中国总商会成员构成复杂、规模不一、实力悬殊，但如何增强商会吸引力、凝聚会员力量是社团所面临的挑战之一。老挝中国总商会注册会员超过5000家，会长单位和理事单位包括中国银行（香港）万象分行、中国电建集团海外投资老挝公司、云南建投国际工程部老挝区域经理部、中国工商银行万象分行、中国水利电力对外有限公司老挝分公司、北方国际合作股份有限公司老挝公司、湖南炫烨生态农业发展有限公司。② 在老挝的中资企业中，这7家单位的实力和影响力具有代表性，包括这7家会长单位和理事单位在内的中国央企、国企和有实力的民企对商会的建设和发展有着更多的责任与义务。但是在老挝的中国企业中，实力强的大型国有企业数量有限，中小型民企次之，数量最多的是小微民企。如何增强商会对中小企业的吸引力同样关系到商会功能的有效发挥。邓应文通过对越南中国商会的研究发现，中国商会对中小企业的吸引力不足，被中小企业视为国企的"俱乐部"。③ 笔者在对老挝中国企业高质量发展调查中也发现了类似现象。在老挝万象和琅勃拉邦的72个中资企业中，大型企业占比约22%，中小型企业

---

① 庄国土：《21世纪前期海外华侨华人社团发展的特点评析》，《南洋问题研究》2020年第1期。

② 会长单位和理事单位由老挝中国总商会会员大会选举产生。

③ 邓应文：《东南亚地区的中国商会研究——以越南、柬埔寨及印尼中国商会为例》，《东南亚研究》2014年第6期。

占比约78%，在调研对象企业中，加入老挝中国总商会和没有加入老挝中国总商会的企业各占一半，没有加入商会的企业负责人表示加入商会对其在老挝的经营和发展意义不大。① 但是，中小企业所代表的新移民数量更大，在老挝的分布更广，其资本、商品和技术对中国的依赖程度更大，因此在中老关系中的影响不亚于大型企业。因此，老挝中国总商会通过为更多的会员提供各类政策资讯、业务咨询、市场推介和法律服务，维护中小会员权益和提供处理问题建议，将大大提升商会的声誉，增强商会的吸引力，进而凝聚在老挝的华侨华人力量，促进社团的联合。

凝聚华侨华人社团，增强社团的联合，还应该避免各个社团形成小圈子。老挝全国性的华侨华人社团不多，但在全国性的社团之下，"以原居地或住在地为基础的双向延伸"② 的地域性社团遍布老挝。老挝中国总商会下设包括同乡性分会、地区性分会和专业协会在内的16个分支机构。老挝中国总商会下属部分分会又成立了次一级的分会，如广西商会设有南部分会，福建商会下设宁德分会，老挝华文教育联合会下设老挝北部华文教育联合会。老挝国土面积不大，但发展的地域性差异明显，北部、中部和南部与中国的合作存在明显的地域性差异，老挝中国总商会以住在地为基础的分会和次一级分会的设立，也是这种发展不平衡的反映。无论是老挝中国总商会还是老挝华文教育联合会及其下设的分会，不仅表现为组织形式上的联合，而且也为地处偏远、势单力薄的投资创业企业提供了一个归属感更强的组织。但是，这种联合下的子集式的分会有可能因为地域差异等而形成小圈子。因此，克服地域的差异，避免形成小圈子，才能有效统筹各个商会的力量，形成合力，从形式和内容上实现社团的联合。

纵观老挝华侨华人社团的发展历程，其角色和作用在中老两国关系的互动中被赋予了时代意义。20世纪80年代中老关系正常化和快速发展，使老挝华侨华人社团获得新的发展机遇，特别是21世纪以来，老挝华侨华人社

---

① 方芸等：《企聚丝路：海外中国企业高质量发展调查（老挝）》，中国社会科学出版社，2021，第37页。
② 李明欢：《21世纪初欧洲华人社团发展新趋势》，《华侨华人历史研究》2015年第4期。

团经过扩展和重构，经济功能和文化功能日益突出，在中老合作中发挥沟通、融合作用，助力中老命运共同体建设。挑战与机遇并存，正视社团之间的合作与竞争，整合资源、增强联合，不仅是老挝华侨华人社团共同面临的挑战，更是老挝华侨华人社团的发展方向，只有进一步的联合，方能更好地为华侨华人服务，凝聚老挝华侨华人力量，充当好中老友好合作的桥梁和纽带。

B.7
菲律宾华人佛教信仰的现状与特点[*]

朱东芹^{**}

摘　要:　在菲律宾,信仰佛教者主要为华人。佛教于近代伴随闽南移民进入菲律宾,但寺院系统的正式弘法始于 20 世纪 30 年代。二战后随着华人经济的发展及华人社会的当地化,佛教有了较快发展,寺院也扩展到菲律宾各地。目前,随着华人的族群融合和代际更替,传统佛教面临信众萎缩、僧众缺乏、信仰式微等重大问题,但 20 世纪 90 年代前后由中国台湾进入菲律宾的新兴佛教教团佛光山、慈济却表现活跃,其实践对于传统佛教的改革颇有启发。

关键词:　菲律宾　华人　佛教

　　菲律宾是一个宗教氛围异常浓厚的国家,由于近代长期受西班牙和美国统治,所以菲律宾人多信仰天主教和基督教新教。^① 佛教在近代随闽南移民南渡赴菲,信仰人群主要为华人。早期赴菲的华人,在带来民间信仰的同时,也带来了佛教信仰。初期,只是家中私下礼拜祈福。相传于 1892 年,有僧人从泉州赴菲募化,随身带来观音像一尊,供奉在私人家中,后僧人回乡,留下观音,华人相率来拜,遂形成香火中心,后租房为庙,成为菲岛最早的观

---

* 本文系笔者主持的中国侨联课题“菲律宾华人宗教信仰现状调查研究”（项目编号: 17BZQK210）的阶段性成果。
** 朱东芹,历史学博士,华侨大学国际关系学院教授,主要研究方向为华侨华人问题。
① 基督教有广义和狭义之分,广义的基督教（Christianity）包括罗马公教（Catholic,即天主教）、正教（Orthodox,即东正教）以及新教（Protestant）和其他一些小的教派,狭义的基督教专指 16 世纪宗教改革后出现的新教。在我国和海外华人社会,基督教一般采狭义的说法,即指新教。

音庙。这时人们到观音庙礼拜，与其他民间信仰并无多大差异，不过是烧香保佑、求签问卜，严格来说，不能算正规的佛教信仰。到 20 世纪 30 年代，一群有志发扬佛学的人士成立旅菲中华佛学会，并集资在马尼拉华人区购买土地，于 1936 年建成大乘信愿寺，并于次年从中国厦门南普陀寺邀请性愿法师前来住持，自此，寺僧皆备，开始讲经弘法，菲岛正统佛教历史由此开始。①

一　菲律宾华人佛教信仰现状

二战之后尤其是 20 世纪 50 年代后，随着华人经济的复苏以及华人社会的当地化，菲律宾佛教也有了较快发展，除了马尼拉外，在外省的三宝颜、宿务、达沃等地，一些寺庙也相继建成，尤其是在 20 世纪 70 年代以后，建寺数量更多，也扩展到更遥远的地方。

1. 寺庙数量

迄今，菲律宾佛教寺庙据统计有 30 多座（见表 1）。

表 1　菲律宾佛教寺庙一览

序号	寺庙	所在地	建立时间	创办人/现任管理者
1	信愿寺 Seng Guan Temple	马尼拉	1937 年	居士委员会/和尚
2	灵峰寺 Ling Hong Temple	甲万那端	1938 年	居士委员会/菜姑
3	宝藏寺 Poh Chong Temple	马尼拉	1948 年	菜姑/尼姑
4	福泉寺 Hoc Chuan Temple	三宝颜	1950 年	居士/和尚
5	普陀寺 Manila Buddha Temple	马尼拉	1951 年	和尚
6	宿燕寺 Soc Yan Temple	马尼拉	1952 年	菜姑/尼姑
7	华藏寺 Hwa Chong Temple	马尼拉	1953 年	和尚
8	隐秀寺 Un Siu Temple	马尼拉	1956 年	菜姑/尼姑
9	宝莲寺 Po Lian Temple	达沃	1959 年	居士/尼姑
10	灵鹫寺 Che Wan Temple	马尼拉	1965 年	菜姑/尼姑
11	龙华寺 Long Hua Temple	达沃	1968 年	和尚
12	佛光寺 Buddha-Light Temple	宿务	1970 年	和尚

---

① 〔菲〕传印法师主编《大乘信愿寺简介·附菲律宾佛教概况》，菲律宾大乘信愿寺出版，1989，第 32~33 页。

序号	寺庙	所在地	建立时间	创办人/现任管理者
13	法藏寺 Fa Tzang Temple	描戈律	1972 年	居士委员会/尼姑
14	观音寺 Holy Buddhist Temple	马尼拉	1975 年	居士/尼姑
15	莲华寺 Lian Hua Temple	马尼拉	1976 年	菜姑/尼姑
16	海印寺 Hai En Temple	马尼拉	1976 年	菜姑
17	天莲寺 Tian Lian Temple	马尼拉	1977 年	菜姑/尼姑
18	崇福寺 Chong Hoc Temple	马尼拉	1978 年	和尚
19	碧瑶普陀寺 Baguio Buddha Temple	碧瑶	1978 年	和尚
20	普贤寺 Phu Shian Temple	宿务	1979 年	和尚
21	普济禅寺 Thousand Buddha Temple	马尼拉	1980 年	和尚/尼姑
22	南华寺 Lam Hua Temple	独鲁万	1982 年	和尚
23	圆通寺 Wan Tong Temple	马尼拉	1983 年	菜姑
24	天竺庵 Tien Tiok Am	马尼拉	1984 年	居士/菜姑
25	慈恩寺 Chu Un Temple	宿务	1988 年	居士/佛光山尼姑
26	文殊寺 Bun Su Temple	马尼拉	1990 年	菜姑/和尚
27	金沙寺 Kim Sha Temple	马尼拉	1990 年	居士
28	安宝精舍 An Bao Vihara	安蒂波洛	1991 年	和尚
29	圆通寺 Yuan Thong Temple	描戈律	1991 年	居士/佛光山尼姑
30	佛光山万年寺 Mabuhay Temple	马尼拉	1993 年	佛光山尼姑
31	怡朗佛光缘 Iloilo Foguang Yuan	怡朗	1999 年	佛光山尼姑
32	紫竹林精舍 Tsi Tiok Lin Vihara	马尼拉	2000 年	尼姑、菜姑
33	海天禅寺 Ocean Sky Chan Monastery	马尼拉	2002 年	中台山和尚/尼姑
34	妙德禅寺 Miao De Chan Temple	大雅台	2006 年	尼姑
35	法空寺 Hwat Kong Temple	马尼拉	2010 年	居士
36	法雨寺 Palawan Fayu Temple	巴拉湾	2010 年	居士/和尚
37	三宝寺 San Poh Temple	三宝颜	不清楚	和尚

资料来源：〔菲〕ARI C. DY，SJ（陈孟利），*Chinese Buddhism in Catholic Philippines*，Mandaluyong：ANVIL Publishing Inc.，2015，p. 25。

就寺庙的分布来看，高度集中于菲律宾首都大马尼拉市①，共有 21 所，其余较为平均地分散于群岛各地。虽有寺庙，但由于佛门人才缺乏，并不是

---

① 在菲律宾，华人称首都大马尼拉市为"大岷"（即大岷里拉、大马尼拉），由（小）马尼拉、奎松、马卡蒂、加洛干等 17 个市和行政区构成。"大岷"以外的地方，华人统称为"外省"，更常用的说法是"山顶州府"或简称"山顶"，盖因菲律宾地貌多山，尤其是首都大马尼拉以北的吕宋岛中北部山高林密，以南的米沙鄢群岛和棉兰老岛也多山地。此外，称"外省"为"山顶"，也隐含"乡下"之意。

都有男众或女众驻寺弘法或管理，许多寺庙由居士或菜姑进行管理。

2. 僧众与信众数量

就僧众而言，目前，整个菲律宾的寺庙男众（和尚）有 20 多位，其中，以信愿寺最多，有 10 多位；全菲女众（尼姑）有 10 多位，带发修行的菜姑有 10 多位，加起来一共 40～50 位，人数不多，所以到了寺庙法会的时候，大家要相互"借人"帮忙。① 2019 年 7 月下旬笔者一行到访的时候，位于马尼拉华人区的普陀寺正在为即将到来的盂兰盆节法会做准备，住持道元法师是寺里唯一的法师，由于工作量巨大，所以提前一个月从扬州请来几名年轻的法师前去协助。道元法师表示，在菲律宾由于佛教专门人才缺乏，各寺庙的大型法会往往需要相互借人，所以法会的时间安排也会尽量错开。对于普陀寺而言，每年的大型法会向国内寺庙"借人"已形成一种惯例。② 不光信愿寺和普陀寺这种传统佛教寺庙如此，就是来自中国台湾地区的新兴佛教教团佛光山下属的寺庙也是如此，佛光山在菲律宾有 4 个寺庙，全为女众，寺庙大型法会也会错时举行，以便人员可以互相调动辅助，有时大型法会还会向台湾高雄的佛光山总部请求人员支援。③

就信众而言，根据 2015 年菲律宾全国人口普查数据，截至 2015 年 8 月菲律宾总人口为 100979303 人，其中，佛教徒 26346 人，占总人口的 0.026%，相对其他制度性宗教如天主教，教徒总数 80304061 人，占总人口的 79.5%，④ 佛教在菲律宾的实力非常弱小。菲律宾华人的人口并无统计，一般认为，华人人口约占菲律宾总人口的 1.5%～2%，这样算起来，菲律宾华人人口在 2015 年为 151 万～202 万人，则佛教徒在华人人口中的占比为 1.3%～1.7%，可以说，在华人社会里，佛教徒的占比也相当小。在谈到菲律宾华人的宗教信仰时，著名华人学者吴文焕（Go Bon Juan）说："年轻人

---

① 2019 年 8 月 5 日笔者在马尼拉信愿寺对门清法师、普学法师的访谈。
② 2019 年 7 月 23 日笔者在马尼拉普陀寺对道元法师的访谈。
③ 2019 年 8 月 6 日笔者在马尼拉佛光山万年寺对觉林法师的访谈。
④ Philippine Statistics Authority, *2015 Census of Population*, *Report No. 2–Demographic and Socioeconomic Characteristics*, Manila: Philippine Statistics Authority, 2017, p. 63.

信仰天主教较多，也有受父母影响信仰佛教的。但总的趋势是：结婚百分百上教堂，信佛的也去，小孩子周岁也必上教堂举行洗礼。"① 其他受访华人也都表示，天主教在菲律宾有很大的优势，所以很多华人入乡随俗，信教首选天主教。一些学者的调查也佐证了这一情况，如根据杰拉尔德·麦克白（Gerald McBeath）1969 年的调查、洪玉华 1989 年和 1995 年的两次调查，菲律宾华人的宗教信仰情况如表 2 所示。

表 2　1969 年、1989 年和 1995 年的菲律宾华人宗教信仰调查数据对比

单位：%

	天主教信徒占比	基督教新教信徒占比	中国宗教（佛教及民间信仰）信徒占比
麦克白 1969 年调查	71	15	2.3
洪玉华 1989 年调查	66.6	11.5	9
洪玉华 1995 年调查	70	12.9	2

资料来源：〔菲〕Teresita Ang See（洪玉华），*Chinese in the Philippines：Problems and Perspectives*，*Volume* Ⅲ，Manila：Kaisa Para Sa Kaunlaran，Inc.，2004，p.181。

可见，菲律宾华人多信仰制度性宗教，其中，信仰天主教的比例最高，其次为基督教新教信仰者，包括佛教在内的中国传统宗教信仰者较少，而随着融合和代际更替，近年来越来越多的菲律宾华裔新生代选择信仰在主流社会居优势的天主教和基督教，佛教信徒减少的现象日益凸显。

二　传统佛教和新兴佛教的典型个案

目前，菲律宾华人佛教寺庙大致可分为两个系统，即 20 世纪 30 年代来自中国大陆的传统佛教和 20 世纪 90 年代前后来自中国台湾地区的新兴佛教，前者以信愿寺、普陀寺为代表，后者以佛光山和慈济为代表，二者在弘法理念及实践上均有较大差异。

---

① 2019 年 7 月 24 日笔者在马尼拉华人区太白大厦对吴文焕先生的访谈。

（一）传统佛教的代表：信愿寺

信愿寺历史悠久，一直都是华社佛教中心，加之位于华人区，交通便利，且寺院硬件条件最好、僧众实力最强、相关配套也最为完备，因此，对于传统佛教信徒而言，信愿寺是日常礼拜的首选。在访谈中，就有信徒表示：（农历）每月的初一、十五都要到信愿寺去烧香敬拜，其他地方也就一年去一次。① 信愿寺的法师们也表示，因为信愿寺在华社拥有较大影响力，因此，每次举办法会，前来参加的人很多，基本上是"人挤人"的状态，需要排队。②

1. 信众与僧众状况

就信众而言，信愿寺的当家门清法师坦言，目前信众与以往相比要少。主要原因是：（1）信徒较多且较虔诚的老一代华侨要么往生（去世），要么年事已高；（2）华裔新生代生长于当地，信仰也菲化了，向主流社会靠拢；（3）目前信众主要靠20世纪90年代以后来的新侨③来补充，但新侨目前还处于创业阶段，主要精力放在工作上，不像老侨较虔诚会定期前来，新侨基本上是有时间过来烧香礼拜之后就走了。④ 也就是说，代际更替造成的信仰断层问题比较严重。

就僧众而言，信愿寺在诸寺中是最强的，有十多位男众。这其中好几位

---

① 2019年8月4日笔者在马尼拉华人区六福海鲜酒楼对侨领姚金镇先生的访谈。

② 2019年8月5日笔者在马尼拉华人区信愿寺对门清法师、普学法师的访谈。

③ 又称"新移民"，一般指1978年改革开放后移居国外的中国公民，但对闽、粤等传统侨乡而言，"新移民"的形成可提前到1971年，盖因当年国务院出台文件，恢复对归侨侨眷的出入境审批工作，由此掀起侨乡"新移民"出境序幕，在1972~1973年、1978~1979年、20世纪80年代曾形成几次小的高潮，许多侨乡人借由直系亲属关系出境出国。但大规模的新移民浪潮还是在20世纪90年代伴随冷战结束和全球化到来才形成，赴菲新移民主要来自闽南侨乡，他们主要是出国"淘金"的生意人，在马尼拉华人区诸多商场从事中国商品的批发和零售生意，许多人利用中国商品的价格优势在菲律宾市场上获取了第一桶金。20世纪90年代中后期到21世纪初是闽南人赴菲的高潮期，迄今为止，在菲中国新移民估计有20万~30万人。有关赴菲律宾新移民的情况，请参见朱东芹《菲律宾华侨华人新移民：历史、现状与前景》，载贾益民主编《华侨华人研究报告（2016）》，社会科学文献出版社，2017，第228~258页。

④ 2019年8月5日笔者在马尼拉信愿寺对门清法师的访谈。

来自中国大陆的寺院，其中，门清法师是在 2004 年抵菲，之后便在信愿寺驻留，目前为两位当家法师之一。除了这些在册的法师，还有一些不在册的法师也大都来自中国大陆，基本上来自与信愿寺有法脉关系的福建南安雪峰寺①，作为外援以缓解当地人才缺乏的问题，目前信愿寺有五六位这样的法师，有的长期在菲，有的在国内外之间来来回回，总之，菲岛佛门人才面临短缺的困境，目前只能依靠这种方式缓解。② 近几年情况较好，"一带一路"倡议提出后，文化先行，对促进宗教方面的合作交流也比较有利，赴菲的这些年轻法师们也觉得赴外交流更加便利。

2. 佛事活动

除了自修、弘法、办理祈福或荐亡等佛事外，办理各种法会也是寺庙日常工作的主要内容。信愿寺常年法会主要包括：农历一月初一的弥勒佛诞法会；农历一月初八的观音殿光明灯开光法会；农历二月十九的观世音菩萨圣诞法会；农历四月初八的释迦牟尼佛圣诞/浴佛法会；农历五月十三的伽蓝菩萨圣诞法会；农历六月十九的观世音菩萨成道法会；农历七月十五~十九的梁皇宝忏暨盂兰盆供法会；农历九月十九的观世音菩萨出家法会；农历九月二十九的药师佛圣诞法会；农历十一月十七的阿弥陀佛圣诞法会；农历十二月初八的释迦牟尼佛成道法会；农历十二月二十六的年终追思报恩法会。③ 除了这些定期法会之外，还有一些不定期的法会，如遭遇自然灾害时常会举办祈福法会，如 2019 年底 2020 年初中国国内的疫情引起了海外华侨华人的关注，信愿寺于 2020 年 2 月 23 日专门举办"护国息灾祈福法会"，法会由住持传印长老亲自主持，邀请马尼拉各大寺僧众参与，共同祈祷疫情早除。

针对成年人的学佛禅修活动，信愿寺有每周日上午的念佛共修会和下午的静修班，讲经和禅修都是时下年轻人较为接受的方式，信愿寺组织这些活动，也是为了吸引更多的年轻人参与。除了周日定期的共修会和静修班之

---

① 信愿寺的第一任住持性愿法师、第二任住持瑞今法师均来自南安雪峰寺，在两位法师住持信愿寺期间，也有多位雪峰寺法师前来菲律宾驻留弘法，两寺因而有独特的法脉关系。

② 2019 年 8 月 5 日笔者在马尼拉信愿寺对普学法师的访谈。

③ 根据信愿寺微信公众号"菲京大乘信愿寺"所发布之信息汇总。

外，信愿寺还会借办法会的契机组织一些共修会，如 2019 年就在观音圣诞法会和梁皇宝忏法会期间举办了《地藏经》《药师经》《金刚经》的共修班，通过共修更好地参悟佛法。针对青少年也有信愿寺佛学社这样的弘法组织，主要是以文娱康乐等活动引导青少年学佛，目前有 100 多位小朋友，按年龄分作小班、中班、大班和加大班，聘请侨中和中正学院的老师为他们上课，还有信愿寺的法师为他们讲解佛学义理。

3. 慈善活动

早年曾有附属于信愿寺静修班的菩提念佛会，每逢星期天前往医院慰问老人，劝导老人念佛；后组织成立菩提福利会把赈济对象由养老院扩大到孤儿院、精神病院、儿童感化所、贫民窟及其他临时救济赈灾方面。近年，信愿寺联合佛教界成立"佛教乐施会"，合作进行助贫、赈灾等慈善福利工作。

总的来说，信愿寺等传统寺庙的弘法仍局限在华人社会，在观念、方式、活动上都比较传统，对年青一代来说缺乏新意，因此，随着新生代的融合，信众流失的现象较为严重。

（二）新兴佛教的代表：佛光山

佛光山由星云大师 1967 年在台湾高雄创建，1972 年制定宗务委员会组织章程后，佛光山成为有制度、有组织的现代教团。星云大师提倡人间佛教，认为佛教应改变传统高深、避世的形象，主张佛法走进生活、深入社会。为实践此目标，佛光山借助文化、教育、慈善、共修四种手段以达到弘扬佛法、培养人才、福利社会、净化人心之目的，在实践中注重借助现代科学的管理制度和经验，将专业的事交由专业的人去做，使许多项目得以高质量、高效率地实施。佛光山也因此成为近几十年发展最为迅速的佛教团体的代表。1970 年以来，佛光山相继创办了大学、佛学院、美术馆、图书馆、出版社、书店、报纸、电视台、育幼院、佛光精舍、慈善基金会、医院、诊所、老人之家等。1991 年佛光山还创立了国际佛光会，不仅走出寺院，深入社会，还要超越国家，在全球弘扬佛法。2003 年国际佛光会成为联合国非政府组织会员，截至 2017 年在全球已有 170 多个会员。①

佛光山于 1988 年进入菲律宾，首先是进入宿务。机缘为宿务华商吕希宗和吕林珠珠夫妇（乃天主教徒）遵照笃信佛教的母亲的遗命，捐献土地建造慈恩寺，寺院建成却无法师住持弘法，为此，吕林珠珠女士通过友人引荐，于 1989 年 4 次前往台湾拜访星云大师，星云大师被吕林珠珠的孝心感动，遂派慈容法师为慈恩寺第一任住持、永光法师监寺。1989 年 3 月 11 日，永光法师前往宿务，协助慈容法师接管慈恩寺。② 由此，开始了佛光山在菲律宾弘法的历史。之后，佛光山又于 1991 年在西内格罗斯省的巴科洛德市建圆通寺，1993 年在马尼拉购得原来为苏联大使馆的地块改建为万年寺，1999 年在怡朗建佛光缘。目前佛光山在菲律宾有 4 个道场，秉承星云大师"人间佛教"的理念，向华人及菲律宾人弘法，尤其是针对菲律宾人的教育工作颇有成效。佛光山在菲律宾的 4 个道场一共有 14 位法师，全部为女众。佛光山在菲律宾的工作大致可分为 3 个方面：寺院的弘法、学校的教育和佛光会的护法。③

1. 寺院：以共修净化人心，以文化弘扬佛法

（1）法会与共修会：以万年寺为例，每周都有中文法会，每两月有两次英文法会，此外，全年还有一系列大型法会；定期的（星期六）禅修会，中英文分开。（2）推出《悉达多太子》音乐剧④，发挥菲律宾人的艺术天赋，以戏剧的方式弘扬佛法，成为一个典型的成功案例，该剧 2007 年在宿务首演，迄今已在世界各地演出 100 多场。（3）举办定期的佛学讲座、"人间佛教"读书会（中英文分开）、马尼拉人文论坛（2013 年以来每年举

---

① 〔菲〕菲律宾佛光会：《2016-2017 国际佛光会菲律宾协会活动报告》，菲律宾佛光会，2017，第 4 页。

② 陈菽蓁采访撰文、永光监制《MABUHAY 菲跃 100》，香海文化事业有限公司，2017，第 42、61 页。

③ 因疫情期间无法出访，相关数据截至 2019 年 8 月 6 日笔者对佛光山马尼拉万年寺住持妙净法师、当家觉林法师的访谈。

④ 《悉达多太子》音乐剧是佛光山原创的佛教题材音乐剧。以佛光山开山宗师星云大师的《释迦牟尼佛传》为蓝本，由菲律宾宿务作曲家 Jude Gitamondoc 撰写剧本、创作歌曲和歌词，讲述了悉达多太子证悟佛道的一生。2007 年首演，至今已在全球演出 100 多场。演职人员皆为菲律宾人，注重发挥菲律宾人的音乐天赋，帮助出身贫寒的年轻人通过音乐走向世界舞台，改变命运。至今有 600 多位来自菲律宾佛光山光明大学的菲籍学子参与演出。

办）、各种培训讲习会，以及定期或不定期的艺术展、征文比赛、绘画比赛、歌唱比赛、大学篮球邀请赛、素食烹饪课等，运用文化的媒介弘扬佛法。（4）开办"人间学院"（Humanistic Academy of Life & Art，HALA），针对 35 岁以下有兴趣了解佛学的人开设 4 个月为 1 期的短期佛学体验班。自 2010 年开始已办了 14 期，每期十几人，2019 年有来自全世界 11 个国家的 18 个人参加。以西方人为主，也有来自拉丁美洲、中国大陆以及菲律宾本地的人。效果很好，2019 年研究班结束时，18 个人中有 12 人受了五戒。

2. 学校：以教育培养人才

（1）2014 年，菲律宾成立光明大学，这是佛光山系统的第五所大学[1]，由位于宿务的艺术学院和位于马尼拉万年寺的总部（目前在大雅台市建设新的校区）组成。考虑到菲律宾人能歌善舞的特点，光明大学目前以艺术教育为主，设有戏剧、舞蹈、佛学 3 个系部，到 2019 年已培养了 2 届毕业生，毕业生有的前往台湾佛光山南华大学艺术系以及佛光山系统的佛学院继续深造读硕士，也有一些前往佛光山海外道场服务，还有一些回到家乡任教。光明大学招收的都是一些品质优秀、有强烈就学愿望且家庭贫困无力就学的菲律宾人，佛光山提供生活和教育方面的全部资助，对于这些年轻人来说，的确通过教育改变了人生。（2）推动"三好"进校园活动。佛光山与菲律宾教育部合作，在指定的中小学推广佛光山倡导的"说好话、做好事、存好心"的"三好"教育，目前已有约 200 所"三好"校园。这个活动对于帮助儿童少年形成良好的观念和行为方式起到了积极作用。

3. 佛光会：以慈善福利社会

（1）国际佛光会菲律宾协会每到年终就会举办"岁末敦亲睦邻送爱活动"，由协会募集各种民生用品，分送给菲律宾社区的贫困家庭。（2）不定期举办义诊活动，为社区贫困居民提供免费的诊疗和赠药服务。（3）不定期举办"爱与关怀"活动，为社会弱势群体、贫困学童提供物质和精神上

---

[1] 这五所大学分别是美国西来大学、中国台湾南华大学和佛光大学、澳大利亚南天大学、菲律宾光明大学。

的帮助，带给他们希望和信心。（4）青年分团每年都组织献血活动，鼓励会员和年轻人献血。

总的来说，佛光山的弘法活动仍以华人为主，兼顾主流社会的菲律宾人；教育和慈善则以主流社会为主，针对较为贫穷的菲律宾人。目前来看，其在教育方面的投入颇有成效，不仅改变了一些贫穷的菲律宾年轻人的命运，而且在很大程度上改变了一些菲律宾主流社会精英①对华人及佛教的认知，这对于强化跨族群认知、和谐族群关系有着积极意义。与传统佛教相对高深、保守甚至有些神秘不同，佛光山主张佛教与现世生活相结合的"人间佛教"理念，倡导佛教落地，菲律宾佛光山在这方面做得也较好，推动佛教落地的实践活动颇为丰富、活跃且有成效。此外，与传统佛教相比，佛光山重视以文化、艺术为渠道弘扬佛教，这点很值得借鉴，用现代的、轻松的、生活化又极具艺术特质的方式把传统佛教文化展示出来，让人觉得耳目一新，对佛教也有了新的认知。佛光山万年寺大殿就是典型例子，位于大厦二楼的大殿宽敞明亮，装修风格简约，极具现代时尚气息，正座的玉佛及其背后的千佛背景构成了一幅既奢华又不失庄严的画面，加之色彩、造型、灯光的配合，使整个道场极具艺术感，与传统佛教道场俗丽的风格全然不同。与传统佛教寺庙相比，佛光山道场更具开放性、生活化、时代感和艺术气息，所有这些都构成了对外界尤其是年轻人的吸引力。在以天主教为主流的菲律宾，本身弱势的佛教发展并不容易，在传统佛教深感困难和困惑的时候，佛光山的实践提供了一个佛教发展新思路的实例。

三　菲律宾华人佛教信仰的特点

（一）就信仰结构来看，在制度性宗教信仰中，天主教居于绝对优势，基督教居其次，佛教及道教等华人传统宗教居于末位

由于天主教在菲律宾居于优势地位，华人入乡随俗，有些人会选择信仰

---

①　光明大学校长为菲律宾人，大学里除佛学之外的艺术类课程也主要由菲律宾专家担任老师。

天主教，随着代际更替和融合发展，新生代华裔在文化上更趋于认同菲律宾主流社会，因此，他们在宗教信仰的选择上会更向菲律宾主流社会趋同。2008 年，中国学者章石芳和卢飞斌曾围绕"族群文化认同"这一问题，对菲律宾 22 所华文学校共 2050 名华裔中学生进行问卷调查，其中，宗教信仰认同的数据如表 3 所示。

表 3　2008 年菲律宾 22 所华文学校华裔中学生的宗教认同调查情况

单位：%

	天主教	基督教	佛教	道教	伊斯兰教	没有
父亲的宗教信仰	56.6	16.9	22	0.5	0.9	3.1
母亲的宗教信仰	63.9	21.7	12.5	0.2	0.4	1.3
你的宗教信仰	62.2	23.6	10.2	0.1	0.5	3.4
你会参加宗教仪式吗（如寺庙拜佛和做礼拜）	从来不会	偶尔参加	偶尔参加	一星期一次	一星期好几次	
	10.9	53.6	7.4	18.5	9.6	

资料来源：章石芳、卢飞斌《菲律宾华裔中学生族群文化认同调查研究》，《福建师范大学学报（哲学社会科学版）》2009 年第 1 期。

　　由表 3 可知，受访学生大多信仰天主教，其次为基督教，再次为佛教和道教。从代际差异来看，值得注意的有两点，一是子辈的基督教信仰比例要明显高于父辈，二是子辈对佛教的信仰要明显低于父辈，也就是说，菲律宾年轻华人信仰中国传统宗教的比例在减少。[1]

　　而造成华人佛教信仰者减少的主要原因在于：（1）融合的影响。上述调查的受访者在回答涉及政治身份认同的问题"你觉得自己是哪个国家公民？"时，97.3% 的人回答"菲律宾公民"，2.7% 的人回答"中国公民"，可见受访学生绝大多数认同自己为"菲律宾人"。[2] 生于斯长于斯，对于华裔新生代来说，融合于当地是必然的，在宗教信仰上，菲律宾主流社会天主

---

[1]　章石芳、卢飞斌：《菲律宾华裔中学生族群文化认同调查研究》，《福建师范大学学报（哲学社会科学版）》2009 年第 6 期。

[2]　章石芳、卢飞斌：《菲律宾华裔中学生族群文化认同调查研究》，《福建师范大学学报（哲学社会科学版）》2009 年第 6 期。

教居绝对优势，基督教其次，华人受此影响，也形成了大致相似的信仰结构。（2）代际更替。佛教的信仰者主要为老一辈华侨华人，而如今菲律宾华人的代际更替已发展到第四、五代，老一辈凋零，新生代又融入主流社会，因此，传统宗教信仰群体萎缩也不可避免。（3）教育的影响。除了社会和家庭的影响，年轻人的宗教信仰在很大程度上还受到学校教育的影响。光启学校校长陈孟利博士是按立的神父，对菲律宾宗教问题颇有研究，他说："我小时候经常陪奶奶去寺庙——信愿寺。我的父母信天主教，他们是为了在教堂结婚，所以去受了洗礼，但平常是没什么活动的，比如做礼拜什么的都没有。我们这一代兄弟几个都在这里（光启学校）读书，这里有宗教课，所以我们这一代对宗教比较注重。菲律宾很多私立学校是教会办的，比如光启学校是耶稣会办的，义德中学是修女办的，还有华社的崇德、圣军，都是天主教会办的，基督教会办的圣公会学校、嘉南学校，总之，好几所学校都是教会办的，所以影响很大。"① 在菲律宾华人社会，有条件的父母会尽可能地送子女去上教会学校，主要原因是教会学校办学质量较高，这些学校基本为基督教和天主教背景的学校，吸引了大量生源。② 根据菲律宾华文学校联合会③的统计，在大马尼拉地区 2018~2019 年度仍招生的 40 所华文学校中，在校学生人数超过 1000 人的共 11 所，其中 8 所为教会学校；在这 11 所学校中，教会学校学生人数占 11 所学校学生总数的比例约为 69%，其中天主教学校学生约占 40%，基督教学校学生约占 29%。④ 虽然教会学校对学生是否有宗教信仰并无硬性规定，但在无时不在的宗教因素包括课堂上宗教观念和知识的灌输、课堂外丰富的宗教实践活动等对于成长之中

---

① 2019 年 8 月 7 日笔者在大马尼拉圣胡安市光启学校对校长陈孟利先生的访谈。

② 菲律宾马尼拉百阁公民学校校长林文诚先生表示：在选择学校时，一般华人家庭会就近选择，经济条件好的则会选择最好的学校，大部分是教会学校。教会学校办学质量较好与教会组织严密、有向心力有很大关系；此外，教会学校的优势还体现在英文教育办得好，这与它们资金雄厚，能请最好的老师有关。2021 年 1 月 19 日笔者通过微信对林文诚先生的访谈。

③ 简称"菲华校联"，1993 年由 128 所华文学校共同组建，是推动菲律宾华文教育改革和发展的主要领导机构之一。

④ 菲律宾华文学校联合会：《菲律宾华文学校各校学生人数统计表（2000—2019）》，由百阁公民学校校长林文诚先生提供。

的青少年必定会有较大影响。在潜移默化中，这些年轻人即便不会成为真正的信徒，也会形成对宗教独特的认知甚或一定的亲近感，有时这种影响甚至会波及家长。在访谈中，就有年轻的华人父母反映：有些父母尤其是母亲因为每周日要陪孩子去主日学校，平常需要了解一些《圣经》知识以便与孩子沟通，长此以往，本来不信基督教的也信基督教了。①

（二）从信仰发展趋势来看，华人传统宗教萎缩严重，但来自台湾的以佛光山和慈济为代表的佛教教团发展较快，目前其影响还有加强和扩大的趋势

从表2、表3可以看出，在菲律宾年青一代华人中，信仰佛教、道教等中国传统宗教的比例较低，代际呈递减趋势。在访谈中，传统佛教寺院的法师们也表示，随着老一辈故去，常来寺院礼佛的信徒越来越少，年轻人的信仰趋向于主流社会，佛教信仰传承出现了危机，后继无人。造成佛教与其他制度性宗教相比在信众方面相对弱势的原因也比较多元，除了在菲律宾大环境中佛教本来就比较弱势外，还跟佛教自身的一些特殊情况和问题有关，主要包括：（1）佛教教理结构复杂，经典浩繁，知识量大，仅经典就有三藏十二部，相较而言，天主教和基督教主要依据一部《圣经》。（2）佛教教理深奥，弘法工作主要由法师承担，须由法师讲经，一般人讲不清楚，所以不可能像基督教会那样全员传道。（3）目前的弘法方式还比较传统，主要就是做法事和共修，形式上和几十年前并没多大变化，很难吸引年轻人。加之老一辈的法师故去，新一辈的法师人才缺乏，后继无人，许多工作也无法开展。此外，佛教的弘法方式较为保守，不会主动走出去，因此，不可能像基督教会那样有大量新的信徒补充。

对菲律宾华人佛教来说，一方面是传统佛教寺院面临危机，目前只能靠本地日渐减少的信众以及近些年新移民的参与，勉力维持；另一方面，也可看到来自中国台湾的以佛光山和慈济为代表的佛教教团发展较快，与传统佛

① 2014年7月22日笔者在马尼拉华人区对华人Z女士的访谈。

教团体形成鲜明对比。在菲律宾华人社会，提起佛光山和慈济，人们的反应也比较积极，认为他们积极为主流社会服务，做出了很大贡献。佛光山和慈济，虽然都是台湾新兴的佛教教团，以现代化的方式管理运作，注重针对菲律宾主流社会的工作，但理念和做法存在差异。在菲律宾，佛光山的工作分为两方面，一是弘扬佛法，主要通过各种佛事活动及文化活动向华人及菲律宾人弘法；二是办教育，通过办大学，改变菲律宾年轻人的人生（用佛光山的说法是"翻转生命"），由此搭建不同族群之间沟通的桥梁，为信仰的传播打下基础。慈济在 1994 年进入菲律宾，它的重点只有一个，就是针对菲律宾主流社会的慈善公益实践，在菲律宾，他们甚至没有和华人区建立特别的联系，而是直接深入菲律宾社区，为菲律宾人提供服务。同为佛教团体，慈济并未拘泥于传统的理念和做法。在慈济，通过佛事活动弘法不是必须做的，慈济人坦陈：看佛教经典和念经都很少，（自己）念经是没有的。[1]对慈济人来说，更看重"做"。一位受访的慈济资深会员表示："我一开始去了佛光山，也有捐赠，但后来还是加入了慈济，因为我比较喜欢慈济这种（做法的组织）。你叫我静静地坐在那里念经，我念不来。"[2] 相比较而言，菲律宾传统佛教团体在提及眼前的危机与对策时，还是比较认可佛光山的做法，而不大接受慈济只重公益实践而较不重视弘法修行的做法。

（三）从弘法方式来看，有两个突出现象：一是采用多种途径尤其是利用现代传媒手段弘法是普遍的趋势；二是为了适应当地情况，弘法方式也做了灵活性调整，体现出当地化特点

随着时代的发展和科技的进步，信息传媒技术发展很快，与此同时，我们看到各宗教团体的弘法方式也与时俱进，更加现代化，充分利用各种新的技术和传媒手段，辅助弘法。近几年随着微信的推广，这种方便快捷的信息传播方式也在海外华人群体中流行开来，成为人们分享和交换信息的主要方

---

① 2019 年 8 月 5 日笔者在马尼拉华人区美嘉广场对慈济会员 C 女士的访谈。
② 2019 年 8 月 5 日笔者在马尼拉华人区美嘉广场对慈济会员 X 女士的访谈。

式，在菲律宾华人中普及率很高。无论是传统佛教的信愿寺、普陀寺，还是新兴佛教的佛光山都注重利用这一方式，如建立寺庙公众号、微信共修群、微信交流群等。

就弘法方式而言，为了适应当地情况和受众情况，做出了一些调整，主要表现在：（1）在仪式的安排上，根据当地情况进行更为灵活的调整。以佛光山万年寺的法会为例，弘法除了针对华人以外，同样也针对菲律宾人，中英文法会分开举办。因为英文的祈福法会受众是菲律宾人，所以在形式和做法上就会因应菲律宾人的情况做些改变，如跪拜不会像一般的法会那么多；诵经的时间适当缩短，因为两个小时的诵经对菲律宾人来说坚持下来会比较困难，所以通常的做法是先用一小段时间诵经，时间不会太长，不超过20分钟，然后是禅修，最后是佛法讲座，合起来约两个小时。[①]（2）在时间的安排上，更契合当地的风俗习惯。在菲律宾，佛教的仪式由两部分构成，一是农历每月初一、十五固定的礼拜，二是特别的节日庆典，大都为佛和菩萨的生日或成道日。不论是日常还是特别的法会，日子都是按照农历，但换成公历可能并非周末休息日，对于当地人来说，碰上工作日，时间上就不好安排。因此，菲律宾的佛教寺院会在每个星期天安排一场法会；有时，特定庆典的法会也会调整时间，从工作日调整到星期六或星期天举办，通过这种灵活性的处理，更好地适应当地的情况。

四　结语

在菲律宾，从目前的趋势看，随着代际更替和融合的发展，新生代华裔在宗教信仰上向主流社会趋同的形势还会继续发展，这意味着越来越多的年轻华人会选择信仰在主流社会居于优势地位的天主教和基督教，佛教的式微会进一步加剧。但这并不意味着佛教就此无所作为，原因在于：一方面，对于作为移民后裔和少数族群的华人来说，宗教不单是一种信仰，还具有维系

---

① 2019年8月6日笔者对佛光山马尼拉万年寺觉林法师的访谈。

族群认同和提供情感支持的职能。由于代际更替和融合推进，传统华人社会建立在血缘、地缘、业缘等基础上的社会网络逐渐解构，在新的社会支持网络建构的背景下，宗教的作用凸显出来。人们在寻找宗教作为信仰支持时，佛教作为华人传统信仰的宗教，仍有一定的优势。另一方面，菲律宾佛教式微主要体现在传统佛教寺庙上。除了菲律宾社会大环境、华人代际更替及族群融合等因素外，主要与其弘法观念和方式有一定关系。由佛光山和慈济的实践可见，如果改变弘法方式和跳出华人的圈子，佛教仍有可作为的空间。对此，包括信愿寺、普陀寺等在内的传统佛教寺庙的法师们也有所认知，目前也在借鉴佛光山的一些成功经验，这些实践在一定程度上会缓解菲律宾佛教衰退的趋势。

B.8
"一带一路"背景下柬埔寨华侨华人的发展机遇[*]

谢婷婷 苏炜彬[**]

摘 要： 本文以"一带一路"倡议在柬埔寨的落实推进为切入视角，探讨在此背景下柬埔寨华侨华人的发展机遇。首先，柬埔寨华人经济实力较强，特别是潮商实力不容小觑，再加上柬华理事总会作为全柬华人社团的统一领导和管理组织，社团凝聚力极强。其次，柬埔寨经济发展形势向好，官方对"一带一路"倡议的支持和参与度较高，且与中国的双边合作不断积极推进。最后，通过对柬埔寨华文报纸《柬华日报》关于"一带一路"倡议报道的新闻文本进行分析可知，柬埔寨华侨华人社会对"一带一路"倡议的关注度较高，且总体持支持和积极参与的态度。因此，在宏观政治经济大环境和内外因合力的推动下，随着"一带一路"倡议的进一步推进，柬埔寨华侨华人的发展机遇很可观。

关键词： 柬埔寨 华侨华人 "一带一路"

柬埔寨地处中南半岛南部，自古就在"海上丝绸之路"这条东西方经贸人文交往大通道中占据举足轻重的地位。自"一带一路"倡议提出以来，中柬两国务实合作有目共睹，成果丰硕，尤其是西哈努克港经济特区（以

---

* 本文系国家社科基金一般项目"基于大数据技术的美英澳重点智库涉华舆论动态研究"（项目编号：22BGJ010）的研究成果。

** 谢婷婷，华侨大学国际关系学院副教授、硕士生导师，主要研究方向为侨务公共外交、国际关系理论、国际移民；苏炜彬，华侨大学国际关系学院硕士研究生。

下简称西港特区)① 已经成为"一带一路"中柬两国务实合作的样板工程。因此,本文以"一带一路"倡议在柬埔寨的落实推进为切入视角,探讨在此背景下柬埔寨华侨华人的发展机遇。总体来说,在宏观政治经济大环境的推动下,随着"一带一路"倡议的进一步推进,柬埔寨华侨华人在内外因的合力下具备强劲的发展动力。本文从三个层面分析柬埔寨华侨华人在"一带一路"倡议实施进程中的发展机遇:柬埔寨华侨华人的内驱力、中柬双边关系的宏观优势和"一带一路"倡议的形势红利。

一 柬埔寨华侨华人的内驱力

(一)柬埔寨基本侨情及华人经济实力

20 世纪 80 年代末以来,随着柬埔寨社会政治形势逐渐稳定,华人社会得以重新发展,华人数量也逐渐增长。中国外交部 2023 年 4 月公布的最新统计数据显示,柬埔寨华人华侨的数量约为 110 万人,② 华人是目前柬埔寨第二大民族。柬埔寨的华侨华人主要分布在马德望、磅湛、甘丹、茶胶等省,首都金边的华侨华人最多,常住人口达到 40 万人。柬埔寨的华侨华人中,潮州人约占 76%,广东人③约占 10%,海南人约占 8%,客家人约占 3%,福建人约占 2%。④

1993 年柬埔寨新政府成立以来,不断出台鼓励投资的政策和法律,华人经济也随之不断发展壮大。柬埔寨华人主要从事商业活动,经济实力颇为强大。

由于柬埔寨华人在经济领域的影响力很大,他们中的佼佼者往往担任了侨界的领袖职务,如侨领主席、商会会长等。目前,对柬埔寨整个经济来说

---

① 西哈努克港经济特区位于柬埔寨唯一的国际港口城市——西哈努克市东郊,总面积 11.13 平方公里,是中国商务部推动的首批境外经贸合作区之一。

② 《柬埔寨国家概况》,中华人民共和国外交部网站,https://www.fmprc.gov.cn/web/gjhdq_676201/gj_676203/yz_676205/1206_676572/1206x0_676574/。

③ 此处特指潮州以外的广东人。

④ 高斌:《1980 年代末以来柬埔寨华人经济地位的发展变化》,《南洋问题研究》2003 年第 2 期。

最具有影响力的 5 家"龙头"企业中，有 4 家是华人企业，其中 2 家是潮商开办的企业。除此之外，随着海外华人的投资增多，新移民也在涌入柬埔寨，特别是在西港特区成立以后，不少华资企业落户在此，西港特区成为新的华商经济的聚合处。

在融入地区化和全球化的过程中，柬埔寨华人经济有如下有利条件：首先，从海外归来的柬埔寨华人虽然当初是因为战争而流散世界各地，但是他们都有一定的资金积累，而且具有全球化的视野，凭着他们流散在外积累的经验和阅历，往往能精准地捕捉柬埔寨经济发展过程中出现的各样商机。其次，柬埔寨华人在促进柬中两国经贸关系中具有明显的优势。一方面，柬埔寨华人可以利用其在语言、文化和血缘方面的身份优势，通过和海外的其他华人进行合作；另一方面，也可以借助中国政府对柬埔寨政府的经济援助而获得经贸机会。

（二）华人社团的凝聚力

在柬埔寨华人社会发展过程中，华人成立了自己的社团，早期的华人社团主要根据方言划分并进行统一管理，所以分为潮州、广肇、海南、客属、福建 5 个帮公所，其中以潮州人居多。1948 年帮公所取消，1952 年成立了中华理事会会馆作为柬埔寨华人的统一组织，这在东南亚地区是比较特别的，能够体现柬埔寨华人社团极强的凝聚力。随后，在中华理事会会馆的基础上于 1990 年成立了全柬埔寨华人的统一机构，即柬华理事总会（Federation of Khmer Chinese in Cambodia），这是战乱后在柬埔寨政府指导下组成并逐步发展壮大的一个民间组织。柬华理事总会以团结广大居柬华人、发扬中华文化、协调全柬华人事务、促进经济发展和柬中友谊为目的。目前，柬华理事总会已拥有 5 大会馆、13 个宗亲会和省市县柬华理事分会等 140 多个基层单位，并创办了代表华人根本利益的柬华理事总会机关报——《柬华日报》。[1] 通过

---

① 《柬埔寨柬华理事总会：逾 70 万华人的最高领导机构》，新华网，http：//www. chinanews. com/hr/2010/12-25/2746296. shtml。

建立分会，柬华理事总会把当地华人组织起来，筹集资金，联系地方政府，在各类华人社团组织的协助下，柬埔寨的华人经济也发展得更加有组织、有秩序，并构成一个经济网络向柬埔寨的各角落蔓延开去，为柬埔寨经济发展和社会进步做出了重要贡献。2018 年 2 月，时任柬埔寨首相洪森会见柬华理事总会代表团，盛赞华人华侨对柬埔寨做出的贡献。① 2022 年 9 月 17 日，柬华理事总会会长方侨生公爵向时任柬埔寨首相洪森致申请函，恳求首相和王国政府提供支持和协助协调，以便柬华理事总会制作柬埔寨治安与经商环境专题短片告知国际社会柬埔寨仍然是一个很有吸引力的投资目的地，洪森对此予以同意。② 凡此种种，可以看到柬华理事总会在柬埔寨社会及政界得到的认可，与柬社会政治经济发展密切配合。

不仅如此，柬华理事总会一直积极促进柬埔寨华文教育的发展壮大。由于战乱，柬埔寨的华文教育中断了 20 多年，导致广大华人子弟不懂中文。柬埔寨战乱结束后，为了使华人子弟有机会学习中文，柬华理事总会发起了在柬埔寨全国各省市县乡重建华文学校的募捐活动，在恢复和发展华文教育的过程中经历了无数的艰难困苦。目前全柬埔寨有华文学校 80 多所，在校学生 5 万多人。其中，位于金边市中心的端华学校（也是柬埔寨第一所华文学校）是东南亚规模较大的华文学校，已有 100 多年历史，拥有师生逾万人。除此之外，柬华理事总会始终心系祖籍国，支持祖籍国的建设发展，支持祖籍国的和平统一大业。随着柬华理事总会的日益成熟壮大，与世界各地华人社团的交往和合作也不断增多。2009 年，柬华理事总会承办了世界越柬寮华人团体联合会第四届会员代表大会。这是柬华理事总会首次举办大规模国际盛会，来自 70 多个国家的 2000 多名华界名流参加，大会历时 3 天，盛况空前，影响深远。2010 年 12 月 26 日柬华理事总会成立 20 周年之际，时任柬埔寨国会主席韩桑林、参议院主席谢辛、

---

① 《洪森总理会见柬华理事总会代表团 盛赞华人华侨对柬埔寨做出贡献》，柬华理事总会官网，http://khmer-chinese.com/。
② 《洪森总理同意并支持柬华理事总会 制作柬埔寨治安与经商环境专题短片》，《柬华日报》2022 年 8 月 29 日。

首相洪森等柬埔寨领导人，以及中国和其他国家及地区的有关机构都纷纷致函祝贺。

除了前述介绍的柬华理事总会及其下属各机构之外，大部分其他类别的柬埔寨华人社团还是以商业为基础建立的商会组织，如柬埔寨中国商会（成立于 1996 年）、柬埔寨中国港澳侨商会①（成立于 1998 年 3 月 18 日）、柬埔寨台商协会（成立于 1996 年）、柬埔寨福建工商联合会（成立于 2016 年 6 月 15 日）等商业性团体。实际上除了宗亲类别的华人社团之外，其他大部分的华人社团还是较多地以商业或行业需求建立起来的，宗教、文化或其他社会属性的团体在比重上所占不多。总的来说，在柬埔寨的华侨华人以多神教信仰为主流，传承着传统的土地和祖灵信仰，这部分功能在很大程度上由华人社团承担。比如潮州会馆的协天大帝庙、客属会馆的天后宫、福建会馆的协天大帝庙等。

二　中柬双边关系的宏观优势

（一）柬埔寨发展趋势及其与中国的关系

世界银行的最新数据显示，柬埔寨的经济增长势头仍然很好，在减少贫困人口方面也取得了显著的成效。世界银行发布的数据显示，虽然受到疫情影响，2020 年柬埔寨的国内生产总值（GDP）年增长率为 -3.1%，但是恢复非常迅速，2021 年柬埔寨的 GDP 增长率即回升到 3.0%，2022 年柬埔寨的 GDP 为 299.6 亿美元，保持了 5.2% 的年增长率，2023 年实际增长率达到 5.4%（见表 1）。② 柬埔寨强劲的经济发展势头吸引了不少外资，来自中

---

① 由中国香港、澳门地区在柬埔寨投资经营企业、工作和居住人士，在自愿原则下共同组织成立的非政治性、非经营性、非营利性的社会团体，也是目前东南亚地区唯一的由港澳投资者和工商业界人士成立的商会组织。

② World Bank，"2024，Global Economic Prospects，" January 2024. Washington，DC：World Bank. ［doi：10. 1596/978-1-4648-2017-5. License；Creative Common Attribution CCBY 3. 0 IGO.］

国的企业也纷纷抓住时机进入柬埔寨发展。根据柬埔寨国家银行的统计数据，截至 2021 年，柬埔寨累计吸引的外来直接投资达 410 亿美元，与 2020 年相比，增加了 11.2%。其中，中国（包括港澳台地区）是最大外资来源国，累计投资额达 180 亿美元，占 43.9%。[①]

表 1　柬埔寨国内生产总值增长速度及预测

单位：%

2020 年	2021 年	2022 年	2023 年	2024 年(预测)	2025 年(预测)
-3.1	3.0	5.2	5.4	5.8	6.1

资料来源：笔者根据世界银行《全球经济展望》（2023）中的数据整理而成。

事实上，1958 年中国与柬埔寨建交以来，两国就保持了较为密切的高层领导联系。在两国高层领导频繁接触的带动下，中柬双边经贸交流取得了长足发展，合作领域不断拓宽。2010 年 12 月，中柬两国建立全面战略合作伙伴关系。2015 年，中柬双边贸易额为 44.3 亿美元，同比增加 18%。2016 年，中柬双边贸易额较 2015 年增长 7.4%，在中国与东盟十国贸易中是增速最快的。[②] 2019 年 4 月，中柬两国签署《构建中柬命运共同体行动计划》，双边关系进入新的发展阶段。据中国商务部统计，2020 年 1~12 月，中柬双边贸易额为 95.6 亿美元，同比增长 1.4%。其中，中国对柬出口总额为 80.6 亿美元，同比增长 0.9%；自柬进口总额为 15 亿美元，同比增长 3.7%，中国企业对柬直接投资金额为 9.6 亿美元，同比增长 28.2%。中国企业在柬新签工程承包合同额为 66.2 亿美元，同比增长 18.8%；完成营业额为 34.9 亿美元，同比增长 25.7%。[③] 2022 年 1 月 1 日，中柬两国签署双边自贸协定生效，这是柬对外签署的首个双边自贸安排。据中国海关总署统

[①] 《2022 年中国仍是柬埔寨最大外资来源国　总投资近 17 亿美元》，《柬中时报》2023 年 1 月 11 日。

[②] 《解读：柬埔寨"四角战略"与中国"一带一路"倡议相通》，人民网，http://world. people. com. cn/n1/2016/1014/c1002-28779914. html。

[③] 《2020 年 1-12 月中国—柬埔寨经贸合作简况》，中华人民共和国商务部网站，http:// yzs. mofcom. gov. cn/article/t/202103/20210303042833. shtml。

计，2022 年中柬双边贸易额为 160.2 亿美元，同比增长 17.5%。其中，中国对柬出口总额为 141.8 亿美元，自柬进口总额为 18.4 亿美元。[①] 可以预期，在中柬自贸协定实施之后，未来中国与柬埔寨的贸易将会有更强劲的发展势头。除此之外，中柬两国还在政党、议会、军事、文化、教育等方面合作密切，双方已经签署《中柬引渡条约》《中柬文化合作协定》《中柬互免持外交、公务护照人员签证协定》，以及文物保护、旅游、警务、体育、农业、水利、建设、国土资源管理等领域的合作谅解备忘录。

总的来说，柬埔寨投资政策比较开放，银行、电信、保险、制造业、农业等均向外资开放，外汇管制程度也比较低。与此同时，柬埔寨华人地位较高，民众对华态度友好。这些都为"一带一路"倡议在柬埔寨的推动提供了良好的社会环境，包括柬埔寨华侨华人在内的各类华资相关行业可抓住此契机，借助"一带一路"倡议的实施，在柬发展的同时，助推柬工业的发展和转型。

（二）柬埔寨官方对"一带一路"的态度

近年来，中柬两国已经成为推进"一带一路"建设的重要合作伙伴，来自中国的投资全面带动了柬埔寨各主要经济领域的快速发展。自"一带一路"倡议初始，柬方即对该倡议表示赞同和认可，并在后续推进过程中给予坚定支持。时任柬埔寨首相洪森在各种公开的官方场合表示了对中国"一带一路"倡议的支持和参与热情。随着柬中双方推动构建新时代柬中命运共同体，共同打造"钻石六边"合作架构的推进，中柬两国从发展战略上更加紧密地联系在一起，使双方成为名副其实的利益、命运共同体，与政治安全互信和深厚传统友谊共同构成支撑中柬两国关系发展的三大支柱，为中柬关系发展提供了不竭动力。

可以说，自 2013 年习近平提出"一带一路"倡议和共商、共建、共享

---

① 《中国同柬埔寨的关系》，中华人民共和国外交部网站，http：//www. fmprc. gov. cn/web/gjhdq_676201/gj_676203/yz_676205/1206_676572/sbgx_676576/。

理念以来，中柬两国在推动"一带一路"建设、促进两国发展战略对接方面取得丰硕成果，"一带一路"倡议在柬埔寨已经得到积极响应并形成广泛共识。2015 年 10 月 27 日，由中国—东盟商务理事会和柬埔寨商业部共同主办的海上丝绸之路中国—柬埔寨论坛在金边举行，200 多位中柬双方有关政府官员、商协会代表和企业家出席。柬埔寨相关官员在论坛上表示，柬埔寨非常支持中国提出的海上丝绸之路及成立亚洲基础设施投资银行的倡议，希望中柬两国能在"一带一路"框架内实现更多基础设施项目的合作。[①]
2016 年 6 月柬埔寨国王西哈莫尼对中国进行国事访问，习近平在与西哈莫尼国王会谈时说："中柬是情同手足的好邻居，也是肝胆相照的好朋友。"[②]
同年 10 月，中国国家主席习近平对柬埔寨进行国事访问，双方的高层交往上升至新的高度，柬中两国签署 31 份合作文件，其中就包括《柬中关于编制共同推进"一带一路"建设合作规划纲要的谅解备忘录》。该备忘录是继老挝之后，中国与中国—中南半岛经济走廊沿线国家签署的第二个政府间共建"一带一路"合作文件。根据备忘录，中柬双方将围绕"一带一路"倡议深化合作，共同编制《中华人民共和国与柬埔寨王国共同推进"一带一路"建设合作规划纲要》（以下简称《规划纲要》），并共同推进中国—中南半岛经济走廊建设。该备忘录的签署，将推动中柬两国在"一带一路"框架下全面务实合作，树立中国—中南半岛国家双边合作又一典范。[③] 从那时起，柬埔寨迎来了大量中国投资，柬中两国共建"一带一路"不断结出硕果。柬埔寨政要和各界也都认为，柬埔寨经济社会发展的"四角战略"与"一带一路"倡议是相通和契合的，中国的"一带一路"倡议将让柬埔寨的经济建设与社会发展受益。

---

① 《海上丝绸之路中国—柬埔寨论坛在金边举行》，国务院新闻办公室网，http：//www. scio. gov. cn/ztk/wh/slxy/31200/Document/1453016/1453016. htm。

② 《习近平同柬埔寨国王会谈：中柬是情同手足的好邻居》，中国政府网，https：//www. gov. cn/guowyuan/2013-04/07/content_2584671. htm。

③ 《中国与柬埔寨签署政府间共建"一带一路"合作文件》，中华人民共和国国务院新闻办公室网，http：//www. scio. gov. cn/ztk/wh/slxy/31200/Document/1494485/1494485. htm。

三 "一带一路"倡议的发展红利

（一）以西港特区为代表的中柬合作进一步推进

2023 年是柬中两国建交 65 周年，也是柬中友好年。2023 年 2 月，柬埔寨首相洪森访华，柬中双方一致同意打造柬中"钻石六边"合作架构，构建高质量、高水平、高标准的新时代柬中命运共同体，进一步巩固了柬中友谊。同年 5 月，西港特区举办了共建"一带一路"倡议 10 周年西港特区成果展，全面展现西港特区在柬中两国领导人及各方支持下取得的发展成就。

西哈努克港于 1950 年建市，但因长期的战乱与动荡，直到 1998 年才真正步入和平发展期。2007 年，由江苏红豆集团联合 3 家无锡企业与柬埔寨刘明勤勋爵于 2007 年共同设立，在柬埔寨西哈努克省共同打造总面积为 11.13 平方公里的境外经贸合作区——西港特区，参考中国的经济特区模式，招商引资，因此这里被称作"柬埔寨的深圳"。2010 年 12 月 13 日，两国政府部门签订《中华人民共和国政府和柬埔寨王国政府关于西哈努克港经济特区的协定》，建立了双边协调委员会机制，及时为西港特区协调解决发展中遇到的阶段性问题，为西港特区的快速发展奠定了良好的基础。西港特区真正开始爆发式发展，始于 2013 年。2013 年，"一带一路"倡议被正式提出，西港特区正是搭乘着"一带一路"建设的东风，起锚远航。同时，为了加强中柬联系，方便西港特区招商，在多方的努力下，2017 年 6 月 23 日开通了无锡直飞西哈努克港的航班。随着柬中共建"一带一路"的不断推进，西港特区的发展逐步迈上新台阶，基础设施、商业贸易、旅游业均得到快速发展，当地人民获得了实实在在的好处。目前，西哈努克省的人均年收入已达到 4180 美元，在柬埔寨各省中位居第一，是柬埔寨全国平均水平的 2 倍以上，这样快速的发展离不开西港特区的贡献。因为西港特区是柬埔寨全国 21 个特区中最大、最成功的特区，所以也被称为"特区中的特区"。柬中共建"一带一路"以来，在两国政府的共同关心下，西港特区实现了真正意义上的腾飞。西港特区也从 2013 年的 54 家企业入驻、9000 名员工就业，发展成为如今拥有来自中国、欧美、东南亚等国家及地区的 175 家企业，创造就业岗位近 3 万个的国际化工业园区。全区企业年进出口总额从 2013 年的 1.39 亿美元增长到 2022 年的 24.93 亿美元，为柬埔寨工业经济发展注入了强劲动能，成为西哈努克省经济发展的"引擎"和人民的"金饭碗"。目前，西港特区的最大投资项目——通用轮胎厂项目已实现首胎下线，整个项目竣工投产后，年产量可达 500 万条半钢子午胎、90 万条全钢子午胎，将为本地提供约 1600 个工作岗位。西港特区内企业的年进出口总额超过 24 亿美元，特区工业产值对西哈努克省的经济贡献率超过 50%。除了西港特区的中资企业之外，不少在柬埔寨进行投资的其他中资企业也借助"一带一路"的发展机遇加大对柬埔寨的投资。如前述柬埔寨中国商会目前拥有 500 家会员单位，各种所有制企业并存，经营范围广泛，会员单位包括国有企业、民营企业和个人商业者。

随着"一带一路"倡议的推进，越来越多的中资企业前往柬埔寨投资，"一带一路"建设开始实施后，给走出来的民营企业带来了越来越多的机会，业务量直线增长。① 而柬埔寨工业也大多有中国企业家和工人的参与，这对在柬华侨华人及其企业是有天然优势的，华侨华人可以凭借语言、文化等各方面的优势更多地参与中资企业的工作，也可以开展合作。

（二）柬埔寨华人社会对"一带一路"的参与和关注

作为东南亚华人社会的重要组成部分，华文报纸关于"一带一路"倡议的报道在一定程度上反映了当地华人社会对该倡议的立场和态度。本文通过对柬埔寨最有影响力的中文媒体《柬华日报》的新闻报道的整理和分析，一窥柬埔寨华人社会对"一带一路"倡议的参与和关注度。通过官网搜索，共收集到《柬华日报》2018~2023 年（截至 2023 年 6 月 27 日）134 条有效

---

① 《中国民企在"一带一路"建设中发展壮大》，中国经济网，http://www.ce.cn/xwzx/gnsz/gdxw/201705/04/t20170504_22521264.shtml。

的"一带一路"倡议相关报道，① 虽然与其他东南亚国家华文媒体相比，《柬华日报》对"一带一路"倡议的报道数量不算多，但是《柬华日报》以原创稿件为主，而不是简单引用中国国内的相关报道。

从报道的内容分布来看，经济议题是《柬华日报》对"一带一路"倡议报道的重点。除 2020 年受疫情影响中柬双方合作项目和经贸合作短暂搁浅外，《柬华日报》关于"一带一路"倡议的报道多以政府间合作为主。柬埔寨政府所提的"四角战略"中的后两项战略与中国的"一带一路"倡议高度契合，双方在多个建设项目上达成合作共识，比如金边—西哈努克港高速公路、中柬国家级经济特区——西港特区的建设等。《柬华日报》持续更新项目的进展。此外，"一带一路"倡议对东盟经贸合作的推进也是《柬华日报》关注的重点，如许宁宁在《"一带一路"：中国—东盟经贸合作进行时》一书中指出，中国与东盟的合作发展在"一带一路"建设中发挥着领先和示范的作用，中国与东盟及其成员国在政策沟通、设施联通、贸易畅通、资金融通、民心相通方面的合作已全面展开。② 2020 年 3 月疫情在柬埔寨发生初期，《柬华日报》报道了江苏红豆集团迅速组织生产了百万只口罩捐赠给柬埔寨政府，③ 这是疫情后《柬华日报》关于"一带一路"倡议的第一篇报道，充分体现了"一带一路"倡议在疫情的特殊时刻发挥的韧性。疫情期间中柬两国共建"一带一路"的步伐并没有停滞，《柬华日报》持续关注"一带一路"沿线各国的共建进展，包括中欧班列促进了共建国家供应链稳定，支撑国际疫情防控，中国在疫情期间持续加大对"一带一路"共建国家投资合作等。对于疫情后中柬两国在"一带一路"共建中取得的成就，《柬华日报》也十分关心。

从报道的信息来源来看，与其他海外华文媒体的新闻采编类似，《柬华日报》也会采用中国国内媒体关于"一带一路"的报道内容进行综合报道，但只占报道总量的不到 15%，大部分内容以《柬华日报》的原创报道稿件

① 对以"一带一路"为关键词在《柬华日报》官网搜索得到的新闻报道进行整理和分析。
② 许宁宁编著《"一带一路"：中国—东盟经贸合作进行时》，中国商务出版社，2019。
③ 《中柬同心，红豆集团百万口罩助柬抗疫》，《柬华日报》2020 年 3 月 28 日。

为主，通过派遣记者以及与特约记者合作的方式完成对报道的采写、编辑和发布。关于"一带一路"倡议的报道分布在报纸不同的板块中，每一个板块会有固定的编辑和采写记者完成一篇独立原创报道。

从报道的形式来看，尽管创刊只有 20 多年的时间，但是《柬华日报》不断顺应网络媒体的发展趋势，从最初单一的纸质媒体进化为全媒体的传播平台。相继上线了官方网站、移动新闻客户端、社交媒体账号（脸书、推特、微信公众号），在其官方网站中，"一带一路"倡议报道分布在中国国际、华社动态、海聚推荐、柬华要闻和商业经济等板块，以通讯报道为主，还有部分新闻特写和人物专访。同时，新媒体平台也实时跟进报道的发布，报道形式更加多样，其中图文和视频的多媒体报道形式更具吸引力。

可以看到，柬埔寨华人社会对于"一带一路"倡议在柬的推进和发展是极其关注和乐于参与的，在传播"一带一路"倡议中也发挥了不可或缺的作用。柬埔寨华人经济实力较强，部分华商实力雄厚，他们在柬埔寨经营多年，熟悉当地的政策法规和社会人情，也与祖籍国有较好的沟通资源，能够成为中柬两国合作的天然桥梁，参与"一带一路"建设具有得天独厚的优势。随着"一带一路"倡议的推进，中柬两国之间的合作将会不断深化和扩大，柬埔寨华侨华人在其中的发展机遇也更加丰富。与此同时，柬埔寨中国商会、柬华理事总会等当地华侨华人相关协会和团体能够充分发挥沟通交流的平台作用，为中国企业"走出去"提供信息咨询服务，帮助中国企业防范、化解海外投资风险，实现共同发展。

此外，柬埔寨的华文教育也迎来了良好的发展机遇。随着"一带一路"倡议的实施，中文已成为世界上富有商业价值的语言之一。随着柬中两国全面战略合作伙伴关系的不断深入和发展，来柬旅游、投资兴业、贸易合作、文化交流的中方人员和项目越来越多，柬埔寨对懂中文的人的需要也越来越多。可以说现在柬埔寨华文教育迎来了很好的发展机遇，可以借此机会改变原本华文教育所面临的短板和挑战，使柬埔寨的华文教育和中华文化在柬埔寨的传播得到进一步的推广。

B.9
当前马来西亚华人社会发展现状
分析与展望*

摘　要：　当前马来西亚华人社会发展较为成熟，马来西亚华人在政治、经济、文化等方面均有较高地位。本文主要从华人人口与职业结构变化、华文教育发展现状、华人社团组织功能转变、华文媒体运营转型、华商促进中马经贸积极作用等方面，梳理了当前马来西亚华人社会发展的现状与主要特点。

关键词：　马来西亚　华侨华人　华人社团

当前马来西亚华人社会发展较为成熟，马来西亚华人在政治、经济、文化等方面均有较高地位。马来西亚华人在发展华文教育、传承与传播中华文化、促进中马友好方面做出了积极贡献。2024年是中马建交50周年，本文拟从华人人口与职业结构变化、华文教育发展现状、华人社团组织功能转变、华文媒体运营转型、华商促进中马经贸积极作用等方面，梳理马来西亚华人社会发展的现状与主要特点，从而深化对当前马来西亚华人社会全貌性的认知。

---

* 本文是国家社科基金项目"西方国家智库涉疆舆论的生产机制、国际传播策略及其应对研究"（项目编号：23BGJ018）的阶段性研究成果。

** 胡越云，博士，华侨大学国际关系学院马来西亚研究中心副主任、讲师，主要研究方向为华侨华人与区域国别（美国、马来西亚）。

一 马来西亚华人人口结构及职业分布特点

由于低生育率叠加再移民等因素，马来西亚华人人口占比正逐年下降。马来西亚华裔青年的职业选择出现从传统优势的商业领域向专业化领域拓展的趋势。马来西亚华人人口结构与职业分布的变化趋势，可能对马来西亚华文教育、华人参政、华巫族群关系等问题产生深远影响。

（一）马来西亚华人人口占比逐年下降

马来西亚华人是自明清时期起数百年来，从中国福建、广东、广西和海南等省份迁徙至马来西亚的移民及其后代。华人是马来西亚三大主体民族之一，人口占比排名第二，分布相对集中，主要聚居在西马的大城市和沿海地区，尤其是吉隆坡、槟城、怡保、马六甲、新山等大城市和沿海地区。[①] 其中，吉隆坡市是马来西亚华人人口最多的城市，槟城则是马来西亚华人人口密度最高的地区。东马华人相对较少，主要集中在沙巴州和砂拉越州等地。

2022年2月14日，马来西亚政府发布第六次全国人口和房屋普查报告，数据显示，马来西亚全国人口已达3245万人；从民族结构来看，马来西亚土著（包含马来裔、马来半岛原住民、沙巴和砂拉越原住民）占全国人口的69.4%，华人和印度人分别约占全国人口的23.2%和6.7%，其他民族占0.7%。[②] 按此比例推算，截至2020年底，马来西亚华人人口约为752.84万人。另据马来西亚统计局发布的《2022年当前人口预测》报告，马来西亚国内华裔人口占比正以每年0.2个百分点的幅

---

① B. S. Yeoh, L. Kong, "Chinese in the Cities: Urban Processes, Ethnic Relations and Cultural Representation," in J. Breslin (ed.), *Handbook of Chinese Migration: Identity and Wellbeing*, Edward Elgar Publishing, 2021, pp. 135-156.

② "Launching of Report on the Key Findings Population and Housing Census of Malaysia 2020," https://www.mycensus.gov.my/index.php/photo-gallery-2/photo-2022/february/1811-launching-of-report-on-the-key-findings-population-and-housing-census-of-malaysia-2020.

度下降，从 2020 年的 23.2% 下降至 2021 年底的 23%，并预计在 2022 年进一步下降至 22.8%。[①] 而根据马来西亚最大的独立智库"亚洲策略与领导研究院"的统计数据，如果该国目前的外向移民趋势不变的话，到 2030 年，马来西亚华人占全国人口的比例将从 1957 年的 38.2% 下降到 19.6%。[②]

（二）马来西亚华人呈低生育率、老龄化、再移民的结构特点

在马来西亚，华人的生育率相比其他两大族群更低，而且外向再移民比例高，这是导致马来西亚华人人口占比下降的主要原因。从家庭结构来看，马来西亚华裔家庭平均人数为 3.3 人，远低于全马平均水平的 3.8 人，是各族裔中最低的。[③] 马来西亚华人人口结构的老龄化问题也比较突出，65 岁及以上的老年华人占比为 11.1%，高于马来西亚全国平均水平。[④] 随着时间的推移，马来西亚华人中的老年人口所占比重将继续增加。"由于较早开始人口转变进程，马来西亚华人具有低生育率、高老龄化程度等特征；人口转变进程中的族群'堕距'，是当前华人人口比重下降的根本原因。"[⑤] 近年大量华人精英选择再移民也是马来西亚华人人口比例下降的原因之一。"据统计，2006~2016 年宣布放弃马来西亚国籍的 56576 人中，49864 人是华人。另据英国牛津大学研究，强烈希望移民的是至少完成中等教育的人——他们在马来人、华人和印度人中的占比分别为 17.3%、

① 马来西亚统计局发布的《2022 年当前人口预测》报告，参见马来西亚《诗华日报》2022 年 7 月 29 日；另参见《马来西亚华裔占总人口比例预计 2022 年将降至 22.8%》，中国新闻网，http：//www.chinanews.com.cn/hr/2022/07-30/9815963.shtml。
② 《马来西亚华人很多也很牛 为何他们纷纷选择离开？》，中国侨网，http：//www.chinaqw.com/hqhr/2017/03-01/129126.shtml。
③ 《马来西亚全国人口普查报告发布 华裔公民占 23.2%》，中国新闻网，ttps：//www.chinanews.com/hr/2017/07-14/8278323.shtml。
④ "Population Distribution and Basic Demographic Characteristics 2021," Department of Statistics Malaysia，https：//v1.dosm.gov.my/v1/index.php? r=column/ctwo&menu_id=L0pheU43NWJwRWVSZklWdzQ4TlhUUT09.
⑤ 邵岑、洪姗姗：《"少子化"与"老龄化"：马来西亚华人人口发展特点与趋势预测》，《华侨华人历史研究》2020 年第 2 期。

52.6%和42%。"① 华人精英外向再移民的原因是马来西亚政府多年来实行族群"固打制"，使华人在教育与经济领域遭受不公平政策待遇，导致一些华人精英子女只能选择去国外追求更好的教育，继而在国外工作并移民定居。当然，也有另一些华人基于经济或近年马来西亚社会宗教趋于保守化等考量因素选择再移民。由于低出生率与再移民因素，"华人比例下降是个客观规律，而且这一趋势还将持续，未来十年还会继续下滑"②。

（三）马来西亚华裔新生代职业转向专业化

当前马来西亚华人就职行业分布比较广泛，其中以工商业、金融保险、教育、医疗卫生等领域居多。由于马来西亚华人在商业方面有传统优势，经商仍然是华裔青年的主要职业选择，但已有越来越多新生代华裔的职业选择偏向专业化。特别是由于近年来互联网和科技产业发展迅速，新生代华裔对就职于互联网、科技与知识经济领域公司的兴趣渐浓。2017年3月马来西亚政府与阿里巴巴签署 eWTP 共建协议以来，几年间，阿里巴巴商学院已为马来西亚培训超过15000名电商相关从业者、创业者和其他数字化人才。③ 教育水平整体提高也成为新生代华裔职业选择向专业人士转变的前提条件。在2017年中国政府组织的"世界华裔杰出青年华夏行"的活动中，一半以上参与者拥有硕士或博士学位，所从事的商业领域包括金融、科教、医疗卫生、媒体、法律咨询等。④ 华人人口构成马来西亚华人情况的基本面，随着华人人口的占比下降和华裔青年的职业结构形成新

---

① 《马来西亚为何留不住华人？种族"玻璃天花板"逼走百万华人》，环球网，https：//m. huanqiu. com/article/9CaKrnK8l3J。

② 《马来西亚华人很多也很牛 为何他们纷纷选择离开？》，中国侨网，http：//www. chinaqw. com/hqhr/2017/03-01/129126. shtml。

③ 赵小燕：《马来西亚30位官员取经阿里：eWTP 加速国家数字战略实施》，搜狐网，https：//www. sohu. com/a/299189070_123753。

④ 纪娟丽：《第十一届"世界华裔杰出青年华夏行"成果丰硕》，人民政协网，http：//www. rmzxb. com. cn/c/2017-07-20/1667583. shtml。

的趋势特点，华文教育、华文媒体、华人参政、华巫族群关系等领域也会相应地出现新变化。

二 马来西亚华文教育发展现状与困境

马来西亚华人大多能掌握流利的中文，且"保留着强烈的华人族群认同意识，因此他们总是会以华人族群身份参与各种不同的社会事务活动"①。这得益于马来西亚华人社会始终传承和弘扬中华优秀传统文化，并建立了从小学到大学较为完备的华文教育体系。华文教育是当前马来西亚华人社会最关注的问题之一，完整的华文教育体系凝聚着几代华人精英的心血，成为马来西亚华人社会独特的资产，但当今马来西亚的华文教育也面临着制度性限制、被边缘化，以及财政与社区支持不足等发展困境。

（一）马来西亚单元化教育政策对华文教育形成限制

马来西亚社会围绕华文学校的争论，延续了半个多世纪。由马来土著主导的马来西亚政府长期倡导"一个国家、一个民族、一种语文、一种文化"的单元化教育政策，以此来捍卫马来语作为官方语言的地位。而热心华语教育、坚持捍卫中华文化的华人团体"董教总"② 则在历次华文学校面临危机时，积极为华文教育发声，不屈不挠地为华人争取获得母语教育的权利。20 世纪 90 年代以来，马来西亚政府开始采取一系列文化开放的政策，多种源流学校并存成为当前马来西亚教育体制的一大特色。不过，马来西亚政府所提出的《宏愿学校计划》《2006—2010 年首要教育发展大蓝图》《2013—2025 教育发展大蓝图初步报告》等规划，似乎依旧致力于落实单元化教育政策，实际上给予华文学校的财政支持不足，客观上不断压缩华文教育的生存空间。单元化教育政策的实行也

---

① 庄国土：《论东南亚的华族》，《世界民族》2002 年第 3 期。
② 成立于 1954 年的马来西亚华校董事联合会总会，简称"董总"，以及成立于 1951 年的马来西亚华校教师会总会，简称"教总"。这两个组织通常合称"董教总"。

压制了董教总的权力，① 例如增设爪夷文学习单元及合并微型华文小学等事件，马来西亚教育部将决议权交给了家教协会，而非董教总。2021 年 10 月 26 日，马来西亚旅游、艺术与文化部发布《2021 年国家文化政策》，在回顾《1971 年国家文化政策》的基础上，阐释了新时期马来西亚国家文化建构的新理念与目标。该政策强调马来语是国语，但任何人不得被禁止和限制使用、讲授或者学习其他任何语言。2022 年 4 月 10 日，马来西亚华校董事联合会总会举办"马来西亚国家文化政策之反思和前景"座谈会，与会的大学与政府界华人认为新政策中的多元文化建构理念体现了政府在国家文化建构中以多元主义促进国家团结的态度值得肯定。不过，新政策出台的背景适逢马来西亚政局动荡期，马来族群分裂导致选票分散、政党碎片化及政府权力弱化，而非马来族群的选票成为左右政局的关键因素，因此"新版文化政策中体现的多元主义不能排除是政府为吸引非马来族群支持以巩固政权而实行的策略"。②

（二）华文教育在马来西亚教育体系中处于相对边缘地位

体系完整的华文教育成为马来西亚华人社会独特的资产。随着中国的和平发展，越来越多的马来西亚非华裔民众出于对中文的重视，选择"跨文化"地把孩子送到当地华文学校就读。例如，吉隆坡文良港中华华文小学成立于 1919 年，有 100 多年的历史，该校每个班级有 30～40 名学生，每个班级都有其他族裔学生。③ 不过，在马来西亚教育体制中，华文小学和独立中学处于相对边缘的地位，不时面临发展困境。马来西亚教育部公布的数据显示，截至 2019 年 1 月 31 日，马来西亚教育部所属小学为 7772 所，其中以马来语为教学媒介语的国民小学占比达 75.55%，以华文为教学媒介语的

---

① 刘晗：《马来西亚族群教育政策的逻辑主线——基于〈教育大蓝图〉的分析》，《八桂侨刊》2022 年第 3 期。

② 参见苏莹莹、翟崑主编《马来西亚发展报告（2022）》，社会科学文献出版社，2023，第 171～177 页。

③ 《总台记者看世界｜走进马来西亚华文小学和中文报　感受当地华人的语言文化坚守》，央广网，https：//china.cnr.cn/gdgg/20230425/t20230425_526231122.shtml。

华文小学占比为 16.7%；中学 3045 所，其中教育部所属 2436 所，以华文为教学媒介语的独立中学有 63 所，还有 80 多所改制中学；高校 443 所，其中私立大学及分校 54 所，私立大学学院及分校 37 所。① 据媒体报道，截至 2022 年 6 月，马来西亚一共有 1302 所华文小学，495386 名学生，其中有 614 所华文小学的学生人数少于 150 人，马来西亚教育部将其归纳为微型华文小学；② 62 所华文独立中学，学生接近 8 万人。③ 马来西亚还有 4 所华人社会普遍认可的华文高等教育机构，包括新纪元大学学院、南方大学学院、拉曼大学学院。综上，从数量与占比来看，华文教育体系虽完整，但在马来西亚的教育体系中处于相对边缘的地位。

（三）马来西亚华文教育面临发展困境

马来西亚华文教育也面临着一些具体的发展困境，主要体现在三个方面：一是长期财务支持不足的问题。相比国民小学，华文小学始终面临着政府拨款不公平的局面，每一年的经费缺口极大，长期靠从华人社会筹款维持办学。以"第十大马计划"为例，马来西亚政府共拿出 48 亿令吉拨款给全国小学，其中，华文小学获得 3.4% 的拨款，国民小学获得 95.5% 的拨款。国民小学与华文小学 2016~2020 年获得的拨款数额之比约为 4∶1。④ 对一直以资金捐赠换取在华人社区文化教育领域内一定"社会地位补偿"（social status compensation）⑤ 的华商而言，华文学校资金短缺削弱了其作为华文教育"代言人"的地位，也降低了其抵御华文教育风险的

---

① 参见马来西亚高等教育局网，http：//jpt. moe. gov. my/portal/ipts/institusi-pendidikan-tinggi-swasta/senarai-daftar-dan-statistik-ipts。

② 《2008 年至 2018 年华小学生人数的演变，以及华小建校和迁校的发展实况》，教总教育资讯网，https：//jiaozong. org. my/v3/index. php/% E6% 95% 99% E6% 80% BB% E8% B0% 83% E6%9F%A5%E6%8A%A5%E5%91%8A/4755-20082018。

③ 《总台记者看世界 | 海外唯一完整华文教育体系，马来西亚如何做到的?》，央广网，https：//china. cnr. cn/gdgg/20221211/t20221211_526091645. shtml。

④ 数据来自《联邦政府在第 6 至第 11 大马计划下宣布的全国各源流小学的发展拨款数额（1991 年至 2020 年）》，https：//resource. dongzong. my/images/doc/zjhx/zjhx_ 0603. pdf。

⑤ 张继焦：《马来西亚华文教育：华人社团和企业家的重要作用》，《民族教育研究》2015 年第 6 期。

能力。① 二是独立中学升学机制不健全的问题。在董教总和当地各界人士的努力下，独立中学统考文凭被很多国际一流大学认可，清华大学、武汉大学等国内一流学府也与马来西亚本地华文高等院校开展合作。② 由于马来西亚教育部始终不正式承认独立中学统考文凭，独立中学的统考生大多不能凭统考证书进入国立大学就读，一些独立中学毕业生只得选择华文大专院校或出国留学。独立中学统考文凭问题还常被政治选举所裹挟，而代表华人发声的政党在执政联盟中的话语权有限。例如，希望联盟竞选宣言第 50 条承诺，上台后将承认独立中学统考文凭。但由于马来团体普遍反对，③ 承认独立中学统考文凭议题直至希盟下台也未有定论。三是华人社区对华文教育的支持不够的问题。随着代际更迭，华语在家庭传承中的情感因素及对华裔新生代的影响随着代际递减，马来文化和西方文化的影响则递增，华人群体使用华语普通话的人数占比为 46.36%，使用英语的人数占比为 17.82%，④ 导致"无法形成规模化的华语社区来辅助学校教育，而英语竞争优势则从学校、社会蔓延至华人家庭，挤压了华语在家庭中的空间"⑤。与此同时，当前马来西亚华文教育还面临"师资荒"、教材的适配度低、教学方法陈旧等弊端。⑥ 华人人口占比的下降也对华文教育形成远期冲击，尤其是随着越来越多马来人、印度人生源进入华文小学、独立中学，同时越来越多从中国留学归国的马来人师资注入华文学校，今后可能对华文教育的教学媒介语言及教育方向产生影响。

---

① 雷莉、杨爽:《新形势下马来西亚华文教育风险及应对策略——基于生态系统理论》,《民族教育研究》2023 年第 1 期。
② 《总台记者看世界丨海外唯一完整华文教育体系，马来西亚如何做到的?》,央广网,https://china.cnr.cn/gdgg/20221211/t20221211_526091645.shtml。
③ 《承认统考事宜集体会议，陈亚才:马来团体普遍反对》,〔马来西亚〕《东方日报》2019 年 7 月 4 日, https://www.orientaldaily.com.my/index.php/news/nation/2019/07/04/296947。
④ Su-Hie Ting, "Variable Impact of Malaysia's National Language Planning on Non-Malay Speakers in Sarawak," *Revista Brasileira De Linguística Aplicada*, 12 (2), (2012): 381-403.
⑤ 雷莉、杨爽:《新形势下马来西亚华文教育风险及应对策略——基于生态系统理论》,《民族教育研究》2023 年第 1 期。
⑥ 雷莉、杨爽:《新形势下马来西亚华文教育风险及应对策略——基于生态系统理论》,《民族教育研究》2023 年第 1 期。

综上，马来西亚是海外华文教育的成功典范，是马来西亚几代华人努力打拼下来的独特资产，虽然当前华文教育发展仍面临一些困境，例如需要解决华文小学毕业生去向、独立中学统考文凭、华校资金来源等问题，但马来西亚华人社会在发展华文教育方面的执着努力也让马来西亚华文教育的前景充满希望。

三　马来西亚华人社团组织与华文媒体逐渐转型

当前，马来西亚华人社团发展的最大特点是组织与功能正在转型。商会和同乡会等新型社团成为新移民互助和发展与中国关系的主要平台，一些传统华人社团则正从纯粹的华人社群组织逐步向公民组织转型。而传统华文媒体也正在寻求宽领域、多平台的转型升级，并积极运作新媒体账号，在国际上拓展用户群体。

（一）马来西亚华人社团数量、类别及功能转型

1. 马来西亚华人社团的数量与类别

根据 2010 年马来西亚社团注册局的数据，在马来西亚注册的华人社团有 10230 个。国内学者据此估算，到 2022 年在马来西亚注册的华人社团已超过 1.2 万个。[①] 也有学者认为，截至 2022 年，在马来西亚注册的华人社团约有 9000 个。[②] 有学者依据聚集属类的不同，将马来西亚华人社团分成以下 9 大类：综合类（如中华大会堂）、地缘类（如福建会馆）、血缘类（如李氏宗祠）、业缘类（如鲁班行）、文化教育类（如文化协会、教师总会）、宗教类（如佛教总会）、体育联谊类（如精武体育会）、慈善福利类（如华

① 黄思婷、石沧金：《马来西亚华人社团向公民社会转化的实践——以吉隆坡暨雪兰莪中华大会堂为例的分析》，《华侨华人历史研究》2023 年第 2 期。
② 陈燕妮：《东盟华人社团的功能与挑战——以马来西亚华人社团为例》，《国际公关》2022 年第 11 期。

人残障协会、广东义山）和青年妇女类（如青年团、妇女励志社）。[①] 陈燕妮根据中华大会堂总会收集到的 3417 个华人社团资料分析，华人社团以地缘类社团最多，占比为 21%；其次是宗教类与业缘类社团，占比为 16%；文化教育类社团占比为 13%；血缘类与慈善福利类社团各占比为 10%。[②] 地缘类华人社团资料中，福建方言群社团最多，占 32% 左右；广东及客家方言群社团各占 20%；潮州与海南方言群社团各占 10%；其他方言群社团占 6%。[③]

2.马来西亚华人社团功能转型

当前，马来西亚华人社团发展的最大特点是组织与功能正在转型。一方面，新型社团正取代传统社团，成为新移民互助和发展与中国关系的主要平台。[④] 21 世纪以前，绝大多数华侨华人社团是同乡会和宗亲会，进入 21 世纪以后，商会和同乡会成为新移民互助和发展与中国关系的主要平台，也是他们最热衷成立的社团组织。[⑤] 另一方面，马来西亚传统华人社团正从纯粹的华人社群组织逐步向公民组织转型。例如吉隆坡暨雪兰莪中华大会堂，通过组织内部的革新与转型、民权运动、监督政府和积极建言等方式，在推动马来西亚民主化的过程中逐渐实现向公民社会组织的演变。[⑥]

（二）马来西亚华文媒体运营多元化转型

1. 主要的华文媒体及其影响力

目前，马来西亚共有 14 家华文报纸，以及一家专门运营华文报业的上市公司——世界华文媒体集团。马来西亚发行审计局数据显示，2018 年马

① 石沧金：《马来西亚华人社团研究》，中国华侨出版社，2005。
② 马来西亚中华大会堂总会：《马来西亚华团总名册》，马来西亚中华大会堂总会出版社，2020。
③ 陈燕妮：《东盟华人社团的功能与挑战——以马来西亚华人社团为例》，《国际公关》2022 年第 11 期。
④ 庄国土：《21 世纪前期海外华侨华人社团发展的特点评析》，《南洋问题研究》2020 年第 1 期。
⑤ 庄国土：《21 世纪前期海外华侨华人社团发展的特点评析》，《南洋问题研究》2020 年第 1 期。
⑥ 黄思婷、石沧金：《马来西亚华人社团向公民社会转化的实践——以吉隆坡暨雪兰莪中华大会堂为例的分析》，《华侨华人历史研究》2023 年第 2 期。

来西亚的 14 家华文报纸中，排名前 7 位的报纸日均发行量为 56 万份，再加上另外 7 家报纸的销量，日均销量大约是 90 万份。① 据世界华文媒体集团的内部统计发现，大约有 80% 的读者订阅了《星洲日报》《光明日报》《南洋商报》《中国报》中的一种，其中《星洲日报》订阅量最高。② 《星洲日报》是马来西亚目前发行量最大的中文报纸，在报道新闻之余，还成立了文教部，长期从事中文语言文化推广活动，并出版多份面向当地中小学学生的刊物，以培养规范中文习惯及传播中华文化。③ 2019 年 6 月，中国社会科学院新闻与传播研究所和社会科学文献出版社共同发布的《新媒体蓝皮书：中国新媒体发展报告 No. 10（2019）》中，在综合影响力排名 TOP20 的海外华文媒体网站中，马来西亚有 3 家，新加坡有 2 家。新加坡的联合早报网、马来西亚的中国报网与星洲日报网综合影响力高居前三位。④ 2021 年上半年的"世界华文媒体新媒体影响力"榜单中，马来西亚《星洲日报》位列总榜前三。⑤ 受益于马来西亚华文媒体的发达，马来西亚文艺界精英辈出，例如旅台的马来西亚华人作家黄锦树、2019 年获得科幻文学大奖"雨果奖"的英文奇幻小说家曹维倩（Zen Cho）、凭"罗杰叔叔"形象于全球网络爆红的单口相声演员黄瑾瑜（Nigel Ng）、好莱坞恐怖片导演温子仁（James Wan）、旅台的知名导演蔡明亮、生长于马来西亚霹雳州怡保市并穿梭于全球的"海外华人史"研究大师王赓武。⑥ 2023 年 3 月 12 日，杨紫琼凭电影《瞬息全宇宙》获第 95 届奥斯卡最佳女主角奖，成为史上首位华裔奥斯卡影后。

---

① 张艳萍：《马来西亚华文报业发展的现状与启示》，《传媒》2020 年第 9 期。

② 《总台记者看世界｜走进马来西亚华文小学和中文报　感受当地华人的语言文化坚守》，央广网，https：//china. cnr. cn/gdgg/20230425/t20230425_526231122. shtml。

③ 《总台记者看世界｜走进马来西亚华文小学和中文报　感受当地华人的语言文化坚守》，央广网，https：//china. cnr. cn/gdgg/20230425/t20230425_526231122. shtml。

④ 转引自范佳宁《东南亚地区华文媒体发展特点与转型探索》，《声屏世界》2021 年第 6 期。

⑤ 《中国新闻社 & 中国传媒大学：2021 年上半年世界华文媒体新媒体影响力榜》，中文互联网数据资讯网，http：//www. 199it. com/archives/1297919. html。

⑥ 《瞬息全世界：马来西亚华人的蹉跎与盼望》，搜狐网，https：//www. sohu. com/a/655768488_260616。

2. 马来西亚华文媒体的多元化运营

随着中国海外新移民的增加以及中国游客规模扩大,马来西亚华文媒体不但资讯所覆盖的内容范围更为广泛和多元,而且与中国大陆、台湾、香港媒体的互动与合作加强,还搭建了多元化的中文内容输出平台,并推出更多联合制作的节目与活动。在新媒体与市场环境冲击下,马来西亚传统华文媒体正在谋求转型,传统媒体在报纸、广播、电视等领域深耕的同时,积极推动与新兴媒体在内容和渠道等方面的融合传播。当前马来西亚华文报业在数字化建设、借力社交媒体、整合发展、打造融媒体平台、坚持优质生产等方面推动转型发展。①《中国报》《星洲日报》等传统媒体开始运作新媒体账号,并宽领域、多平台寻求转型升级,其用户除马来西亚人之外,还有中国、美国、新加坡、日本等国的人。②《星洲日报》通过网站、客户端、手机报等多渠道的发展变革已成为马来西亚乃至东南亚深具影响力的中文媒体。③

四 马来西亚政治现状及华人参政特点

自 2018 年"5·9 大选"以来,"青蛙政治"成为马来西亚政治常态,④议员频繁跳槽,导致政权更迭频繁,政局较为动荡。马来人阶层分化、政党分裂与派系内斗,使华人有机会成为政治选举中的关键票源。目前,无论是华人个体参政还是华基政党都出现跨族群的现象。但马来西亚政治在族群政治与公民社会博弈之外,也出现了伊斯兰化的隐忧。

(一)马来西亚族群政治格局难以突破

马来西亚是一个多元族群、语言、文化、宗教并存的国家,"马来人、

---

① 张艳萍:《马来西亚华文报业发展的现状与启示》,《传媒》2020 年第 9 期。
② 朱景亮、钟大荣:《马来西亚华文媒体的转型升级——以〈中国报〉与〈星洲日报〉转型对比为例》,《视听》2019 年第 12 期。
③ 张颖:《华社三大支柱对海外华侨华人的影响性研究》,《江苏省社会主义学院学报》2022年第 2 期。
④ 参见苏莹莹、翟崑主编《马来西亚发展报告(2022)》,社会科学文献出版社,2023,第105 页。

华人、印度人三大民族界线分明,其外貌长相、文化信仰、生活习惯等各不相同,这给马来西亚形成种族政治提供了社会基础"①。独立以来,马来西亚虽然在形式上施行英国式议会制,但实际政治运作中却以族群政治为特色。族群政治的长期发展,从根本上重塑了马来人、华人、印度人这三大族裔的实力与地位结构。由于始终无法完全弥合英国殖民者留下的族群分化的历史鸿沟,反而在国家意识建构中饱受族群政治的掣肘,马来西亚政治反复盘旋在"马来人的马来西亚"与"马来西亚人的马来西亚"的争斗中。族群政治也深刻影响着马来西亚政局及其未来的政治发展路线。21世纪以来,随着三大族群人口数量、比例、分布与阶层结构的调整,再加上公民社会运动与伊斯兰化的两力角逐,马来西亚族群政治正呈现新的特征,推动该国政局急剧变动,也对华巫族群关系形成新的撕扯。

(二)马来西亚政权更迭频繁

近几年马来西亚政治最大的特点是"青蛙政治"导致政权更迭与政局动荡,这是马来人阶层分化、政党分裂与派系斗争的结果,也是马来西亚华人参政面临的基本情势。马来西亚2018年5月9日的第十四届大选,迎来了史上第一次的政党轮替。但希望联盟(希盟)执政短短22个月后就因为内部分裂引发"喜来登政变"。2020年2月"喜来登政变"后,朝野政党组成的国民联盟(国盟)重组政府,仅以4席的微弱优势执政(以113席对希望联盟的109席),② 难以稳定政局。2021年8月16日慕尤丁及其国民联盟内阁辞任下野,21日,伊斯迈·沙比里在国家皇宫被元首委任为马来西亚第9任首相,国民阵线(国阵)再度成为执政党。2022年11月19日,马来西亚迎来了第十五届大选,20日公布的选举结果显示:国会议席中,希望联盟获得82席、国民联盟获得73席、国民阵线获得30席、砂拉越政

① 马尤里·美林(Mayuri Mei Lin):《BBC NEWS 马来西亚大选2018:从巫族到华族 那些不欲投票的青年》,https://www.bbc.com/zhongwen/trad/world-44036115。

② 《喜来登政变后慕获113议员支持当首相》,星洲网,https://www.sinchew.com.my/content/content_2347299.html。

党联盟获得 22 席。从而，历史性地出现悬置国会。获得较多席位的希望联盟和国民联盟经过 4 天激烈的竞争游说与合纵连横，最终由希望联盟首领安瓦尔就任马来西亚第 10 任首相，组建主要由希望联盟、国民阵线、砂拉越政党联盟为主导的团结联合政府。在频繁的政权更迭中，马来西亚华人的参政热情也从 2018 年 5 月 9 日大选后的政党轮替激情中冷静下来，在马来西亚第十五届大选中，尽管华人选票依然集中投给民主行动党，但不再对其寄予争取华文教育等权利的过高期待。也有一些华人选择参加公正党等马来人政党，在马来人政党竞争之间寻求理念认同与平衡。

（三）马华公会的失意与民主行动党的困境

2018 年的大选给了马华公会及其所在的国民阵线沉重一击，作为传统华基政党的马华公会失去华人选票，只获得 1 个国会议席。而经过几十年的发展，以华人为主体但跨族群的民主行动党则掌握了不少城市华裔选区的选票，槟城、怡保、雪兰莪、芙蓉和吉隆坡联邦直辖区等都是民主行动党的强势选区，在国会下议院获得的席位也越来越多。[1] 马来西亚第十五届大选结果显示，马华公会仍然没有获得华人社会支持，民主行动党获得绝大多数华人选票，在下议院获得 42 个席位。多名华人政要入阁团结联合政府，包括交通部部长陆兆福（民主行动党）、科学工艺及革新部部长郑立慷（公正党）、旅游部部长张庆信（民主进步党）、青年部部长杨巧双（民主行动党）等。当然，在团结联合政府中，民主行动党仍可能陷入与当年马华公会类似的当家不当政、话语权不够的困境，难以帮助华人社会实现华文教育等方面的权利诉求，这种困境未来还可能随着马来西亚政治伊斯兰化而加剧。

（四）马来西亚政治的伊斯兰化

当前马来西亚政治的一个突出特点是伊斯兰化，这是当前马来西亚华人参政面临的最大隐忧。虽然马来西亚在形式上是政教分离的国家，但伊斯兰

---

[1] 苏颖欣：《大选青年战：首投族的票往哪里去?》，《当今大马》2017 年 11 月 1 日。

教作为马来民族认同的象征，在国家独立时就在宪法中被赋予重要地位，并作为马来西亚官方宗教，来彰显马来人的特殊法律地位和马来人对这个国家的传统主权。"伊斯兰教教义除了作为马来主权和马来王权的象征之外，其主要的功能是为了捍卫马来人传统文化的完整性，以避免他族文化的侵蚀。"① 正是伊斯兰教的地位优势赋予了马来族群的地位优势，因此各马来政党无论在竞选或者执政中，都将捍卫马来人、捍卫伊斯兰教作为最基本的政治核心。伊斯兰党（Parti Islam SeMalaysia）和马来民族统一机构（Pertubuhan Kebangsaan Melayu Bersatu，简称"巫统"）相互竞争谁更能"捍卫伊斯兰"；在2018年马来西亚第十四届全国大选时的焦点是伊斯兰党和国家诚信党（Parti Amanah Negara）对虔诚穆斯林选票的争夺；而第十五届全国大选时的焦点是伊斯兰主义者的多角对决，出现马来西亚政治伊斯兰化的"绿潮"现象。尽管从马来西亚第十五届全国大选结果看来，马来西亚公民社会与民主化进程正在推进，但政治伊斯兰化现象对期待马来西亚走上世俗民主之路的马来西亚华人来说仍是值得忧虑的问题。

五　马来西亚华人促进中马关系的积极作用

马来西亚华人不仅倾几代人之努力发展起体系完整的华文教育，还通过华人社团、华文媒体、华基政党等促进中华文化在马来西亚的传承与传播。长期以来，马来西亚华人发挥跨语言、跨文化的优势，从不同层面推动着中马民间友好关系的建构，马来西亚华商更是在促进中马经贸关系方面有着突出的积极作用，成为中马友好关系中最稳定的压舱石。

（一）马来西亚华商发展现状

21世纪前，海外华商的特点就是东南亚成为海外华商实力的聚集地。②

---

① 陈中和：《当代马来西亚政教关系研究——以伊斯兰教法律地位的变迁为视角》，《海洋问题研究》2018年第1期。
② 庄国土：《21世纪前期海外华商经济实力评估》，《南洋问题研究》2020年第3期。

马来西亚华商的整体规模和实力在东南亚国家中较为突出。马来西亚华商在马来西亚经济中地位独特：一方面，华商的族裔经济属性特征明显，其发展深受马来西亚族群政治制度环境的掣肘；另一方面，马来西亚华商企业作为当地民族经济的重要组成部分，已完全融入当地主流社会，华商推动了马来西亚社会经济及就业的增长，为促进马来西亚经济现代化做出了巨大贡献，"虽然面临着种族比例逐渐下降的窘境，华人在很大程度上仍然主导着中小企业的生产和商业活动"①。

1. 马来西亚华商分布特点

马来西亚华商大企业主要分布在农业、建筑、房地产、制造业、金融业、百货零售、服务业等领域。马来西亚华商遍布马来西亚各个州和城市。华商企业所在地主要集中在吉隆坡、槟城州、霹雳州、柔佛州、雪兰莪州等华人分布较为集中的工业区。从制造业来看，马来西亚北部的槟城州在半导体和电子产品制造方面占据优势，中北部的霹雳州主要生产食品和与食品相关的产品，中部的雪兰莪州以生产交通设备和机电产品为主，南部的柔佛州主要生产纺织品、木制品和服装。②

吉隆坡是马来西亚华商最为集中的地区之一，著名的商业区如武吉兔登、八打灵再也和蒲种等地都有华商活跃。华商主要经营零售业、餐饮业、房地产业和金融服务业。吉隆坡以金融服务业和房地产业最为发达，许多知名华商的公司总部坐落于此。金融业如郑鸿标的大众银行和林梧桐的云顶有限公司。房地产业最广为人知的则是 IOI 集团。IOI 集团的李耀祖、李耀升昆仲，2024 年以 53.5 亿美元身家，首次跻身福布斯马来西亚富豪榜前四。③

槟城州是马来西亚的第二大经济中心，华商在槟城州从事零售业、餐饮业、手工艺品和旅游业等行业。乔治市乔治城区的华商十分活跃。著名的华

---

① 黄锦荣、黄玉琪：《新经济政策，族群关系均衡与马来西亚华商：以定量宏观经济模型为重检视角》，《华人研究国际学报》2017 年第 2 期。

② 刘文正：《21 世纪初马来西亚华商的经济地位》，《东南亚纵横》2013 年第 7 期。

③ 《祖籍泉州，最强"棕油大王"家族二代兄弟档，跻身大马第四大富豪》，手机新浪网，https：//k. sina. cn/article_6034141786_ 167a9b25a0010111ig. html？ kdurlshow = 1&wm = 3049_ 0047&from = estate。

人街道如世界遗产地区的亚答街和文化街也是华商的主要聚集地。槟城州素有"东方硅谷"之称，高科技工业蓬勃兴起，许多国际电子公司来此设厂，生产电脑配件、电路板或芯片等。槟城州也是马来西亚最大的电子港和工业州，并占有全世界8%的半导体制造市场份额，是马来西亚经济发展重镇之一。许多华商在槟城州经营旅游业和电子业。旅游业的代表是郭鹤年集团的槟城香格里拉沙洋酒店度假村，槟城州市区将近72%的酒店及民宿都由华商经营。电子业代表如周永卡于1965年创办的Pensonic（本视力）集团，逐渐由一家电器铺发展成如今的巨大规模，产品出口全球30多个国家（包括中国）。

霹雳州怡保市也是马来西亚重要的商业和工业中心，怡保市的华商主要从事种植业、制造业、餐饮业和房地产业等。在老城区，大部分的当地华人主要从事的行业是药材业。怡保市的华商企业代表是李振辉的怡保工程公司（IJM），它是当地最大的种植业及开采业兼房地产业公司，曾在2017年负责修建印度109公里长的52号国道，是马来西亚华资出海的杰出代表。

新山市是柔佛州重要的商业和工业中心，新山市华商主要从事零售业、餐饮业、房地产业和制造业等行业，对该地区的经济发展和就业做出了贡献。林刚河的依斯干达海滨控股私人有限公司是与中国中铁集团（CREC）联营开发大马城的本地企业。该公司也在柔佛州依斯干达特区持有4000英亩土地，发展潜力相当可观。

2. 马来西亚华商的实力

马来西亚华商的综合实力十分可观。据《福布斯》公布的2023年全球亿万富豪榜，马来西亚总共有18人入榜，其中大部分是马来西亚华商如丹斯里郭鹤年、丹斯里郭令灿、丹斯里管保强等富豪，他们的身家分别为118亿美元、101亿美元、40亿美元。[1] 2024年4月23日，福布斯发布2024年马来西亚富豪榜，马来西亚前50位富豪的财富总和仅增长了2%，达到834

---

[1] 廖慧音：《大马18人挤进福布斯全球亿万富豪榜》，https://www.orientaldaily.com.my/news/nation/2023/04/05/557747。

亿美元。其中，排名前五的马来西亚富豪是丹斯里郭鹤年、丹斯里郭令灿、郑氏兄弟姐妹、李耀祖李耀升兄弟、管保强家族，其身家分别是 115 亿美元、88 亿美元、54 亿美元、53.5 亿美元、53 亿美元。① 近年来，马来西亚华商在医疗保健行业颇有建树，丹斯里林伟才创办的顶级手套集团在新冠疫情期间崭露头角。疫情期间，顶级手套集团成为全球最大的手套制造商，一年可以生产高达 100 亿只手套，在马来西亚、泰国、中国、越南、德国、美国、巴西等 7 个国家开展业务。②

（二）马来西亚华商的社会影响力

马来西亚华商已融入当地的主流社会，并以其独特的国际视野和经商智慧为马来西亚经济做出贡献，因而也在马来西亚社会拥有良好的声誉和影响力。马来西亚华人商会组织遍布全国各地，其中影响力最大的华商组织是马来西亚中华总商会。马来西亚中华总商会这样的华人商会组织功能多元，能够"在与当地经济利益团体的接触中充当沟通和对话的角色"③，维护当地华商在经济上的利益，也向政府反映工商界的声音，甚至成立智囊团对社会经济课题进行专业研究，更在中马经贸中充当桥梁角色。例如，马来西亚政府许多的经济咨询委员会、对话会、研讨会等都邀请马来西亚中华总商会委派代表出席。近年来，华商中的代表也陆续受邀加入马来西亚政府成立的经济委员会，以协助政府解决国家经济问题。例如，希望联盟首度执政时，时任总理马哈蒂尔考虑到新内阁成员缺乏执政经验，成立了由 5 个人组成的"资政理事会"，为国家经济及金融事务提供咨询，丹斯里郭鹤年是其中一员。国民联盟执政时期，慕尤丁政府成立了"经济行动理事会"以辅助政府处理国家经济事务，参与的主要华商代表有双威集团的主席丹斯里谢富年和 The Edge 媒体集团主席丹斯里童贵旺。安瓦尔的团结联合政府则

---

① 《福布斯 2024 马来西亚富豪榜发布：潮人占 4 席，这个潮商家族以 54 亿美元跻身第三》，搜狐网，https：//www.sohu.com/a/773984198_474772。

② 《关于我们》，顶级手套集团网，https：//www.topglove.com/home-cn。

③ 任娜：《海外华人社团的发展现状与趋势》，《东南亚研究》2014 年第 4 期。

委任马来西亚中华总商会总会长卢成全担任上议员，以加强政府与工商界的沟通。

（三）马来西亚华商促进中马经贸关系的积极作用

1. 中马经贸双边投资与贸易繁荣发展

2022 年马来西亚人口 3394 万人，人均 GDP 约 12040 美元，根据世界银行标准划分，马来西亚属于中高等收入国家。[①] 近年来，中国对马来西亚投资额保持高速增长，投资领域更趋多元化，除制造业以外，还涵盖新能源、电力、石油化工、轨道交通、港口、农渔业、金融等多个领域。据马来西亚投资发展局（MIDA）统计，2021 年，其批准的中国企业在马来西亚制造业领域投资金额为 40 亿美元，在疫情影响下仍保持规模总体稳定。"两国双园"、埃德拉电力公司、中车东盟制造中心、山东岱银纺纱厂、联合钢铁厂、山东恒源收购壳牌马来西亚炼油厂等项目进展顺利。[②] 中资企业在马来西亚承包工程业务是中国与马来西亚务实合作的重要组成部分。中资企业在马来西亚承包工程主要着眼于基础设施建设，积极实现建营一体化转型，在建项目主要集中在水电站、桥梁、铁路、房地产等领域。数字经济和绿色经济是中马两国之间具有广阔发展空间的合作领域。中国企业在 5G 基础设施建设、数据中心、电子商务、人工智能等方面都有着较好的技术积累和实践经验，积极广泛地参与了马来西亚的数字化转型。[③] 中国出口到马来西亚的产品中，新能源汽车及零件、电视机、洗衣机等白色家电以及各种生活小家电具有一定的市场竞争力。

近年来，中马双边贸易也持续繁荣发展。马来西亚投资发展局公布的报告显示，2022 年，中国是马来西亚最大外资来源地，马来西亚共批准外国

---

① 《马来西亚贸易指南 2023》，东莞市商务局网站，https：//dgboc. dg. gov. cn/attachment/0/227/227216/4122463. pdf。

② 《对外投资合作国别（地区）指南马来西亚（2022 年版）》，中国商务部网站，https：//www. mofcom. gov. cn/dl/gbdqzn/upload/malaixiya. pdf。

③ 《对外投资合作国别（地区）指南马来西亚（2022 年版）》，中国商务部网站，https：//www. mofcom. gov. cn/dl/gbdqzn/upload/malaixiya. pdf。

直接投资 1633 亿令吉，来自中国的投资额达 554 亿令吉，占 33.9%。① 马来西亚是中国在东盟的第二大贸易伙伴、第二大出口市场和第一大进口来源国，中国连续 14 年成为马来西亚最大的贸易伙伴。② 据中国海关统计，2021 年双边贸易额达 1768 亿美元，同比增长 34.5%。③ 2022 年中马双边贸易额为 2035.9 亿美元，突破历史新高。④ 2022 年中国对马来西亚出口商品总值为 9371125.16 万美元，相比 2021 年同期增长了 1496927.19 万美元，同比增长 16.2%；中国自马来西亚进口商品总值为 10987897.99 万美元，相比 2021 年同期增长了 1181654.68 万美元，同比增长 12.1%。⑤

2. 马来西亚华商促进中马经贸关系作用凸显

随着中马经贸关系的加深，马来西亚华商的重要性日益凸显。马来西亚是中国"一带一路"建设中重要的节点国家，利用好马来西亚华商的优势，可以在"一带一路"建设中发挥至关重要的作用。⑥ "一带一路"为中国和马来西亚的经贸关系发展注入了平等协商、互助共建、开放共享的理念。⑦ 2022 年 3 月 18 日，全球规模最大的自由贸易协定《区域全面经济伙伴关系协定》（RCEP）对马来西亚正式生效。随着"一带一路"倡议的推行以及《区域全面经济伙伴关系协定》的实施，马来西亚华商在亚太区域经济合作中也扮演着重要角色。特别是"一带一路"倡议在马来西亚的推进成为当地华商与多重跨国力量互动的重要场域，是塑造和影响华商身份认同的重要

① 《马来西亚总理：中国是马来西亚重要经济伙伴》，中国证券网，https://news.cnstock.com/news，bwkx- 202303-5028201.htm。

② 《马来西亚贸易指南 2023》，东莞市商务局网站，https://dgboc.dg.gov.cn/attachment/0/227/227216/4122463.pdf。

③ 《对外投资合作国别（地区）指南马来西亚（2022 年版）》，中国商务部网站，https://www.mofcom.gov.cn/dl/gbdqzn/upload/malaixiya.pdf。

④ 《中国马来西亚去年双边贸易额首度突破 2000 亿美元》，中国新闻网，https://www.chinanews.com.cn/gj/2023/01-17/9937191.shtml。

⑤ 《马来西亚贸易指南 2023》，东莞市商务局网站，https://dgboc.dg.gov.cn/attachment/0/227/227216/4122463.pdf。

⑥ 杨丽尧、殷勇、席文佳、徐亮：《"一带一路"战略背景下马来西亚华人华侨的作用》，《亚太安全与海洋研究》2017 年第 5 期。

⑦ 谷合强：《"一带一路"与中国—东盟经贸关系的发展》，《东南亚研究》2018 年第 1 期。

动力因素之一。① 中马政府合作建设马中关丹产业园区和中马钦州产业园区，树立了"两国双园"合作模式的典范，② 基建项目则有马来西亚东海岸铁路项目。③

目前，马来西亚促进中马经贸的主要行业商协会及贸易促进机构有：马中商务理事会、马来西亚中华大会堂总会、马来西亚中华总商会、马来西亚中国总商会、马中友好协会、马来西亚全国工商总会。④ 其中，马来西亚华人商会组织促进中马经贸合作的作用尤其突出。许多马来西亚华人企业也积极参与"一带一路"倡议相关的投资和合作项目，例如，马来西亚华人企业家丹斯里郭鹤年的嘉德世集团就是马来西亚东海岸铁路项目的主要投资者之一，该项目总投资超过130亿美元。2023年是"一带一路"倡议提出10周年，也是中马全面战略伙伴关系建立10周年。完美（中国）有限公司董事长、马来西亚丹斯里皇室拿督古润金称："对海外华商来说，'一带一路'倡议是开放合作、利国利民的好机遇，也是搭乘中国发展'顺风车'的好时机。"⑤

2023年3月29日，马来西亚总理安瓦尔正式对华展开为期4天的国事访问，其率领的访华代表团中有不少的华人部长，例如交通部部长陆兆福、地方政府发展部部长倪可敏、马华总会长拿督斯里魏家祥等。马来西亚中华总商会也借此机会率领大约300位工商界的精英到中国进行参访。⑥ 2023年3月31日，中国国家主席习近平会见来访的马来西亚总理安瓦尔。习近平指出，"中马两国不仅是隔海相望的好邻居，也是志同道合的好朋友、携手

---

① 任娜：《"一带一路"视野下马来西亚新生代华商跨国网络的重构》，《世界民族》2022年第5期。

② 《"两国双园"十年联动发展 中马国际产能合作再升级》，新华网，http：//www.news.cn/world/2023-04/10/c_1129508335.htm。

③ 《马来西亚民众：盼这条中国承建的铁路早通车》，新华网，http：//www.news.cn/world/2023-03/13/c_1129429688.htm。

④ 《马来西亚贸易指南2023》，东莞市商务局网站，https：//dgboc.dg.gov.cn/attachment/0/227/227216/4122463.pdf。

⑤ 《马来西亚华商古润金：受益华文教育 播种文化交流》，中国新闻网，https：//www.chinanews.com.cn/hr/2023/03-27/9979290.shtml。

⑥ 《配合首相访华 中总率逾300工商界精英赴华参访》，马来西亚中华总商会网，https：//www.acccim.org.my/acccim-300-delegates-to-china/。

发展的好伙伴。去年 3 月，你就任总理后首次访华，我们就共建中马命运共同体达成重要共识。一年多来，双方保持各层级密切交往互动，高质量推进各领域互利合作，为两国人民带来实实在在的好处。""双方要加强发展战略对接，深化全方位互利合作，持续推进高质量共建'一带一路'，共同实施好'两国双园'等旗舰项目，打造数字经济、人工智能、新能源等合作新增长点，探讨建立减贫交流合作机制。"① 在这次的访华行程中，马来西亚总理安瓦尔取得了丰硕的成果，其中马来西亚的多元重工、PLS 种植、林木生集团和征阳集团等 4 家上市公司均与中国企业签署备忘录。② 马来西亚华商的表现更是非常抢眼，马来西亚中华总商会促成马中企业签署了 19 份总价值高达 1700 亿令吉的谅解备忘录。③

为开拓更多的商机，马来西亚华商还积极与中国各级政府开展交流活动，借此增加双方在不同领域的贸易投资。2023 年 5 月 29 日，中国（山东）—马来西亚经贸合作交流会在吉隆坡举办，中马两国互派代表参与此次交流会。马来西亚与山东的产业互补性增强了中马两国投资者的信心，双方在交流会上进一步探讨在电子、化工、汽车制造、矿山机械、热带农业等不同领域的合作前景。④ 不仅如此，山东在中马贸易中处于领先地位，2022 年马来西亚与山东的进出口总额约占两国贸易额的 1/5。⑤ 亚太区域经济的繁荣也让马来西亚华商对中马经贸的巨大潜能充满信心，同时为马来西亚华

---

① 《习近平会见马来西亚总理安瓦尔》，中国政府网，https：//www.gov.cn/yaowen/liebiao/202411/content_6985444.htm。

② 《4 大马上市公司 与中企签备忘录》，星洲网，https：//www.sinchew.com.my/20230401/4%E5%A4%A7%E9%A9%AC%E5%85%AC%E5%8F%B8%E4%B8%8E%E4%B8%AD%E6%96%B9%E7%AD%BE%E5%A4%87%E5%BF%98/。

③ 《安华见证签署 19 备忘录——中投资马 1700 亿创新高》，星洲网，https：//www.sinchew.com.my/20230401/%E5%AE%89%E5%8D%8E%E8%A7%81%E8%AF%81%E7%AD%BE%E7%BD%B219%E5%A4%87%E5%BF%98%E5%BD%95-%E4%B8%AD%E6%8A%95%E8%B5%84%E9%A9%AC1700%E4%BA%BF%E5%88%9B%E6%96%B0%E9%AB%98/。

④ 《中国（山东）—马来西亚经贸合作交流会在吉隆坡举行》，新华网，http：//www.news.cn/world/2023-05/31/c_1212194177.htm。

⑤ 林淑芸：《电子·化工·汽车·农业等合作前景广阔 山东乃中国对马贸易额最大省份》，https：//www.orientaldaily.com.my/news/nation/2023/05/29/569411。

商发掘新机遇注入动力。据亚洲开发银行发布的《2023 年亚洲发展展望》，预计亚太地区 2023 年、2024 年的经济增长速度有望达到 4.8%。[①] 国际货币基金组织（IMF）在 2023 年 5 月的《地区经济展望》报告中，认为亚太地区的经济发展在全球经济放缓的情况下仍然充满活力，中国经济复苏与印度经济增长对亚洲活力贡献力量。[②] 2024 年 4 月 30 日，国际货币基金组织（IMF）在新加坡发布 2024 年 4 月的《亚太区域经济展望》报告。报告预测，2024 年亚太地区经济增长超出此前预期，将达到 4.5%。亚太地区仍是全球经济最有活力的地区，其经济增长占全球经济增长的 60%。[③] 马来西亚华商也将在促进中马经贸关系的过程中获益，迎来自身发展机遇，巩固与提升经济实力，并为马来西亚经济重振做出贡献。

综上所述，马来西亚华人社会发展主要呈现以下特点：一是由于低生育率叠加再移民等因素，华人人口占比正逐年下降；二是华文教育体系完整，但也面临制度性限制、财政与社区支持不足等发展危机；三是马来西亚华人社团组织数量多，类别齐全，传统社团出现向公民组织功能转型趋势，商会、同乡会、专业社团等成为新移民互助和发展与中国关系的主要平台；四是马来西亚华人社会积极传承与传播中华文化，传统华文媒体正在宽领域、多平台寻求转型升级，积极运作新媒体账号，并在国际上拓展用户群体；五是马来西亚华人从多层面推动中马民间交流与友好，尤其是马来西亚华商在促进中马经贸关系中发挥积极作用，推动中马双边投资与贸易繁荣。

---

① 《亚行预测亚太地区今明两年增速将达 4.8%》，亚洲开发银行网，https：//www.adb.org/zh/news/adb-forecasts-4-8-growth-asia-and-pacific-2023-and-2024。

② 《亚太经济在不确定环境下持续复苏》，国际货币基金组织网，https：//www.imf.org/zh/Publications/REO/APAC/Issues/2023/04/11/regional-economic-outlook-for-asia-and-pacific-april-2023。

③ 《IMF 预测亚太地区 2024 年经济增长 4.5%》，光明网，https：//m.gmw.cn/2024-04-30/content_1303726374.htm。

B.10
缅甸曼德勒市华文学校发展情况调查研究[*]

沈玲 〔缅〕周改艳[**]

摘 要： 缅甸的华文教育至今未纳入国民教育体系，通过对曼德勒市 7 所华文学校的调查发现，该市的华文学校在办学性质、办学条件、教学方法、师资数量与结构、教材使用、生源数量等方面较前有所发展，但仍存在管理专业化程度不高、办学经费不足、高水平专业师资匮乏、生源流失、教学方法传统等问题。曼德勒市的华文学校需要建立专业化的管理体系，多方面募集资金，改善办学条件和师资待遇；注重本土教师的培训与培养；改进教学方法，以求获得更大发展。

关键词： 华文教育 汉语教学 华文学校 曼德勒

一 缅甸华文教育发展历史概述

缅甸现有人口 5458 万人，共有 135 个民族，主要有缅族、克伦族、掸族、克钦族、钦族、克耶族、孟族和若开族等，缅族约占总人口的 65%。官方语言为缅甸语，各少数民族均有自己的语言，其中克钦、克伦、掸和孟

———————

* 本文系国务院侨办 2022 年度华文教育研究课题—般项目（项目编号：22GQB122）的研究成果。
** 沈玲，博士，华侨大学华文学院副教授，主要研究方向为华文教育、文学理论、文化传播等；周改艳，硕士，缅甸云华师范学院教师，主要研究方向为华文教育。

等民族有文字。全国 85% 以上的人信奉佛教，约 8% 的人信奉伊斯兰教。①

缅甸和中国是共饮一江水的胞波兄弟，缅甸是第一个与中国签订边界条约的国家，也是中国南方丝绸之路的重要合作伙伴之一。中缅两国于 1950 年 6 月 8 日建交。资料显示，约在 1 世纪，中缅双方就互有往来。中国人移居缅甸的历史也较早。现在缅甸华人华侨的数量没有确切的统计资料。"缅甸现有华人华侨约 250 万，主要分布在仰光、曼德勒、勃生、毛淡棉等主要城市。华人华侨中以云南籍为多，福建籍次之，广东籍位居第三。闽、粤籍华人华侨主要分布在中部和南部地区，缅北地区则以滇籍华人华侨为主。"②

海外华侨华人非常注重本民族的语言文化传承，在缅华人也不例外。他们为了将中华优秀传统文化传承下去，选择在华人聚集较多的地区开办私塾、补习班和学校等。1903 年，闽侨林国重、杜诚浩、陈今在等人在仰光创办了第一所华侨学校——中华义学，缅甸的华文教育开始走向正规化。之后，各类华文学校纷纷出现。1904 年，益商学院成功创办。1909 年，仰光福建女子学校创办。1917 年，中国女子公学在仰光成立。1920 年，黄水田创办振乾、振坤、乾坤幼稚园三校，后并为乾坤学校。1921 年，缅甸华侨创办的第一所中学——仰光华侨中学成立，揭开了缅甸华文教育最重要的一页。二战期间，缅甸的华文学校经历了解散、停办、复办的过程。1951 年，缅甸政府颁布了《私立学校登记条例》，要求在校生人数超过 20 人的私立学校都必须登记注册，但政府并未采取任何措施干预缅甸华文教学的发展，对华文学校的课程、课本和管理仍然给予了很大自由。

1962 年奈温政府上台后，颁布了《私立学校国有化条例》，将多所华文学校收归国有，政府规定华文学校学生必须接受缅文课程，外文授课时间每天不可以超过 1 小时，如果华文学校要讲授华文，只能利用课余时间。1967 年颁布的《私立学校登记条例修改草案》规定除了单科补习学校之外，不准开办其他私立学校。为讲授中文，缅南地区失业的华文教师办起了家庭汉

---

① 《缅甸国家概况》，中华人民共和国驻缅甸联邦共和国大使馆网，http：//mm.china-embassy.gov.cn/chn/ljmd/abad/201705/t20170509_1770825.htm。

② 吴应辉、杨叶华：《缅甸汉语教学调查报告》，《民族教育研究》2008 年第 3 期。

语补习班。可惜好景不长，1967 年"6·26 事件"之后，汉语补习班也被政府禁止。华文教学受到了严格的管制，缅甸的华文教育发展严重受挫。直至 1988 年缅甸开始实施开放政策，汉语教学才得以复苏。2012 年 12 月 4 日，缅甸政府发布法令允许开办私立中学，该法令虽然没有明确华文教育的合法地位，但缅甸的汉语教学迎来了相对宽松的政策环境。

缅甸现在主要有以下几类讲授汉语的学校。第一类是佛经学校。这类学校兴起于 20 世纪 60 年代。当时受奈温政府国有化政策影响，缅甸的华文教育受到严格管制，华文教师全部被解聘，但缅甸华人华侨并没有就此放弃汉语教学，而是以"佛经""孔教"为名开办补习班和补习学校。这种将汉语教学与佛教结合起来的形式符合缅甸奉佛教为国教的国情，不会被政府查禁。至今缅甸多数华文学校仍沿用此法进行汉语教学。有一些华文学校也开始和中国的学校进行深度合作，如缅北腊戍黑猛龙中学与中国昆明市昭通小学合作，缅甸云华师范学院与中国云南工商学院、中国云南民族大学合作办学等。第二类是缅甸果敢地区的果敢文学校。果敢族是缅甸的少数民族，果敢文学校是讲授果敢这一少数民族语言的学校，是得到缅甸政府认可的学校。这类学校进行的果敢文教学其实就是汉语教学。第三类是孔子课堂。这是中国高校与缅甸较大的华文学校合作办学的一种新形式。缅甸没有孔子学院，但有规模较小的孔子课堂。2009 年至今，缅甸成立了 3 所孔子课堂，分别是缅甸曼德勒福庆语言与电脑学校（以下简称"福庆学校"）孔子课堂、仰光福庆语言与电脑学苑孔子课堂、缅甸云华师范学院和中国云南师范大学合作兴办的缅甸东方语言与商业中心孔子课堂。其中仰光福庆语言与电脑学苑孔子课堂是仰光第一家孔子课堂，也是缅甸南部规模最大的一所非营利华文学校。第四类是讲授缅文、英文、中文的三语学校。这是缅甸近年来新兴起的由缅甸各类商界精英合资兴办的国际学校。2007 年，曼德勒昌华国际学校的建立开启了缅甸三语学校的潮流。曼德勒新世纪国际学校和云华师范学院分别于 2010 年和 2013 年成立三语学校。这类学校的学生早上 6 点~8 点 10 分学习中文，早上 9 点~下午 3 点 30 分学习缅文和英文，下午 4 点~5 点 30 分继续学习中文。三语学校解决了学生家长接送的压力问题和交通问题，成为很多家长的首选。还有一类是缅甸的正规大学。缅甸仰光外国语大学、曼德勒外国语大学都开设有中文专业，可以颁发中文专业学士、硕士和博士学位证书。缅甸国防大学开设有一年的中文进修班。另外，缅甸仰光、勃生等城市有一些华文补习班，这些补习班一般规模较小，师资与教学条件都较为一般。

二　调查的基本情况说明

曼德勒市是缅甸第二大城市，同时也是缅甸中北部政治、经济、文化、教育中心。"曼德勒市辖区人口为172.6万（2014年），曼德勒市华人、华侨约10万。有四大同乡会：云南同乡会、福建同乡会、广东同乡会和多省籍同乡会。根据各同乡会在册人数统计，以云南人居多，约占总数的66.4%；福建人次之，约占总数的22.1%；广东人再次之，约占总数的8.8%；多省籍华人最少，约占2.7%。曼德勒大多数华人已移居缅甸数代，但不同祖籍的华人依然保留着各自的语言和风俗习惯。曼德勒华人多以经商为主，领域涉及小商品销售、酒店、玉石珠宝、汽车制造、木材、教育、医药等。"① 包括曼德勒市在内的曼德勒地区华人华侨数量并没有确切的统计数据，不同的学者有不同的说法。如邹丽冰从缅甸移民局总部得到的数据显示，曼德勒省总人口6396472人，华人总人口50994人，华人占0.797%。② 因为移民局只统计通过正式途径进入缅甸获得身份的华人，该统计数据并不能完全体现曼德勒省华人的真实情况。有研究者认为"曼德勒省华人、华侨40多万，曼德勒市华人、华侨约7到10万"③。有研究者在分析曼德勒省华人主要聚居地时，根据缅北华文教育促进会提供的

---

① 张娇霞：《缅甸曼德勒市华裔中学生汉语学习情况调查研究——以昌华学校为例》，硕士学位论文，西北师范大学，2020，第10页。
② 邹丽冰：《缅甸汉语传播研究》，博士学位论文，中央民族大学，2012，第32页。
③ 段颖：《城市化抑或华人化——曼德勒华人移民、经济发展与族群关系之研究》，《南洋问题研究》2012年第3期。

资料指出，"曼德勒市：主要居住云南籍、福建籍、福州籍、广东籍、湖北籍和多省籍等。根据 2019 年统计，华人人口共有 50000 左右"①。虽然不能完全确定曼德勒市和曼德勒地区究竟有多少华人、华侨，但曼德勒市作为缅甸华人集聚最多的地区之一，是缅甸华文教学的重镇，这一点基本是可以肯定的。

现在曼德勒市共有 7 所规模较大的华文学校，包括孔教学校、育才学校、明德学校、福庆学校、云华师范学院、昌华国际学校和新世纪国际学校。2005 年，昌华国际学校建立，2007 年成立中文部。2010 年，新世纪国际学校开办，这两所学校的建立使曼德勒市出现了缅、汉、英三语学校。2013 年，在云南会馆的推动下，曼德勒市又建立了唯一一所以培养师范生为主的云华师范学院。曼德勒市的华文学校既有传统的教学模式，也有新式的教学模式，办学形式多样，办学层次完整，较好地满足了当地民众的汉语学习需求，有一定的典型性与代表性，值得学界关注。现在随着中国综合国力的提升和国际地位的提高，世界范围内兴起"汉语热"，同时中缅两国交往日益频繁，随着中国"一带一路"倡议的成功实施与澜湄合作的深入推进，缅甸的汉语人才需求迫切。"中国的语言与文化输出战略因缅甸法律的规定无法进入到缅甸本土的大学校园，而必须与当地华文教育结合在一起。"② 因此，关注缅甸华文教育的发展有重要的现实意义。本研究将通过对曼德勒市 7 所华文学校现状的分析，对曼德勒市华文教育的发展特点、存在问题和改进措施进行思考，以期为缅甸华文教育的发展提供借鉴。

本研究通过实地走访、发放问卷、深入汉语课堂以及对华文学校师生进行访谈等方法获取一手资料。其中，针对缅甸曼德勒市华文学校汉语教学现状的情况，设计了缅甸曼德勒市华文学校汉语教学现状调查问卷，问卷编写

---

① 刘友华：《缅甸北部地区汉语教学现状、问题及其对策》，硕士学位论文，云南大学，2020，第 13 页。
② 刘权：《整合与分化——从华文教育看曼德勒华人社会的内部关系》，博士学位论文，云南大学，2015，第 5 页。

参考冯帅[1]、赵兴媛[2]等人的论文，同时根据调查对象的实际情况和研究目的进行了改编设计。学生问卷主要分为6个板块，共29题，主要包括调查对象的基本信息、学习动机、HSK考试情况、对教师教学方法的看法、课前课后学习情况、对教材的看法、希望学校举办的活动等问题。教师问卷主体部分有7个板块，共30题，主要包括调查对象的基本信息、选择从教的原因、对薪资的看法、教学方法、对教材的评价、对学校管理的看法、对缅甸华文教育的看法等问题。

接受调查的7所华文学校中，考虑到不同学校的学生手机使用情况，调查分别采用了电子版问卷和纸质版问卷，分批次展开调查。2022年1~2月，面向新世纪国际学校、云华师范学院和昌华国际学校派发电子版问卷，在学校领导的帮助下发送给初高中学生填写。共发放200份问卷，经过内容筛查后确定有效问卷167份。2022年3~5月，面向育才学校、福庆学校、明德学校和孔教学校学生发放200份纸质版问卷，经班主任发放并收集后的有效问卷为177份。两次调查共发放问卷400份，回收问卷400份，有效问卷344份，有效率为86%。教师版问卷通过微信一对一联系教师本人，共发放70份，回收54份，有效问卷54份，有效率为77%。

三　曼德勒市华文学校的发展现状

（一）学校方面

1. 华文学校形式多样

调研发现，缅甸曼德勒市既有办学历史悠久的华文学校，又有新崛

---

① 冯帅：《曼德勒市华文教育发展现状、问题及对策研究》，硕士学位论文，广西民族大学，2017，第64~68页。

② 赵兴媛：《缅甸曼德勒地区汉语教材及使用情况的考察》，硕士学位论文，上海师范大学，2017，第67~76页。

起的华文学校。各华文学校的建校时间如表1所示。其中开办于20世纪的孔教学校、明德学校和福庆学校见证了缅甸华文教育的兴盛、衰落、复兴。孔教学校始建于1965年，至今已有近60年历史，学校现有东校区（总部）、南校区、西（新城）校区和北校区等四大校区。明德学校属于腊戍明德学校的分校，坐落于81条街，在曼德勒市是规模较小的华文学校，学生人数500人左右，开设有幼儿园、小学部、初中部、高中部。原名福庆宫托儿所的福庆学校，开办于1993年11月。最初是为了适应当地的社会需求，创办了成人速成班。2003年，福庆学校进行了大规模的改革。2009年，与中国云南大学合作成立孔子课堂；2010年与中国云南省侨办云南海外文化交流中心缅甸中心合作，为适应缅甸的需求，设立了多个教学点。

曼德勒市新崛起的华文学校如昌华国际学校、育才学校、新世纪国际学校和云华师范学院等在短时间内发展迅速。昌华国际学校是由曼德勒商业界精英、侨团领袖、社会贤能融资创建的学校。学校设有小学、初中、高中13个年级、28个教学班。育才学校开办有小学部和中学部，已有5届高中毕业生。新世纪国际学校是缅甸新世纪教育（CPEC）旗下的一个校区，也是当地华人侨领、商界精英等投资兴建的中文学校。开办于2013年的云华师范学院是缅甸唯一一所冠名为"师范学院"的华文学院，也是一所以培养华文中小学新型师资为主，中小学基础教育、学前教育和职业培训为辅的综合性华文学院。云华师范学院与中国昆明华文学院合作办学，学制3年，毕业后发放中国华侨大学大专文凭。2013年9月开班办学的当年，云华师范学院即接收来自缅甸不同地区的60位师范生，学习期间学校与昆明华文学院联合对家庭困难的学生免学费、免住宿费和发放生活补贴，鼓励学生继续就读，至今已培养了将近1000名师范生，已成为缅华社会华文教育的新兴力量。①

---

① 资料来源：云华师范学院C董事。

表 1 曼德勒市 7 所华文学校建校时间一览

学校名称	孔教学校	明德学校	福庆学校	昌华国际学校	育才学校	新世纪国际学校	云华师范学院
建校年份	1965 年	1977 年	1993 年建校（2008 年签订协议，2009 年正式挂牌"孔子课堂"）	2005 年建校（2007 年设立中文部）	2002 年建校（2008 年正式建立中文教学体系）	2011 年	2013 年
创办者		缅北曼德勒明德文教会	曼德勒福建同乡会	云南同乡会等	李宏保、陈玉洁	云南同乡会等	云南同乡会
性质	公益性	公益性	公益性	营利性	公益性	营利性	公益性

注：孔教学校的创办者无法确证，故空缺。

表 1 是曼德勒市华文学校的基本情况，其中反映了缅甸华文教育的发展变化。孔教学校、明德学校成立于 20 世纪六七十年代，当时缅甸华文学校的主体是佛经学校，宗教团体是办学主体。20 世纪 90 年代，缅甸华文教育的办学主体是同乡会。曼德勒福建同乡会于 1993 年创办了福庆学校。进入 21 世纪以来，曼德勒市又出现了一种新型的华文学校，投资主体从华人社团转变为社会贤达、商界精英等共同出资认筹。像昌华国际学校和新世纪国际学校都是这类新型的以盈利为目的的学校，学校有较好的办学条件，学费也相对较高，学生群体主要来自富裕家庭。曼德勒地区的华侨华人祖籍地以中国云南、福建两省为多，表 1 显示，曼德勒市 7 所华文学校中，由云南同乡会和福建同乡会创办的华文学校占了多数。这也说明缅甸华文教育的发展与海外华人社团的支持密不可分。

刘立伟、祝湘辉分析了缅甸近 10 年的华文教育后指出，缅甸华文学校在投资主体和办学目的、华文教育的办学规模和办学层次等方面的变化是缅甸华文教育发生的主要变化。[①] 本调查显示，曼德勒市的华文学校在投

---

① 刘立伟、祝湘辉：《新时期缅甸华文教育的变化、形势和问题》，《语文学刊》2016 年第 5 期。

资主体、办学目的、办学规模与办学层次方面确有新变化。调查发现，在曼德勒市的 7 所华文学校中，有 3 所华文学校（云华师范学院、新世纪国际学校、昌华国际学校）主动求变，分别开办了中、英、缅三语学校。比如云华师范学院分为全日制和早晚制两种学制。全日制为早上 8 点半至下午 4 点半，教授缅文、英文和中文三种语言，使用缅甸教育部出版的教材以及中国的人民教育出版社出版的语文、数学、科学教材，目前全日制已办至四年级。早晚制的上课时间为早上 6 点~8 点 10 分，下午 4 点~6 点 20 分，以中文授课。学校使用的教材为中国的人民教育出版社出版的语文、数学、地理、历史、生物教材。这样的安排既满足了当地华人的需求，也给华裔学生在当地生存和发展创造了更好的空间和条件。一方面，缅甸的华人华侨希望自己的子女学好并传承好中国语言文化；另一方面，缅语是缅甸的国家通用语言，华侨华人在缅甸居住得学好缅甸的语言文化，获得缅甸政府认可的文凭。也只有学好缅语，才能更好地融入缅甸社会，适应当地环境并能长期生存和发展。缅甸曾是英国的殖民地，英语在缅甸一直是一门重要的语言。华人对英语比较重视。因此，三语学校就成了华人家庭的重要选择。访谈中，云华师范学院的 C 董事表示，三语教学的目的是促进缅甸华文教育的可持续发展，让学生既可留根溯源传承中华文化，秉承中华底蕴，兼备国际视野，又能面向当地，更好地融入主流社会，成为充满缅甸家国情怀并具有多元文化素养的优秀人才。

2. 教学条件总体较好

缅北的华文教育总体教学条件不佳，大部分华文学校缺乏教学设备。以缅甸皎脉大同中学[①]为例，黑板和粉笔是皎脉大同中学最重要的教学工具，后来有热心人士向皎脉大同中学捐赠了电脑、复印机等设备，中国国务院侨办捐赠了《汉语》教材和课外图书，后来学校才成立了图书馆。尽管有捐赠的图书和教学设备，但问题还有很多。比如电脑一共 20 台，一个班级有 40~50 人，只能两三名同学共用 1 台电脑，有时候还会遇到电脑出故障的情

---

① 资料来源：皎脉大同中学 L 校长。

况。复印机一到期中期末印试卷的时候就会出现各种问题，不能顺利地复印试卷，需要找人维修，很耽误日常教学和考试。教室也没有多媒体设备，教师无法通过多媒体进行教学。

本次调研结果显示，曼德勒市的华文学校，特别是 21 世纪新创办的华文学校整体教学环境和教学硬件条件相对较好。现在计算机投影设备和图书馆等已成为曼德勒市各华文学校的基本配置，新世纪国际学校、昌华国际学校和云华师范学院还配有专门的实验室。曼德勒市各华文学校的图书馆也都配备有足够的图书供学生使用，图书都是来自祖籍国和校友的捐赠。具体见表 2 所示。像昌华国际学校建有多功能室、电脑室、图书室、高标准的大礼堂、形体室、理化实验室、游泳室、篮球场、网球场、游乐场等设施。教室设备配置齐全，实现了多媒体电化教学。学校聘请了中国教育发达地区的专业管理干部和教学顾问，执行中国公立学校统一的质量检测标准。学校在缅华社会有良好口碑。云华师范学院每个班级都配有一体机且有 24 小时网络供应，教师随时可以用一体机播放知识点，也可以给学生播放电影等教学素材，从而增加学生的学习兴趣，提高教学效率。再如育才学校位于曼德勒市中心，地理位置优越，附近有医院、商圈等，交通及生活十方分便。作为一所寄宿制的学校，育才学校目前已成为全缅住校学生最多的华文学校，生源来自全缅甸的 39 个市镇，生源普及面广，有着良好的信誉和公认的口碑。

曼德勒市是缅甸的第二大城市，各方面发展都相对较好，特别是网络相对稳定。在疫情期间，缅甸不少偏远地区因为网络不发达，线上教学开展得极不顺利，但是曼德勒市的华文学校在疫情期间都能够充分利用网络资源，较为顺利地进行线上教学。

表 2　曼德勒 7 所华文学校的硬件配置

学校名称	投影设备	图书馆	实验室
孔教学校	+	+	−
育才学校	+	+	−

学校名称	投影设备	图书馆	实验室
明德学校	+	+	-
福庆学校	+	+	-
新世纪国际学校	+	+	+
昌华国际学校	+	+	+
云华师范学院	+	+	+

注：+表示有，-表示无。如无特殊标注，文中表格所列曼德勒市华文学校的统计数据均截至2022年6月。

（二）教材使用和课程设置方面

本调查对曼德勒市 7 所华文学校的课程设置与教材使用情况进行了简单统计（见表3）。调查发现，曼德勒市的华文学校在教材使用、课程设置等方面既有共性又有区别，大体是台湾版和大陆版教材共用，以大陆版教材为主。如孔教学校 4 个校区的人数、班级数不尽相同，但课程设置和教材使用都有统一规定。孔教学校繁体字教材和简体字教材混用，注音符号和拼音同时讲授。语文、数学、英文、自然、历史、地理、社会等课程的主要教材为台湾地区出版的繁体字教材，初中历史、地理、文化、拼音 4 门课程使用的是中国大陆出版的简体字教材。考试时除考核教学科目外，还会考核学生的书法水平、作文水平和拼音字母。在促进汉语国际推广方面，孔教学校积极动员学生参与 HSK 考试，设立拼音课程，即使在没有单设拼音课程的校区，也增设拼音考试。孔教学校每年会举办诸如中文演讲比赛、中文歌曲大赛、书法比赛、作文比赛、运动会、园游会等活动。明德学校使用的教材有两种，一种是台湾地区出版的繁体字教材，主要有语文、生物、化学、物理、公民、数学、自然、社会、地理等课程的教材；另一种是中国大陆编写的简体字教材，主要有《汉语》（1~12 册）、《说话》、《中国文化常识》、《拼音》等。明德学校采用的是第一语言和第二语言结合的教学方法，教学内容为语言、文化知识等。

福庆学校的教学内容更为多元，除了协助举办中国夏令营活动、中华才艺培训班、国际华文教育研讨会、东南亚华文教学研讨会、汉语桥中文比赛外，还增设了东枝、皎脉、腊戍、景栋等地作为汉语水平考试HSK考点，开办了本土汉语教师培训班、汉语教材培训班、夏令营优秀者进修班等。目前开办的基础教学班有成人会话（基础班）、小学初级班、速成小学初级班、高级幼儿园、速成高中班、汉语言文学大专函授班、HSK强化班、计算机信息基础班、计算机强化班等，满足当地华人的教育需求。

昌华国际学校小学部除开设语文、数学、科学等课程外，还增设音乐、舞蹈、体育、电脑、阅览、游泳、国学、书法等特色课程。初中部除开设语文、数学、物理、化学、历史、地理、生物等课程外，还开设HSK等特色课程。缅甸从2001年开始举办汉语水平考试，当时考场只有仰光外国语大学，2002年曼德勒增设了HSK考场。昌华国际学校开设特色课程也是因应市场需求。昌华国际学校高中部开设的课程有语文、数学、英语、历史、地理、物理、生物、电脑、体育、音乐和舞蹈等，使用中国的人民教育出版社出版（以下简称人教版）的教材。新世纪国际学校设有幼稚园、小学、初中和高中，同时开办中文学校和缅文学校。中文学校的课程和教材与中国大陆同步，使用人教版教材，开设有语文、数学、科学、物理、化学、音乐、美术、计算机、书法、国学、文综、理综等课程。学制模式与中国大陆相同。

曼德勒市7所华文学校办学层次均涵盖幼儿园至高中，个别学校，如云华师范学院和福庆学校与中国大陆的高校合作开办专科教育。从时间上看，幼稚园1年，小学6年，初中3年，高中3年。从课程设置看，华文学校的课程主要分为汉语言类课程、文化类课程以及数学、科学之类的学科课程。汉语言类的教材主要有《博雅汉语》《新实用汉语课本》《长城汉语》等。学科课程教材以前以中国台湾版教材和中国大陆版教材并用或以中国台湾版教材为主，个别学校使用新加坡版的《华文》教材，但现在基本以中国大陆版教材，特别是人教版教材为主。教材的变化表明曼德勒地区华人社会内部的意识形态的对立趋于缓和，"大陆版教材的广泛使用进一步彰显缅华社会对中国教育的认同和华校与中国政府的关系紧密，但在教材本土化、华校产业化、增强自造血能力等方面还有较长的一段路要走"①。

表3　曼德勒市7所华文学校课程设置与教材使用情况

学校名称	孔教学校	明德学校	福庆学校	昌华国际学校	育才学校	新世纪国际学校	云华师范学院
课程设置	汉语言类课程、文化类课程、数学、英文、自然、历史、地理、社会等	汉语言类课程、文化类课程、生物、化学、物理、公民、数学、自然、社会、地理等	汉语言类课程、文化类课程等	汉语言类课程、文化类课程、数学、科学、音乐、舞蹈、体育、电脑、阅览、游泳、国学、书法等	汉语言类课程、文化类课程、数学、地理、历史等	汉语言类课程、文化类课程、数学、科学、物理、化学、音乐、美术、计算机、书法、国学、文综、理综等	汉语言类课程、文化类课程、语文、数学、地理、历史、生物等
使用教材	中国大陆版教材、中国台湾版教材（主要汉语教材：台湾版《国语》）	中国大陆版教材、中国台湾版教材（主要汉语教材：九年义务改编版教材）	中国大陆版教材（主要汉语教材：《新实用汉语课本》《长城汉语——生存交际》）	中国大陆版、新加坡版教材（主要汉语教材：人教版《语文》《同步指导训练与检测》《优化设计》，新加坡《欢乐伙伴》）	中国大陆版教材（主要汉语教材：暨南大学《语文》）	中国大陆版教材（主要汉语教材：人教版《语文》）	中国大陆版教材（主要汉语教材：人教版《语文》《优化设计》）
办学层次	幼儿园、初中、高中	幼儿园、小学、初中、高中	幼儿园、小学、初中、专科函授	幼儿园、小学、初中、高中	幼儿园、小学、初中、高中	幼儿园、小学、初中、高中	幼儿园、小学、初中、高中、大专

　　资料来源：笔者根据实际调查并参考相关进行整理。部分资料参见王玉强《人教版初中〈语文〉教材在缅甸曼德勒地区的适用性调查研究》，硕士学位论文，云南大学，2019，第10页，表1-1。

---

① 刘立伟、祝湘辉：《新时期缅甸华文教育的变化、形势和问题》，《语文学刊》2016年第5期。

（三）教师方面

调查发现，曼德勒市华文学校的师资情况总体较好。表4数据显示，曼德勒市华文学校教师的学历普遍在高中及以上，4所华文学校现在已有博士学历的教师。华文学校中既有本土教师，也有来自中国大陆的外派教师和汉语志愿者教师，个别学校还有来自台湾地区的教师。曼德勒市的华文学校会聘请中国教师或者志愿者，中国教师也会主动选择到曼德勒市的华文学校执教。像育才学校中文部现有22名教职员工，其中50%以上的教师有本科学历。教师的本科、研究生学历都是在中国大陆和台湾地区获得的学历，不包括缅文学历。2018年11月27日育才学校和昆明市艺术学校签署合作协议，12月8日育才学校和大理大学签署合作备忘录，大理大学派遣志愿者到育才学校任教，为提高育才学校的教学质量提供帮助。另外，育才学校和华侨大学也保持长期合作关系。现在育才学校已有1位中国国务院侨办的外派教师和4位来自中国大理大学的志愿者教师。孔教学校4个校区的教师共136人，除本土教师外，有10位中国国家汉办汉语教师志愿者，董事会另外特邀了3位来自台湾地区的资深教育专家担任校长。同时，学校董事会积极出资赞助本校教师远赴中国大陆和台湾地区参加各项华文师资培训。中国志愿者教师除承担基本的教学工作外，还会参与班级建设，如担任班主任，参与各项比赛、活动的策划与筹备等工作。新世纪国际学校现有教师56名。昌华国际学校也聘请了不少中国国内师范大学毕业的具有丰富教学经验的专业教师，学校现有中国教师30名，缅甸本土教师15名，本土教师助教15名。云华师范学院有50名中国籍教师，其中特聘资深教师8人、中国国务院侨办公派教师20人、中国教育部中外语言交流合作中心外派教师及中国各高校志愿者教师22人。

牛蕾对缅甸大其力大华佛经学校汉语教学情况的调查显示，该校共有6位来自中国国家汉办的外派志愿者和中国国务院侨办的外派教师。[①] 丁正玲

---

① 牛蕾：《缅甸大其力大华佛经学校汉语教学调查研究》，硕士学位论文，云南大学，2015，第14页。

对缅甸北部景栋地区华文学校汉语师资情况的调查发现,该地区华文学校教师人数较少,都是本土师资,绝大多数是从本地华文学校的初中和高中毕业生中选出成绩优异的学生进行培养的本土教师。[①] 表4 的数据显示,曼德勒市的华文学校师资数量相对充足。这是因为曼德勒市是缅甸华人集聚最多的城市,有直飞中国的航班,又有地理、医疗等方面的优势,吸引了较多教师来曼德勒市的华文学校执教,其中有不少来自中国的教师。调查发现,因为曼德勒市的华人一般都从事商业,经济条件相对优渥,能负担起相对较高的学校费用,因而学校的办学经费比较宽裕,可以付给教师相对较高的薪水。

表4　曼德勒市7所华文学校师资情况统计

学校名称	孔教学校	明德学校	福庆学校	昌华国际学校	育才学校	新世纪国际学校	云华师范学院
教师人数	136人	52人	150人	60人	22人	56人	129人
教师主要来源	本土教师、中国台湾地区教师	本土教师、中国大陆外派教师	本土教师、中国大陆外派教师	外派教师、中国教师	本土教师、中国大陆志愿者教师	本土教师、中国大陆外派教师	本土教师、中国大陆外派教师、中国大陆志愿者教师
教师学历	高中、大专、本科	高中、大专、本科、硕士	高中、大专、本科、硕士、博士	本科、硕士、博士	高中、本科、硕士	本科、硕士、博士	本科、硕士、博士

(四)学生与教学方法方面

1.学生人数不断增多

调查发现,曼德勒市华文学校生源总体不错,截至2022年,7所华文学校共有各级各类学生10000多名,因华校生源时有流失,表5显示的是各华文学校的学生数大体情况。华文学校的学生以华裔为主,他们对中文的认可度较高。像新世纪国际学校现有1500多名华人学生。而孔教学校四大校

[①] 丁正玲:《缅北景栋地区华校汉语师资情况调查与研究》,硕士学位论文,南京大学,2021,第15页。

区每年招生 4000 人左右，其中华侨华人学生约占 98%，缅族、佤族等其他民族学生约占 2%。学生主要来自曼德勒市、腊戌市、木姐市和密支那市等。再如育才学校仅 2020 学年学生人数就有 400 多人。育才学校设立有奖助学金，专门为有志于学习而又家庭贫困的孩子提供免费就读的机会。2020 学年度共有 34 名来自缅甸全国各地的学生得到学校奖助学金资助，到育才学校学习。云华师范学院仅开办 10 年，学生人数就已达到 3000 多人，且是缅甸唯一一所以培养师资为主的院校。昌华国际学校 13 个年级、28 个教学班有学生 1000 多人，其中高中部成立于 2011 年 9 月，开办时学制三年，2013 年改为二年制，现有学生人数 250 人。不过现在学习好汉语就会多一条出路已成为曼德勒市的学生的共识，因此在华文学校中也有不少缅族人前来学习汉语，像福庆学校既有相当一部分缅族学生，也有部分缅族本土教师。

表 5　曼德勒市 7 所华文学校学生数粗略统计

单位：人

学校名称	孔教学校	明德学校	福庆学校	昌华国际学校	育才学校	新世纪国际学校	云华师范学院
学生人数	4000 多	400 多	4000 多	1000 多	400 多	1500 多	3000 多

2. 以母语教学为主

有研究指出，"缅甸华文教育整体呈现三种教学模式：第一种是'二语教学模式'，以仰光为代表城市；第二种是'母语教学模式'，以腊戌为代表城市；第三种是'二语与母语教学混合模式'，以曼德勒为代表城市。目前来看，三种教学模式将会长期持续存在"[①]。还有学者对缅甸华文学校的教学方法进行研究后发现，"传统意义上的华文学校，除国语外，所有课程均用汉语授课。缅甸华文学校国语课的教学明显沿袭了中国古代私塾教育的模式，这是缅甸华校的一大特色。国语课教学主要采用以教师为主的灌输式教学法，具体教学过程包括示范、模仿记

---

① 刘权、李彦锋：《缅甸华文教育研究综观》，《红河学院学报》2022 年第 1 期。

忆、以汉字认读为主的读写和诵读等几个主要环节"①。本调查发现，曼德勒市 7 所华文学校母语教学与二语教学兼而有之（见表 6）。但在教学时，教师多数采用母语教学，课堂模式与中国国内的教学模式没有差别。即便现在以第二语言教学为主的福庆学校，在 2009 年以前，也是以母语教学为主。

表 6　曼德勒市 7 所华文学校汉语教学性质

学校名称	孔教学校	明德学校	福庆学校	昌华国际学校	育才学校	新世纪国际学校	云华师范学院
教学性质	母语教学、第二语言教学	母语教学、第二语言教学	第二语言教学为主	母语教学为主	母语教学为主	母语教学为主	母语教学为主

有学者对曼德勒市华文学校悠久的母语教学传统进行分析后认为，这其中有深刻的社会与文化内涵。"这种母语教学方式其实是曼德勒华人某种观念的直接表示，即对于华人而言，接受华文教育比接受缅甸的正规教育更为重要。其中有两种观点比较盛行，一部分曼德勒华人的解释是只要学好了中文，没有接受缅甸的正规教育也可以去中国大陆或者中国台湾留学，而这种是比在缅甸读大学更为优越的选择。还有一部分曼德勒华人则认为接受缅甸正式的教育根本没有用。""曼德勒华文教育在其中的特殊意义在于其动摇了或者说某种意义上取代了缅语作为缅甸华人母语的地位，并且以一种公开的形式立于与缅甸正规教育相互竞争的位置。所以，曼德勒华文教育的母语教学方式一方面促进了曼德勒华人的社会整合，另一方面又加深了华人与其他族群的区隔。"②

曼德勒市华人家庭用语情况从侧面印证了这一观点。课题组调查了学生家庭语言的使用情况后发现，63.4%的学生家庭用语为云南方言，其次为汉语普通话（25.6%），官方语言缅语的使用率仅占 2.6%（见表 7）。

---

① 邹丽冰：《缅甸汉语传播研究》，博士学位论文，中央民族大学，2012，第 53 页。
② 刘权：《整合与分化——从华文教育看曼德勒华人社会的内部关系》，博士学位论文，云南大学，2015，第 41 页。

表 7　曼德勒市华文学校学生家庭语言使用情况调查统计

单位：%

	云南方言	汉语普通话	傣语	缅语	其他语言
家庭用语占比	63.4	25.6	6.7	2.6	1.7

从访谈中进一步得知，因为曼德勒市靠近中国云南省，曼德勒市的华人大多来自中国云南，这些华人家庭只允许孩子说云南方言或者汉语普通话。地方性方言如云南话、闽南话、广东话等在曼德勒市华人家庭中也得到了很好的传承，这是缅甸华人自我身份认同的一种体现，同时良好的家庭语言使用环境也是造成曼德勒市华文学校学生汉语水平普遍较高的重要原因。来自华人家庭的学生长期受家人的影响，汉语的听说读写能力基本和中国国内的同龄人相等，师生之间用中文交流没有太多语言障碍，母语教学也因此成为大家都习惯接受的方式。

3. 学生汉语学习动机多元复杂

调查显示，曼德勒市华文学校的学生有多样的汉语学习动机。受家庭影响，曼德勒市华文学校的学生大多数从小就开始接受华文教育，学习中文已成为他们的习惯，学生对华文学校没有排斥心理。在缅甸，中文作为一门工具性语言的重要性逐渐受到缅甸政府和民众的重视。调查发现，曼德勒市华文学校学生在汉语学习动机方面，只有 4.7% 的学生表示是因父母要求而学汉语，更多的学生表示是因为"我是华人，必须学习汉语""我想去中国留学""我想去中国或边境工作""我喜欢汉语"等原因学习汉语。各类动机统计情况如表 8 所示。

表 8　曼德勒市华文学校学生汉语学习动机调查统计

单位：%

	我是华人，必须学习汉语	我想去中国留学	我想去中国或边境工作	我喜欢汉语	父母让我学汉语	其他
占比	36.3	25.9	17.4	15.1	4.7	0.6

在访谈中，有华文学校教师表示，华裔学生的内在兴趣和族群认同动机最强烈，外在压力动机最弱。从动机理论来看，其作用强弱具有阶段性。内在兴趣、族群认同的影响，可归为"远景性动机"。外在鼓励和外在压力一般在引发学习者学习语言之初起到较为重要的作用，在语言学习动机行为的维持与调整阶段，其作用则会逐渐弱化。此类动机则属于"近景性动机"。缅甸曼德勒市华文学校的华裔学生以内在动机或远景性动机为主、以外在动机或近景性动机为辅的特点，有利于其长期的汉语学习。[1]

一方面，华文学校华裔学生受家庭影响，喜欢并认真学习中文；另一方面，校方、会馆也会对学生进行奖励。像云华师范学院设立了"云华奖学金"，奖励期末考试前三名的学生，而对旷课、不交作业的同学则发出红色或黄色预警，情节较为严重者以劝退处理。云华师范学院还举办"精彩云华"板书比赛、作业展、诗歌朗诵比赛、速算比赛，组织学生参加曼德勒市校际象棋锦标赛、中文歌唱比赛、汉字书写比赛等活动，既丰富了学生的课余生活，又提振了学生学习汉语的信心。曼德勒市的云南会馆每年会对在曼德勒市 7 所华文学校就读的成绩优异的学生进行表彰。会馆设置丰厚的奖金激励学生学习汉语，在一定程度上也强化了学生的汉语学习动机。

目前曼德勒市 7 所华文学校的办学层次主要是从幼儿园到高中，只有云华师范学院、福庆学校与中国国内高校合作开办了专科课程。在曼德勒市华文学校学习汉语的学生，高中毕业后面临多种选择。他们可以去中国大陆或台湾地区留学深造，也可以去当地的华文机构做教师或者当翻译等。调查数据表明，对曼德勒市华文学校的学生而言，去中国留学或工作有较强的吸引力，学习汉语能够为他们提供新的工作机会。2001 年，中国的暨南大学和华侨大学首次在缅甸招收 40 名本科留学生，专业包括临床医学、计算机科学、汉语言文学等。之后，招生名额逐年上升。后来有更多的中国大学在缅甸招收留学生。调查中发现，育才学校的部分学生高中毕业以后，分别到华侨大学、大理大学、云南师范大学等高校继续深造学习。仅 2022 年 8 月育

---

[1]　资料来源：福庆学校 Y 老师。

才学校就有 13 名学生到中国华侨大学攻读本科，12 名学生获得澜湄奖学金，到中国的大理大学就读汉语专业。调查还发现，曼德勒市的华文学校得到了中国国务院侨办、云南省侨办以及中国各级地方侨办的支持和赞助，包括乡村贫困学校补助、示范学校评选赞助、孔子课堂设立，对教师进行多元化培训；安排董事长、校长、教师和学生参加祖籍国各种观摩参访、实习教研；对优秀教师颁发奖状和奖杯等。这些实质性的帮助极大地提升了缅甸华文学校的汉语教学质量。

四　曼德勒市华文学校发展存在的问题

曼德勒市的华文教育是缅甸华文教育的一个缩影。当前缅甸华文教育发展总体较为平顺，但也面临着不少的困难与问题，比如作为民间华文教育的性质和地位问题，教师、教材、教法"三教"问题，以及生源、资金问题等。就曼德勒市而言，华文学校发展存在的问题主要表现在以下几个方面。

（一）学校方面

缅甸曼德勒市的华文教育和其他地区一样，并没有纳入当地的国民教育体系。缅甸的教育政策和法规给华文学校的发展带来诸多限制。曼德勒市的华文学校在办学经费、学校管理、课程设置、师资结构等方面都受到缅甸国家政策的影响。由于得不到所在国的经济支持，很多华文学校都是由社团或热心的华人华侨捐资兴办，不少问题无法得到根本性的改善。由表 1 可知，曼德勒市华文学校多由当地的华人社团或缅甸华人兴办，学校的办学经费主要来自社团集资或华人捐资。因为缺少政府的经费支持，华文学校办学经费总体并不十分宽裕，无力提供教师高薪，因此有些教师就会因收入无法维持家庭日常生活开销选择转行。这种情况又进一步加剧师资短缺问题。

虽然曼德勒市华文学校的教学环境和硬件条件相对较好，但缅甸华文学校普遍存在的教学设施陈旧或不足等问题，在曼德勒市的华文学校依然存在。学校教室空间狭小、设备老旧、资源不足等问题影响了教学效果和学生的学习体验。比如育才学校面积十分狭小，由两个区块组成。一区是 600 平方米的教学用地，有一栋四层教学楼，二区为 600 平方米的住宿区。2018 年 5 月，育才学校在曼德勒市迫塞岗区购置了一块面积为 1200 平方米的土地，但因为建校资金短缺，学校财政赤字严重，所以至今无法着手规划新建教学楼。

无论是缅南还是缅北的中文教育机构，其运营管理大多凭经验进行，其管理层多为创办人或是在单位任教且有行政经验的教师，他们大多没有接受过系统的运营管理方面知识的学习，在学校运营管理上难免有些吃力。访谈中，有学校董事表示："缅甸各地的社团华校，无论规模大小，均由董事会直接管理，董事会成员由当地华人华侨通过选举或者推举产生，每届董事会任期存在的地区差异，普遍三至五年不等，董事会可连任两届。行事规则或是约定俗成，或是制定文本章程，各不相同。大部分社团华校属于董事会集体负责制，校长一职亦由董事会成员担任或者由董事会直接聘请，教师也是如此。然而，大部分华校董事会受制于缺乏较为科学的规范的管理体制，权责划分没有明确到位，常有相互推诿的事情，决策及办事效率低下。由于缺乏专业的学校管理知识及实践积累，大部分校长的学校管理工作随意性较大，没有制定工作方案，没有明确的工作目标。由于缺乏专业的教学管理人员，没有教学大纲，没有课堂教学规范，教师们教学工作也是各自为政，随心随性。"[1]

缅北有一些华文学校特地从中国引进一些管理人才，但由于跨文化、生活环境等原因，这些管理人员往往工作没多久就回国了。所以培训一批了解本土教育状况、熟悉当地的文化，且能长久坚持的管理人员成为目前缅甸中文教育的刚需。

（二）课程设置方面

因为缅甸政府对华文学校的课程设置和教材使用有一定限制，部分华文学校在课程设置方面受到了影响，如限制华文学校讲授政治、历史等课程。

---

[1] 资料来源：与缅甸云华师范学院 C 董事的访谈。

缅甸华文学校的教材主要来自中国大陆或台湾地区，但是教材供应不足，因此华文学校的课程设置相对较为单一，无法提供多元化的学科内容。一些华文学校的课程设置不够科学合理，缺乏符合学生需求的课程。有些华文学校只设置了传统的语文、数学、英语等课程，缺乏如艺术、体育、社会科学等综合性课程，无法给学生提供多元化的学科内容，不利于学生的全面发展。访谈中发现，华文学校课程设置有一定的随意性，以云华师范学院为例，每周有 10 节语文课、10 节数学课、2 节科学课、1 节阅读与写作课、1 节写字课、1 节国学课。除了语文课和数学课固定不变之外，其他科目都可能会有微调。其他华文学校的课程也都是以语文和数学为主，外加自然和社会两门课。学校与家长只重视考试分数，所以在课程安排上只能重复安排语文和数学两门课。学校强调学生的考试成绩，而不是他们的实际知识和技能。这可能导致学生只是为了考试而记忆，并不是真正地理解和学习。华文学校在课程设置上过于注重学生的理论知识，在一定程度上忽视了实践技能的培养。有些课程缺乏实用性，难以为学生提供与现实生活相关的技能，这也使学生在实际应用时可能会面临困难。另外，学校的课程安排缺乏多样性，无法满足学生的兴趣和发展潜力的需要，所以也导致一些学生失去学习的动力。一些华文学校在设置课程时忽视了文化传承的重要性，导致学生缺乏对本民族传统文化和价值观的理解与尊重。

部分华文学校课程设置较为分散，不同学科之间缺乏协调和联系，导致学生对知识的整体理解和应用能力的提升不够充分。同时华文学校专业化师资力量不足，教师缺乏跨学科的知识和能力，创新意识不强，教学方法相对比较传统，教学缺乏多样性和趣味性；教学内容过于单一，又很依赖传统的教学方法，不能激发学生的兴趣和积极性，学生的学习效果不尽如人意。再加上缅甸华文学校学生的背景和需求不同，有的学生毕业会到中国大陆、台湾地区或其他国家和地区留学，而有的学生可能选择在缅甸就业。华文学校的课程设置本应满足不同学生的需求，但是由于种种原因，目前华文学校只能由校方根据常规经验设置课程，导致部分学生对华文学校课程的兴趣和学习积极性不是很高。

（三）教材使用方面

教材在教学中承担着重要的角色，教材质量高低决定着学生培养质量的高低，也影响着学生对学习内容的兴趣。王玉强调查了曼德勒云华师范学院和昌华国际学校使用的人教版语文教材后发现，人教版语文教材存在编排不合理、教材内容难度大以及不贴近现实生活等问题，"调查结果显示，该套教材总体上是不适应缅甸的华文教学的"①。赵兴媛对曼德勒市华文学校使用最多的《汉语》《新实用汉语课本》《长城汉语》三套教材进行了对比，发现三套教材在词汇量、难易程度和语法点方面存在不足。"对于曼德勒地区的学习者而言，《新实用汉语课本》较适合大学生使用，《汉语》则适合小学生，而《长城汉语》适合短期学习汉语的学生使用。因为《长城汉语》主要以多媒体方法来教学，吸引学生的注意力，教学效果和学习效果会更好。但是，三套教材仍有不少有待改进与相互借鉴之处。"② 本调查也发现，曼德勒市7所华文学校在教材使用方面存在一些问题。从表3可见，曼德勒市7所华文学校多使用中国大陆版教材，个别华文学校同时使用大陆版和台湾版教材，同时讲授简体字、繁体字。如语文、数学、汉语使用大陆版教材，历史、文化、地理等科目使用中国台湾南一书局出版社出版的繁体字教材。孔教学校、福庆学校、明德学校和育才学校这种相对复杂的教材和汉字教学情况给教师教学和学校管理带来了一定的困难，也给学生增加了学习负担。

由于缅甸和中国的教育体系存在差异，缅甸华文学校所处的社会、文化环境也与中国不同，中国大陆版教材的内容与缅甸华文学校学生的实际需求不符，并不能完全适用于曼德勒当地。虽然"国侨办在教材本土化方面迈出了可喜的一步，2014年组织国内一线教学专家对人教版1~9年级教材篇

---

① 王玉强：《人教版初中〈语文〉教材在缅甸曼德勒地区的适用性调查研究》，硕士学位论文，云南大学，2019，第62页。

② 赵兴媛：《缅甸曼德勒地区汉语教材及使用情况的考察》，硕士学位论文，上海师范大学，2017，第62~63页。

目和内容重组优化，最终形成更适合缅甸华校学生学习的教材体系，并于
2015 年春季开学前陆续免费发放到学生手中"①，但接受调查的华文学校教
师普遍认为现有教材存在"针对性不强""缺乏趣味性""缺乏实用性"
"内容缺乏系统性和连贯性""生词少，文言文多"等问题。比如《汉语》
《语文》教材没有系统的拼音训练；人教版教材生词缺少注释，写作训练较
少，不利于培养学生写作能力；教材中的文言文部分一直是很多老师和学生
的难点。只有 24% 的调查对象认为现行教材没有缺点。中国国内的对外汉
语教材数不胜数，但缺乏有针对性的适合缅甸汉语学习者的汉语教材。有的
教材话题已经过时，有的教材传播中华文化的内容较多，缺乏练习题的科学
设置和书写方面的详细指导。访谈中，有教师认为，九年义务教学使用的
《语文》教材，主要关注中国历史文化方面的知识，对语言交际能力的培养
较弱。

另外，因为曼德勒市的华文学校基本采用中国大陆和台湾地区的现成教
材，部分华文学校教材来源受限，加之各华文学校的教育管理和监督比较薄
弱，学校自主权较大，教育教学质量难以得到有效的监督和评估，更难以推
进教材更新和改进，所以缅甸华文学校的自建教材工作进展缓慢，新知识、
新技术和新思想难以及时引入教材与教学中，无法满足学生对新知识的需求。

从 2011 年起，缅甸政府允许开办私立学校，规定其课程大纲必须参照
缅甸教育部的中小学课程大纲。但在教材使用方面，缅甸教育政策并不透
明，对教材来源、教学大纲、考试制度等方面缺乏明确的指导和规定，这使
华文学校难以确定教学方向和标准。至今缅甸华文教育界还没有发布一套较
为统一的本土中文教学标准与大纲。缅甸政府对海外教材和教师的限制和审
查是导致教材问题产生的原因。缅甸政府对华文学校的支持相对较少，缺乏
针对性措施和政策支持，华文学校的教学条件和教材来源面临一定的困难，
难以提高教学质量和水平。

---

① 刘立伟、祝湘辉：《新时期缅甸华文教育的变化、形势和问题》，《语文学刊》2016 年第
5 期。

（四）教师方面

缅甸华文学校教师的数量总体较少，师资问题一直是制约缅甸汉语教学发展的重要因素。调查发现，曼德勒市华文学校的师资存在较多问题。首先是教师性别比例严重失衡。在接受调查的教师中，男性教师占 26%，女性教师占 74%。20~30 岁的教师占 74%，31~40 岁的教师占 18.6%，41~50 岁的教师占 7.4%。

其次是教师薪水不算高。缅北的华文学校基本属于社团办公益学校，且大部分华文学校处于边远贫困地区，教师工资普遍偏低。目前，缅北华文教师平均工资为 30 万缅币左右，但缅甸普通的中文翻译工资至少有 40 万缅币，收入的微薄使大部分教师不得不兼职做其他的事情。尽管曼德勒市华文学校教师的薪资相对较好，本土教师的薪资平均为 60 万缅币（按 1 : 400 汇率，约为人民币 1500 元），但调查显示，有 55.6% 的教师对华文学校教师薪资不满意。

华文学校教师流动性强，年轻教师长期从业意愿低。调查中发现，曼德勒当地的华文学校虽然吸引了不少老师前来执教，但吸引优秀教师前来工作的难度比较大，很难留住年轻教师。调查显示，华文学校流动性最大的是 20~35 岁的年轻教师。年轻人到华文学校任教，只是暂时过渡，他们不能长期坚守教师岗位，一有机会就会选择转行。从访谈中得知，近年来有越来越多的人选择到中国国内深造，也不乏就读师范专业的学生，但很多年轻教师工作满一到两年就会用各种理由辞职，转而去做高薪资的翻译或者从事商业经营。

华文学校教师收入低，造成曼德勒市华文学校教师外流严重。由此引发的师资队伍不稳，也是导致男女教师比例失调的原因之一。从访谈中了解到，男性是缅甸家庭收入的主要来源，他们有较重的家庭负担，但华文学校教师工资不高，发展机会也不大，在一定程度上减少了男性教师的长期从业意愿。

教师专业化程度不高。本研究对华文学校教师的教龄进行了调查，发现

35%的教师教龄在半年以内，27.8%的教师教龄在1年左右，16.7%的教师教龄在2年左右，3年以上教龄的教师只占20%左右。新手教师多，熟手教师少，在一定程度上影响了缅甸华文学校汉语教学质量的提升。缅甸华文学校亟须培养年轻教师和专业教师。

由于缺少教师，华文学校不敢采用淘汰制等方式来作为教师提升自我能力的激励手段，华文学校的在职教师不管教学水平优秀与否，也不会考虑提升自己的能力，而是安于现状，这就进一步导致华文学校高水平教师越发匮乏。调查发现，缅甸本土教师缺少系统性的知识与教学技能培训。有38.9%的人从不参加培训，33.3%的老师偶尔参加培训，只有27.8%的老师积极参加培训。在访谈中，曾经去中国深造的教师表示，他们毕业回来后做的工作和学历并没有什么关系，收入也没有明显提高。被调查者中超过一半的教师表示，如果提高学历就能得到高工资的话，他们愿意到中国深造或参加各类培训，提升个人能力。

一方面曼德勒市的华文学校难以留住年轻教师，另一方面学校缺少优秀的中青年教师。现有教师队伍老龄化现象渐趋严重，有不少60岁以上的老教师仍坚守在教学岗位。这些老教师退休后没有退休金和生活补助，华文学校教师工资不高，但为了生计，老教师不得不继续从事教学工作。因为年长的教师流动性不大，稳定性强，再加上学校也缺乏师资，所以有的华文学校也不会主动劝退这些超龄教师。年龄大的教师接受新事物能力不强，在教学进入数字化时代的今天，他们的数字教学素养低，根本无力更新改进自己的教学技能和教学方法。从短期看，曼德勒市华文学校的师资力量较为充足，但有经验、有学问的老一辈教师终有一天会离去，新一代的年轻人又不愿意加入教师行列，这不利于华文学校的长远发展。

从调查中发现，曼德勒市的华文学校每年都有来自中国大陆的外派教师和汉语志愿者教师从事汉语教学工作，在一些华文学校，中国教师的数量甚至超过了本土汉语教师，有些中国实习教师的数量也超过了本土教师。这些汉语志愿者教师以中国高校研究生身份来缅甸进行教学实习，他们的教学经验基本为零。即便经过短期的上岗前培训，但仍因缺少实际的课堂教学锻炼，教学效果有待加强。

从访谈中得知，因为曼德勒市的华文学校有着各方面的优势，所以会聘请中国国内高校的教师，董事也会因多关照中国教师而对本土教师有所忽略。本土教师没有任何保障，在工作中也得不到赏识，他们为了实现自我价值纷纷选择离职，由此进一步造成华文学校师资短缺。虽然曼德勒的云华师范学院一直致力于培养缅甸本土教师，该校为从缅北各边远地区来就读的师范部学生实行全免的制度，即免学费、免住宿费，补贴伙食费，让准备从事华文教育工作的学生无后顾之忧。云华师范学院至今已培养了六届师范生，部分毕业生已在缅甸各大华文学校不同岗位任职。但现有师范人才培养规模仍不能满足缅甸华文教育发展的需求。

华文教师为缅甸华文教育的发展做出了巨大贡献。现在华文学校的教师还保留着传统的教育理念，采用传统的教学方法。教师凭经验教学，有些教师还身兼数职，或者承担了一个班级的全科教学，这就导致了华文学校教学水平参差不齐。特别是华文学校未实行考教分离，没有完善的考核机制，教学质量难以保障。为了生活，有的教师甚至还把华文学校当作"补习介绍所"，平时在华文学校上课，课后就组织学生进行有偿补习。还有部分华文学校以在读高中学生教初中生，在读初中学生教小学生的办法来解决师资匮乏问题。教师专业素质缺乏，教学能力不足，教师队伍青黄不接，后继乏力，使曼德勒市的华文学校本土教师队伍建设陷入恶性循环。曼德勒市的华文学校既需要新鲜血液，又需要优秀的中青年教师带领华文学校与世界接轨，谋求更大的进步。

（五）学生方面

生源数量直接影响学校的财务状况、教学质量和学校声誉，生源流失是缅甸华文学校管理者和教育工作者需要面对的重要问题。一直以来，缅甸华文学校的生源并不稳定，一些华文学校在开学时课堂满座，几个月后学生可能减半，学生数量起伏较大。因为缅甸华文教育还未被纳入当地国民教育体系，华文学校是带有补习性质的私立学校，虽然华文学校的授课时间已经选择在政府公立学校的课前和课后，但仍会因课时冲突造成一部分学生流失。有些家庭在孩子的语言学习规划中将英文排在第一位，缅文排在第二位，中文排在最后。因为英国曾经殖民统治过缅甸，英语在缅甸的普及率与使用率非常高。在缅甸的国民教育中，小学到初中以缅语教学为主，高中则是以英语教学为主。国民学校高中部的教材除了语文和经济学外，其他教材都是英文的。2001年，缅甸政府颁布了《2001—2030年教育发展计划》，英语教育又一次被提到重要位置。这些都强化了学生和家长对英语语言重要性的认知。当时间冲突或学生学业压力大时，家长会考虑放弃学习中文。

华文学校的师资和教学设备都比较匮乏，教学质量不高，导致学生学习效果不理想，对学习失去信心，放弃学习。也有的华文学校缺乏教学管理规范，师生关系不和谐，学生和家长对学校不满意，选择退学。还有一部分家庭因经济困难选择放弃学业。虽然本调查是在缅甸第二大城市曼德勒市展开的，当地华人经济条件尚可，但仍有一些无法承担学费和杂费的家庭，他们只能选择让孩子辍学或转到其他学校。近年来，缅甸的政治动荡和社会不稳定也对华文学校的生源造成了影响。一些家庭可能因为政治原因或安全问题选择离开缅甸。缅甸华人社区的教育观念和文化也发生了变化，一些家长更愿意选择让孩子接受西式教育或者移民到其他国家，而不是在缅甸华文学校接受传统的华人教育。缅甸华文学校生源流失原因多样，需要学校、家长和社区共同努力改善教学质量和管理水平，吸引更多的学生留在华文学校接受华文教育。

（六）教学方法方面

曼德勒市的华文学校普遍是母语教学，课堂中采用的是传统的讲授式教学法，即老师讲，学生听。调查发现，41.3%的学生反映老师上课时经常打开课本或课件就直接上课；22.7%的学生表示老师经常采用图片和视频导入；22.1%的学生表示老师上课常常用生活中的事物导入；11%的学生指出老师经常会从谈话中导入新的授课内容；还有学生表示，教师的导入有时与教学内容无关。可见，华文学校教师在教学时直接上课、没有导入环节的居多。而无论是否有导入环节以及具体采用哪种素材导入，教师的教学方法都是以传统的教师讲授为主。教师过于注重知识传授而忽略了学生思维能力、创新能力的培养，课堂缺少互动，学生被动接受知识，教学效果不理想。

福庆学校主要是第二语言教学，教师使用最多的是语法翻译法和趣味教学法，但受学生年龄、汉语水平、民族等因素影响，教学效果不是十分理想。课堂观察发现，在课文复习环节，学生需要自己去发现问题并提出问题，这大大超出了学生现有水平；在课文讲授环节，采用的提问法和故事复述法难度过大，学生常常不能独立完成；在文字教学环节，语句理解的难度在一定程度上超出了学生现有的水平。

访谈得知，教师之所以采用讲授法是因为华文学校的课时非常有限。中文的学习时间只有早上1个小时和下午1.5个小时，学校要求教师必须将课本的内容讲完，在此情况下，教师只能采取教师讲解、学生记笔记的方式教学。同时因为考试试题都来自同步指导，为了应对考试，教师也只好选择讲解和同步指导相结合的方式，无法针对学生的学习特点和能力确定不同的教学内容，自然难以满足学生的个性化需求。

缅甸华文学校教师很少接受过系统的专门的师范教育培训，有不少教师年纪偏大，他们缺乏现代教育理念和教学技能，难以应对教学的多样化需求。再加上华文学校教学资源匮乏，学校在教学设备和教材等方面的投入相对较少，无法提供现代化的教学条件和教学资源，这也进一步制约了华文学校教学质量的提高和教学方法的创新。

五 促进曼德勒市华文学校进一步发展的建议

针对缅甸华文教育发展中存在的问题，不少学者从宏观或中观层面提出了诸如"通过高层接触，争取在缅甸施行对华文教育的有利政策；为更多缅甸华文学习者来华学习、进修甚至就业创造条件；华文教育和对他们在当地生存发展有用的技能教育结合起来；加强缅甸华文教师师资力量，大力进行师资培训；编写、出版适合缅甸华文教育的优秀教材"[1] "夯实顶层设计，促进华文教育合法化；凝聚华人社团核心力量，强化华文教育发展动力；积极更新理念，解决教学难题；促进多元文化融合，实现可持续发展；注重出路，拟定华文教育事业发展蓝图"[2] 等解决措施。下文仅针对曼德勒市华文学校的现状，从微观层面对如何促进曼德勒市华文学校的进一步发展提出建议。

（一）学校方面

提高管理人员的管理水平。学校应该加大对管理人员的培训，着重培养一批了解本土教育情况，熟悉当地文化且能长久坚持的管理人员。通过提高管理人员的专业知识和能力，加强管理人员之间的合作，确保学校管理的专业化和高效化。实施数字化管理，提高学校管理运营效率，减少管理上的错误和漏洞。加强资源管理与建设，改善校园环境，改进教学设施，合理分配资源，尽可能为学生和教师提供更好的工作和学习环境。

改进评估体系，实行考教分离，全面综合评估学生的学习表现。学校应进一步明确教学目标，在与学生充分沟通、了解学生学习兴趣和需求的前提下设置课程，确保课程设置和教学内容符合教学目标，强化教学内容的科学性、实用性，满足学生多样化需求；优化教学资源，确保学生能够获得有价值的教学内容。开设具有吸引力的课程，促进学生的学习兴趣，避免生源流失。

塑造良好的校园文化，建立家校师生之间的有效沟通渠道，鼓励家长参与学校的教育工作，与学校保持密切联系，及时了解学生的学习情况。多组织学生参加中国方面举办的各种夏冬令营、寻根之旅等活动。组织学生参加这类活动既可以增强学校的社会影响力，又能吸引更多的生源。在校内积极开展第二课堂活动，帮助学生充分发挥自己的潜力，培养学生的社会技能，

---

[1] 蔡昌卓主编《东盟华文教育》，广西师范大学出版社，2010，第217页。
[2] 冯帅：《曼德勒市华文教育发展现状、问题及对策研究》，硕士学位论文，广西民族大学，2017，第52~58页。

增强他们的社会适应能力。

为教师提供充足的教学资源，提供有关教学方法和课程设计等的培训，帮助教师提高教学水平，保证教师具有良好的教学能力和专业素养。通过提高教学质量、改善教学方法和教学资源，吸引家长和学生。为保证教学质量，应尽量避免让毫无教学经验的实习生教师直接上岗，如不得不聘请实习生教师，要为实习生教师安排教学导师，参加教学培训，考核合格后方可独立承担教学任务。鼓励本土教师尝试新的教学方法，对于大胆创新的教师给予物质或资金上的支持。

在多方招募优秀教师的同时，重视本土教师的培训与培养工作，尤其要重视培养年轻教师。积极组织本土教师参加中国组织的各级各类师资培训活动。中国多年来非常支持缅甸华文教育。"从 1997 年起，中国的国侨办每年都会邀请缅北华校的校长团访华并参加培训。2002 年开始，中国海外交流团每年一次到缅甸举办短期的汉语教师培训班。当时仅在曼德勒市开展。从 2006 年起，培训点扩展到仰光市、曼德勒市、东枝市及腊戍市四个城市。此外，国侨办还邀请缅甸华文学校的教师到中国（北京、上海、昆明等地）参加为期一个月至半年的教师培训班。2009 年开始，国家汉办邀请缅甸汉语教师到中国参加短期本土汉语培训班，提供为期两年的本土汉语教师培训项目奖学金、汉语桥奖学金、奖学金等。"[1] 中国华侨大学、暨南大学等高校也会不定期组织各种师资培训活动。这些培训对于提升本土教师教学素养和教学技能有较大的帮助。学校应积极鼓励并支持本校高中生毕业后攻读中国大学的教育或汉语言专业，还可以依托本地院校培养本土教师。比如云华师范学院作为一所非营利性的综合院校，以培养华文学校语文、数学教师为主，学院还为缅北偏远地区的师范生提供全免政策，因此其他华文学校可以依托云华师范学院培养本土教师。

制定本土教师等级评定机制，定期对本土华文教师进行评定，对拥有不同等级的本土华文教师发放相应的奖金。成立教师福利基金会，对多年工作

---

[1] 邹丽冰：《缅甸汉语传播研究》，博士学位论文，中央民族大学，2012，第 27 页。

在教育第一线的教师给予一定的退休后的生活补贴，以充分调动华文教师工作的积极性兼稳定师资。根据曼德勒市的实际情况以及教师的个人能力制订人性化的薪资管理方案，针对本土教师发放福利，提高本土教师的待遇，建立健全稳定的高素质本土师资队伍。

（二）教师与教学方法方面

教师应改变传统的教育理念，真正做到以学生为中心，以教师为主导。与学生建立良好的师生关系，主动为学生提供学业支持和帮助。教师要学会充分利用现代教育技术，采用多种形式的教学方法，如讲解、演示、实验、讨论等提高课堂教学效果。访谈发现，学生学习汉语大多是为了交流方便，认为学会汉语可以有多种用途，因此在教学中，老师要努力创设语言环境，增加学生使用汉语的机会；鼓励学生畅所欲言，多关注因学习成绩不佳而自卑的学生，通过激励让学生更主动地学习汉语。可以让学生分组合作，进行主题讨论，满足学生"我喜欢和不同的人用汉语交流""喜欢以讨论、问答的形式上课"的要求。可以多采用讲故事的形式教学，以打破课堂的枯燥气氛。通过开展社会实践、科学实验等活动，提高学生的实践能力。适当多开展演讲比赛、诗歌朗诵比赛、小朋友歌谣比赛、相声比赛、配音比赛、辩论赛等语言类竞赛，为学生搭建语言表达的平台，培养学生们的语言自信。

（三）教材使用方面

针对教材中缺少系统的拼音训练，学生不能准确地掌握拼音知识的问题，教师可以适当增加拼音教学内容。针对教材中缺少写作训练的问题，教师可以增加写作训练，增加命题作文训练，并附加范文以增加学生兴趣。针对教材内容趣味性一般、内容过时等问题，教师可以在教学时适当增加现代科技、缅甸的国情文化等内容，让学生与当今社会接轨。针对教材中缺少生词注解、教材练习形式比较单一、每课练习题固定等问题，教师可适当增加丰富多样的练习形式。

同时，有条件的华文学校可以组织本土教师，与中国教育专家和缅甸专家联合编写适合缅甸华文学校使用且贴近社会生活的本土化教材。教材编写要做到本土化，就需要了解并权衡缅甸各地的教育水平、教学环境和学生情况，使教材具有针对性和实用性。开发缅甸本土汉语教材应符合缅甸国情，从实际出发、因地制宜。如地理课本不能只有中国的地理知识，还要有缅甸的地理知识；历史教材要适当增加缅甸历史的介绍。因为缅甸华文学校的教学对象是华裔或非华裔子女，他们在缅甸工作和生活，要融入缅甸主流社会，必须了解和学习缅甸文化，因此教材应注意平衡好缅甸文化和中华文化的关系，让学生在学好缅甸文化的同时，也不失对中华文化的爱好和兴趣。若暂时不能编写本土化教材，华文学校可以先组织教师对现有教材的内容进行适当改编，以适应学生需求。

六　余论

缅甸华文教育已历经多年发展，其间几经起伏变化。本文只研究了缅甸曼德勒市的几所华校，虽不足以窥见缅甸全国华文学校的情况，但曼德勒市的华文教育作为缅甸华文教育的一个部分，也可以看作缅甸华文教育发展的一个缩影。"最近十年，缅甸华文教育发展迅速，特别是在中国政府的大力支持下，缅甸华文教育发展呈现可喜变化。调查发现缅甸华文教育的发展整体呈上升趋势，'三教'问题得以改善，面临的国内外整体形势利于进一步发展。然而华文教育繁荣的背后还存在问题，各华校应在加强协会监管的基础上以质量立校，通过选择积极的发展模式解决华校的合法地位问题，进一步巩固华文教育的地位。"[1] 从曼德勒市华文学校的发展情况看，21世纪以来，这一地区的华文教育和汉语教学确实在向前发展，困扰华教界多年的"三教"问题在一定程度上也有所缓解。

"缅甸华文教育的发展与缅甸国内的政治经济发展、中国的崛起和对华

---

[1] 刘立伟、祝湘辉：《新时期缅甸华文教育的变化、形势和问题》，《语文学刊》2016年第5期。

文教育的支持、中缅关系的亲善、华人的努力和有利的国际背景等五个方面密切相关。"① 缅甸和中国山水相邻，两国自建交以来，友好关系不断向前发展。2000 年，中缅两国签署《中华人民共和国和缅甸联邦关于未来双边关系合作框架文件的联合声明》。2004 年，中缅两国签署《中华人民共和国教育部与缅甸联邦政府教育部教育合作谅解备忘录》。2010 年，中国—东盟自贸区正式启动。《澜沧江—湄公河合作五年行动计划（2023-2027）》于 2023 年 12 月发布，又一个"金色五年"开启。这个诞生于中国—东盟合作框架下的澜湄合作为构建更加紧密的澜湄国家命运共同体奠定了坚实的基础。2023 年，中国提出的"一带一路"倡议已实施 10 年，给世界带来实实在在的利益和繁荣，"共建'一带一路'成为深受欢迎的国际公共产品和国际合作平台"②。

多年来，为促进中缅两国人民的共同发展，合作共赢，中国一直积极支持缅甸的中文教学。虽然缅甸华文教育的合法地位至今没有得到明确，华文教育仍未纳入国民教育体系，华文教育的"三教"问题也还没有得到有效的解决，但缅甸政府转型后，2011 年颁布法令承认私立学校的合法地位，华文学校的发展空间得到了新的拓展。虽然"缅甸中文教育发展面临的困难还比较大，其国别独特性决定了其难以照搬发达国家和周边国家成功的模式，而要以市场需求为导向，探索适合其国情的缅甸中文教育发展之路"③，曼德勒市的华文学校未来发展情况如何，短时期内难以预测。不过随着缅甸国内政治经济的良性发展，随着中缅关系的深入推进，加上中国对华文教育的持续支持和缅甸华人社会的不断努力，相信包括曼德勒市的缅甸华文教育界一定可以在不断探索中找到一条适合自己的发展道路。

① 范宏伟：《缅甸华文教育的现状与前景》，《东南亚研究》2006 年第 6 期。
② 习近平：《高举中国特色社会主义伟大旗帜 为全面建设社会主义现代化国家而团结奋斗——在中国共产党第二十次全国代表大会上的报告》，人民出版社，2022，第 9 页。
③ 张婧、吴应辉：《缅甸中文教育双轨格局及其影响因素》，《天津师范大学学报（社会科学版）》2023 年第 3 期。

专题篇

B.11
海外华文学校校长职业生存状态
多维分析

——基于 30 国 100 余位校长的实证调查[*]

李 欣[**]

摘 要: 海外华文教育发展迅速,了解华文学校校长的职业生存状态至关重要。本研究采用问卷调查法和质性分析法从群体画像、职业使命、职业现状、职业心理四大方面对 30 国 105 位华文学校校长的职业生存状态进行了多维分析。研究发现,受访校长的整体职业生存状态良好,多数校长对工作的时间投入都在正常范围之内,尚未进入超负荷工作状态;校长职业的经济资本回报并不突出,获得最多的是文化资本回报;他们的职业压力整体处在一个相对较低的水平,压力主要来自华文学校的办学质量。虽然先后面临新冠疫情、市场竞争、转型升级等挑战,但华文

---

* 本文为 2023 年度华侨大学"华侨华人研究专项"课题(项目编号:HQHRZX-202304)的阶段性成果。由衷感谢华侨大学华文学院、华文教育研究院、华文教育处各级领导及同仁对本研究问卷收集工作的大力协助。

** 李欣,华侨大学华文学院、华文教育研究院教授,主要研究方向为华文教育、华文教育政策。

学校校长们守望华人社会、赓续中华文化的初心使命没有动摇，对于华文教育事业的热情也维持在非常高的水平。研究还发现，校长们感受到的外部支持普遍欠缺，且不同发展阶段、专业背景、任职学校的校长在职业现状和职业心理方面存在显著差异。为了进一步改善海外华文学校校长群体的职业生存状态，本研究从提高专业水平、提供外部支持、加强治理能力三个方面提出了建议。

关键词：　华文教育　华文学校　校长　职业生存状态

改革开放以来，特别是进入 21 世纪后，随着"一带一路"建设的稳步推进，中国在取得举世瞩目的经济成就的同时，文化更加自信，软实力的进一步提升带动全球范围的"汉语热"。截至 2020 年底，共有 180 个国家和地区开展了中文教育，有 70 个国家将中文纳入国民教育体系，从 2021 年起中文正式成为联合国世界旅游组织的官方语言。[①] 中文的国际影响力不断攀升，以华人华侨子弟为主要教学对象的海外华文教育也迈入了新时代。当前，海外华侨华人大约有 6000 万人，海外华文学校（以下简称华校）总数 4869 所，教师总数 8.12 万人，学生总数约 162.13 万人。[②] 新时代的华文教育面临着新机遇，肩负着新使命，也面临着新形势、新任务和新挑战。特别是在孔子学院海外发展受阻、中华文化海外传播空间受到挤压的情况下，华校在传承与传播中华文化方面的优势和功能更加凸显。在复杂多变的局势下，作为海外华文教育的组织者、经营者、管理者、领导者，华校校长当下的职业生存状态显得极为重要，它能够映射整个华文教育事业的现状，也能预判华文教育事业发展的未来，并将直接影响华校的教学质量，以及广大华

---

① 《教育部：70 多个国家将中文纳入国民教育体系，外国正在学习中文的人数超 2000 万》，中华人民共和国教育部网站，http://www.moe.gov.cn/fbh/live/2021/53486/mtbd/202106/t20210602_535196.html。

② 陈奕平：《华侨华人与"一带一路"软实力建设》，《统一战线学研究》2018 年第 5 期。

裔青少年中华语言文化的学习效果。因此，对华校校长职业生存状态的研究具有重要的理论价值和实践意义。

一 文献综述与研究方法

（一）文献综述

当前关于华文教育工作者职业生存状态的研究已经进入新的阶段，即以心理测量为基础对从业人员的工作现状和心理感受进行研究，[①] 并且在研究路向上从单维度取向转为多维度取向。[②] 华校校长作为特殊的华文教育工作者群体，相关研究尚处于起步阶段，可借鉴教育学和心理学学科关于校长职业生存状态的研究成果。已有文献对校长职业生存状态的研究可大致分为职业现状和职业心理两大方面。对校长的职业现状的研究聚焦在其实际工作行为方面，如学校日常管理、师资建设、教学管理、经费筹措、工作时间投入等；[③] 研究发现，不同类型教育机构、不同年龄、不同工资收入及不同任职年限的校长在职业生存状态方面存在差异；[④] 办学质量、人际关系、上级主管部门认可、社会认可等因素会影响校长的职业心理感受，[⑤] 其中办学质量是校长压力的主要来源，[⑥] 办学质量和社会认可是校长职业幸福感的主要来

[①] 何鑫华：《东南亚华文教师中华文化身份与教师角色观的研究》，硕士学位论文，福建师范大学，2011，第27页；陈素琴：《马来西亚独中华文教师职业倦怠与教学效能感的调查研究》，硕士学位论文，华东师范大学，2016，第20页；刘登科：《泰国汉语教师职业承诺及工作满意度研究》，硕士学位论文，华侨大学，2019，第15页。

[②] 李欣、付梦芸、康青霞：《新时代英国华文教育工作者职业生存状态的社会学分析》，《华侨华人历史研究》2021年第3期。

[③] 江雪梅、赵宏强：《中小学校长的生活与工作状态及对其工作行为的影响》，《教育研究与实验》2014年第1期。

[④] 姚轶洁、詹春青：《广东省基础教育满意度调查与对策建议》，《教育导刊》2019年第5期。

[⑤] 江雪梅、赵宏强：《中小学校长的生活与工作状态及对其工作行为的影响》，《教育研究与实验》2014年第1期。

[⑥] 何进军：《中小学校长工作压力因素的研究》，《现代教育论丛》2001年第3期。

源;① 对校长职业心理的研究主要聚焦于校长的工作满意度②、职业幸福感③、职业忠诚度④、焦虑感⑤等方面。研究发现，校长的职业心理感受存在地区差异，其工作满意度与各地的教育政策和社会环境有关。⑥ 关于校长职业初心使命的研究于近年兴起，旨在回应新时代关于人才培养的根本问题⑦，学者们提出了校长的使命在于优化教师教育⑧、加强学校治理⑨、文化引领⑩、提升每一个孩子的生命质量⑪、立德树人、服务国家⑫等主张，这对于探索华校校长的初心使命具有借鉴意义。

（二）研究方法

1. 问卷调查法

研究者在已有问卷基础上结合华文教育的特殊性自编调查问卷，问卷包括三个部分：基本信息、自评量表和开放式问题回答。基本信息包括华校校长的任职所在国、性别、年龄、族裔等背景情况；自评量表采用李克特（Likert）的五级计分法，用1、2、3、4、5分别代表"极不符合""不

① 江雪梅、赵宏强：《中小学校长的生活与工作状态及对其工作行为的影响》，《教育研究与实验》2014年第1期。

② 叶宝娟等：《胜任力对农村小学校长工作满意度的影响：领导效能与职业认同的中介作用》，《心理发展与教育》2017年第3期。

③ 马勇：《中小学校长幸福感培育研究——以福建泉州地区为例》，《徐州师范大学学报（教育科学版）》2011年第3期。

④ 侯琛：《高校校长职业流动研究——以湖北省为例》，硕士学位论文，长江大学，2016，第39页。

⑤ 曾君：《论焦虑与中小学校长的成长》，《教育科学》2001年第1期。

⑥ 沈善良、陈泊蓉、赵微：《西部农村小学校长工作满意度及其影响因素》，《西南交通大学学报（社会科学版）》2011年第5期。

⑦ 奚爱国：《新时代推进区域教育高质量发展的若干思考》，《人民教育》2018年第19期。

⑧ 宓莹：《教师专业发展规划师：校长的使命》，《上海教育科研》2016年第5期。

⑨ 李克兴：《教育变革时代中小学校长的本体使命》，《教学与管理》2017年第33期。

⑩ 李兴富：《校长的使命在于永无止境的文化引领》，《曲靖师范学院学报》2019年第5期；黄显甫：《中学校长的文化使命与作为》，《教育导刊》2016年第10期。

⑪ 万恒：《县域内校长的教育使命》，《人民教育》2019年第10期。

⑫ 周玲：《立德树人为根本，服务国家为使命，奋发努力，砥砺前行——曲景平校长访谈录》，《化工高等教育》2017年第4期。

符合""不确定""符合""非常符合"，分值越高，代表被测对题项所述
内容的认同程度越高。自评量表共 20 个题项，涉及海外华校校长职业生
存状态的整体水平及各子维度的水平，经因子分析提炼出 5 个共同因素，
分别对应职业情意、职业投入、职业回报、职业压力和外部支持 5 个维度
（见表 1）。

表 1　海外华校校长职业生存状态的维度

主因素层	子因素层	题项举例
职业情意	工作热情、专业兴趣、人格魅力	・我对华文教育工作充满热情和信心。 ・我受到学生、家长和教师的欢迎。
职业投入	工作时间、自我奉献	・我经常感到工作时间不够用。 ・我经常感到做的比职位所要求的多。
职业回报	经济资本、文化资本、社会资本等收益	・我的职业薪酬符合我的预期。 ・我能获得较多学习和进修的机会。
职业压力	压力来源、情绪疲惫、职业倦怠	・学生的学习成绩给我带来压力。 ・学校的工作经常让我感到身心疲惫。
外部支持	社会认可、社会评价、帮扶体系、家庭支持	・我所在地区对华校校长的社会认可较高。 ・我所在地区对华校校长的帮扶体系较为完善。

随后根据目的性抽样和便利性抽样原则，在 2021 年底对由某高校举
办的"2021 年海外华校校长线上研习班"的学员进行网络问卷调查，随
后于 2022~2023 年在泰国华文教师公会、缅北华文教育促进会、菲律宾
华文教育中心、新加坡华文教研中心、印尼华文教育联合总会、英国中
文教育促进会等多国华教机构、华文教师团体及个人的帮助下，联系部
分海外华文示范学校校长、周末中文学校校长进行一对一调查，总计回
收 108 份问卷，有效问卷 105 份，有效率为 97.2%，涉及华校约占国务
院侨务办公室（以下简称国侨办）2014 年华校统计总数 4869 所[①]的
2.2%。经分析，问卷信度值为 0.769，效度值为 0.741，问卷的信效度
较高。问卷回收后，采用 SPSS 20.0 软件对问卷数据进行分析。通过国别

---

① 陈奕平：《华侨华人与"一带一路"软实力建设》，《统一战线学研究》2018 年第 5 期。

统计发现，共有来自印尼、缅甸、泰国、菲律宾、越南、文莱、新加坡、巴基斯坦、迪拜、蒙古国、日本、澳大利亚、新西兰、英国、爱尔兰、德国、法国、荷兰、奥地利、匈牙利、葡萄牙、西班牙、意大利、塞浦路斯、博茨瓦纳、美国、加拿大、巴西、墨西哥、南非等 30 个国家的华校校长参与了本次调查。

2. 质性分析法

本研究对华校校长职业初心使命的分析采用质性研究方法，首先收集了华校校长对"从事华校校长职业的初心和使命是什么？"这一开放式问题的回答，继而运用 Nvivo 12 质性分析软件对文本进行编码，最终形成高频词的词云图。

二　群体画像：基于数据的华校校长个人背景及任职情况分析

（一）华校校长的人口统计特征分析

通过对 105 份问卷的分析整理，得到基于数据的受访华校校长的群体特征（见表 2）。

表 2　华校校长群体的人口统计特征

基本信息		样本数	比例（%）	基本信息		样本数	比例（%）
性别	男	44	41.9	族裔背景	华裔	92	87.6
	女	61	58.1		非华裔	13	12.4
最高学历	博士	7	6.7	专业背景	华文/汉语国际教育	17	16.2
	硕士	35	33.3		文史类	63	60.0
	学士	36	34.3		理工类	12	11.4
	大专	16	15.2		艺术类	2	1.9
	大专以下	11	10.5		其他	11	10.5

续表

基本信息		样本数	比例(%)	基本信息		样本数	比例(%)
年龄 (岁)	25~30	3	2.9	国别 区域	亚洲	61	58.1
	31~40	27	25.7		欧洲	30	28.6
	41~50	27	25.7		美洲	7	6.7
	51~60	35	33.3		大洋洲	5	4.8
	61及以上	13	12.4		非洲	2	1.9
是否 "双肩 挑"	专职校长	34	32.4	华教 组织	已加入	75	71.4
	兼任教师	71	67.6		未加入	30	28.6

1. 性别比例较为均衡，绝大多数来自华裔家庭，非华裔家庭比例有所提升

与华文教师调查数据相比，华校校长的性别比例更为均衡。例如，在英国的本土华文教师调查中，女性占比高达 93.8%，男性占比仅为 6.3%；[①] 而在此次校长调查中，女性占比为 58.1%，男性占比为 41.9%。这表明男性在华校高级管理者中的占比高于在一线华文教师中的占比。在族裔背景方面，来自华裔家庭的校长占压倒性多数（87.6%），有 12.4% 的受访校长来自非华裔家庭。由此可见，在新时代具有中华语言文化背景的华裔是海外华校的主要创办者或运营者，这与各国华文教育政策的松动有密切关系。最近几十年，中国经济发展使汉语的经济价值提升，[②] 世界各国与中国经贸合作频繁，华文学习需求旺盛，各国对华文教育的政策也更为积极，华裔逐渐恢复了对华文教育的办学热情，而来自非华裔家庭的友族人士成为新时代华教领导圈层的重要补充力量。

2. 年龄结构呈"中青年化"，学历层次以本科以上为主，学科背景以文科为主

受访者中年龄在 31~50 岁的校长占半数，校长的年龄均值和中值均为 48 岁，说明华校校长队伍的年龄结构整体以中青年为主，处于此年龄段的华校校长积累了丰富的工作经验和人生阅历，工作进取心强，职业发展潜力大。

---

① 李欣、付梦芸、康青霞：《新时代英国华文教育工作者职业生存状态的社会学分析》，《华侨华人历史研究》2021 年第 3 期。

② 王雅君：《汉语国际教育专业留学生"投资"目的研究——以上海外国语大学为例》，硕士学位论文，上海外国语大学，2020，第 43 页。

本次调查发现，最年轻的华校校长 27 岁，最年长的 71 岁。之所以存在巨大的年龄差距，是因为海外华文学校多为私人创办，不受限于政府体制内学校对校长聘任的严格要求，对校长任职年龄并未严格限制，有的校长本人就是华校的创办者，因此会存在校长的"低龄化"和"超期服役"等现象；在学历方面，受访者的学历呈均匀分布，硕士、学士和大专（包括大专以下学历）大约各占 30%，还有 7 人（6.7%）拥有博士学位，说明具有本科以上高学历的华校校长已经成为主体，共计占 74.3%。在学历背景上也呈现地域特征，大专及以下学历的校长主要集中在东南亚地区，欧美地区及大洋洲的校长学历普遍较高，说明经济发展水平和文化教育水平较高的地区，华校校长的学历层次也较高；在专业方面，仅有少部分（16.2%）校长具有华文或汉语国际教育专业背景，与现职的匹配度不高，而大部分校长欠缺华文教育方面的专业知识储备，这增加了他们管理华校的难度。

3. 主要分布在亚洲和欧洲，大部分校长为"双肩挑型"，且参加了专业组织

本次调查的华校校长虽来自 30 个国家，但主要为亚洲和欧洲等华人华侨分布较为密集的国家，特别是东盟十国中的马来西亚、泰国、印尼、菲律宾、缅甸等五国。这与国侨办授予的"海外示范华文学校"的分布基本一致。自 2008 年起，国侨办启动了海外示范华校的评选，直至 2017 年共有五大洲 47 个国家的 312 所华校入选，其比例构成是亚洲 117 所（37.5%）、欧洲 89 所（28.5%）、美洲 71 所（22.8%）、大洋洲 29 所（9.3%）和非洲 6 所（1.9%），[①] 本次调查样本的地区分布也呈现类似的比例。调查还发现，67.6% 的受访校长是"双肩挑型"校长，即除了学校管理之外还承担教学任务，仅有 32.4% 的校长表示自己是"专职校长"，只负责学校的运营管理。"双肩挑型"校长由于亲临一线授课，对学校的教学、教师、学生都更为熟悉，能在第一时间发现问题并解决问题，但管理学校的时间会被压缩；此外，一心挂两头的工作状态容易导致职业倦怠和情感耗竭；[②] 最后还发现，多数

---

① 贾益民主编《世界华文教育年鉴（2019）》，社会科学文献出版社，2021，第 381 页。
② 唐艳芬、常学军：《省直管县远程教育教师职业倦怠研究》，《科教导刊（中旬刊）》2016 年第 8 期。

（71.4%）受访校长已经加入了当地的华文教育民间组织或华文教师协会，但仍有28.6%的校长没有加入任何专业组织，难以与其他华校校长或专业人士进行交流学习，不利于该地区华文教育共同体的形成，从长期看，也不利于华校的发展，这种情况值得关注。

（二）海外华校校长任职机构情况

华校校长的任职机构反映了当前海外华文教育的类型、层次、位置、生源、办学特色、办学规模等基本情况（见表3和表4）。

表3 华校校长任职机构基本情况

类别		样本	比例(%)	类别		样本	比例(%)
机构类型	周末中文学校	43	41.0	学生层次	学龄前儿童	78	18.9
	公立中小学	11	10.5		小学生	99	24.0
	私立中小学	30	28.6		初中生	95	23.0
	课后补习学校	24	22.9		高中生	75	18.2
	语言培训机构	37	35.2		大学生	32	7.7
	教育培训机构	29	27.6		社会人士	34	8.2
机构位置	市区	87	82.9	学生身份	以华裔为主	80	76.2
	郊区	14	13.3		以非华裔为主	25	23.8
	农村	4	3.8				
办学特色	有特色	97	92.4				
	无特色	8	7.6				

表4 华校校长任职机构规模统

类别		区间	数量(个)	比例(%)	类别	区间	数量(个)	比例(%)
年级班级数量	年级数区间	1~5	11	11.1	班级数区间	1~5	8	7.9
						6~10	17	16.8
		6~10	46	46.5		11~20	35	34.7
						21~50	32	31.7
		11及以上	42	42.4		51~100	5	5.0
						100以上	4	4

师生数量	教师数量	类别	人数(人)	学生数量	类别	人数(人)
		均值	23		均值	623
		中值	15		中值	380
		众数	10		众数	80
		极小值	1		极小值	21
		极大值	130		极大值	5600
	教师总数		2391	学生总数		64679

1. 任职机构类型多样，大多地处城区，以学前和基础教育阶段学生为主，且大多来自华裔家庭

通过观察表3可以发现，在任职机构类型上，鉴于海外华校的复杂性和多元性，个别华校不止一种类别归属，本题项被设置为多选，结果显示多数校长任职于"周末中文学校"（41%），其次为"语言培训机构"（35.2%）、"私立中小学"（28.6%）和"教育培训机构"（27.6%），就职于"公立中小学"的校长最少，仅为10.5%。这基本符合海外华校的实际情况，即仅有部分国家将华文学校纳入政府体制内公立学校。[①] 在"机构位置"方面，这些校长任职的华校绝大多数都位于市区（82.9%），其次为郊区（13.3%），位于农村的仅占3.8%，从侧面说明华文学习者大多聚集在各国市区和郊区的华人聚居地。"学生层次"主要集中在学前教育和基础教育阶段，高等教育和成人教育层次各占8%左右。这说明华文教育在巩固现有教育市场的基础上，还有进一步的开拓空间，需要向高等后教育阶段人群提供语言教育服务。在学生的族裔身份方面，76.2%的校长表示其学校的学生以华裔为主，但也有23.8%的校长表示其学校的学生以非华裔为主。这说明新时代海外华校学生群体的族裔构成逐渐呈现多元化趋势，这对华校校长的跨文化管理能力提出了挑战，也对我国政府相关部门的海外华文教育治理能力提出了新的要求。

2. 华校校长致力于特色办学，服务多样化的学习需求

调查发现，海外华校校长普遍致力于特色办学，高达92.4%的校长都认

---

① 赵惠霞：《"一带一路"视域：东盟华文教育发展》，《西部学刊》2022年第17期。

为自己的学校"有特色"，说明差异化特色办学是校长们的一致追求。在授课方式上，班级授课方式以其低成本、高效率的优势成为大多数校长的选择。也有学校采取个人定制化的"一对一"授课方式，例如，位于文莱的一所"微型学校"，仅有2名教师和21名学生，教学对象从6岁到成人，该校的特色是采取"一对一"的精品教育路线。一所位于日本的课后补习学校拥有66名华文教师，450名学生，也是以"一对一"教学为主，设立了300多个"迷你班"，平均每班仅有1~2名学生。除了在授课方式上追求特色之外，打造有特色的课程体系也是校长们的努力方向。特别是在"一带一路"共建国家，"华文教育+"已成为校长们的共识，[①]在缅甸，"华文教育+职业教育"得到了当地社会的广泛认可；在印尼，单纯的华语教学已不能满足社会需要，"华语+英语+印尼语"的三语学校成为许多华校办学的方向。在美国等西方国家，周末中文学校也在中文学习的基础上加入了其他课程，尝试为家长和学生提供"一站式"的教育服务。如受访者之一的意大利某华校校长，其管理的学校拥有28名华文教师，700名学生，开设从幼儿园到高中各阶段的课程，全校共有46个班，包括中文班26个，其他兴趣班（如美术、舞蹈、数学等）20个。

3. 任职机构规模差异较大，年级、班级、师生人数存在巨大差异

观察表4可知，受访校长任职的华校规模在年级、班级、师生人数方面存在较大差异。整体而言，这105位华校校长管理的教师总数为2391人，学生总数为64679人，且大部分华校的年级梯度较为完整，88.9%的华校校长管理了6个以上的年级，其中42.4%的校长管理的年级数为11个及以上；但校长们所管理的班级数却存在较大差异，班级规模在11~20个的华校数量最多（34.7%），班级规模在21~50个的华校数量次之（31.7%）。有的华校是仅有"1~5"个班的"微型学校"，而有的华校则是拥有"100以上"班级的"巨型学校"；受访校长所管理的教师人数也千差万别，最多的管理130名教师，最少的仅管理1名教师，每位校长平均管理23名教师；

---

① 莫梦舒：《基于在线课堂的"华文教育+职业技能"培训模式探究》，《中学教育参考》2023年第3期。

校长们所管理的学生人数差异更为显著，学生数量的极值体现了华校类型的多元化，学生数最少的华校仅有 21 名学生，最多的则高达 5600 名学生，该校位于菲律宾，是私立中小学，拥有 13 个年级 160 个班，总计 65 名华文教师；从区域分布上看，任职于东南亚的华校校长所管理的学校规模明显大于其他地区的华校。校长们所管理的学生数中值为 380 人，均值为 623 人。对比国侨办 2014 年的统计数字，即平均每所华校的教师约 17 人、学生约 333 人，[①] 可以发现海外华校整体规模稳步扩张，2014 年以来在师生人数上实现了"双升"，平均每位教师所教学生人数有所增加，师生比从之前的 1：20 降至 1：27，这给华文教师的教学质量以及华校校长的管理带来了挑战，也反映了海外各国普遍缺乏华文教师的问题。

（三）华校校长的职业预备期、任职年限与职业成熟度

"职业预备期"是指受访者在成为华校校长之前，在华文教育领域的工作年限；"任职年限"是指受访者至今担任华校校长的年限；"职业成熟度"是指受访者当前所处的职业发展阶段。对这些方面的分析有助于了解海外华校校长的职业生涯历程。

1. 华校校长的职业预备期与任职年限

表5　华校校长的职业预备期及任职年限统计

职业预备期			任职年限		
时长	样本	比例（%）	时长	样本	比例（%）
0~2 年	29	27.6	0~2 年	10	9.5
3~5 年	15	14.3	3~5 年	25	23.8
6~10 年	27	25.7	6~10 年	28	26.7
11~20 年	18	17.1	11~20 年	27	25.7
21~30 年	6	5.7	21~30 年	10	9.5
31 年及以上	1	1.0	31 年及以上	2	1.9
缺失样本	9	8.6	缺失样本	3	2.9

①　陈奕平：《华侨华人与"一带一路"软实力建设》，《统一战线学研究》2018 年第 5 期。

	职业预备期			任职年限		
	时长	样本	比例(%)	时长	样本	比例(%)
	合计	105	100	合计	105	100
数值分析	均值	8.46		均值	10.55	
	中值	6.50		中值	9.00	
	极小值	0		极小值	1	
	极大值	66		极大值	45	

观察表5可知,受访者的职业预备期平均年限为8.46年,中值为6.50年。预备期在6年及以上的人所占比例合计为49.5%,而预备期在6年以下的人所占比例合计为41.9%,其中有27.6%的受访者在成为校长前,在华文教育领域仅有2年以下的工作经历。这说明当前海外华校校长的整体职业预备期较短,华校校长的入职门槛较低。由于缺乏行业经验,[①] 许多新任校长入职前几年的职业生存期较为艰难。在任职年限方面,受访校长的均值为10.55年,中值为9.00年。工作年限在6年及以上的合计占63.8%,其中工作年限在11年及以上的占37.1%,工作年限在21年及以上的占11.4%,还有2人年限为31年及以上,说明校长们的整体离职率较低,对所任职学校的职业忠诚度较高。但也要看到任职年限在5年及以下的校长约占33.3%,仍处于职业生存期,他们的未来发展尤为值得关注。

2. 华校校长的职业成熟度

表6　华校校长职业成熟度自评

	阶段自评	平均任职年限(年)	样本	比例(%)
发展阶段	新手阶段	6	40	38.1
	熟手阶段	12	47	44.7
	能手阶段	16	17	16.2
	专家阶段	16	1	1.0
	—	—	105	100

① 王伟伟:《海外华校管理者线上培训现状与需求研究》,《大众文艺》2023年第8期。

对于校长职业成熟度的测量，本研究参考了李欣对华文教师专业发展阶段的划分，[①]采取了发展阶段自评的方式，将校长的职业发展阶段分为四个阶段："新手阶段"的校长刚担任校长职位，还在经历角色转换及岗位适应；"熟手阶段"的校长已经进入了持续稳定的发展阶段，对校长角色较为熟悉，有了较为明确的管理理念，积累了初步治校经验；"能手阶段"的校长在管理工作中游刃有余，有了较为清晰的管理风格，对华文教育工作有了自己初步的看法；"专家阶段"的华校校长在多年的管理实践中，已经形成了具有个性化的实践性知识和华文教育思想，能够对其他校长进行指导和培训。

表6的调查数据显示，自认处于"新手阶段"（38.1%）和"熟手阶段"（44.7%）的华校校长所占比例较高，自评为"能手阶段"的华校校长占16.2%，自评为"专家阶段"的华校校长仅有1人。进一步的分析发现，任职年限与职业成熟度呈正相关，相关系数为0.466，这说明任职年限越长，所处职业发展阶段越高。研究还发现，受访校长的发展阶段在任职年限上存在4~6年的间距，即度过新手阶段平均需要6年，发展到熟手阶段平均需要12年，再到能手阶段或专家阶段则需要16年。能手阶段与专家阶段的任职年限相仿，界限相对模糊，区别之一就在于后者的实践性知识、本体性知识和条件性知识的拥有量高于前者，[②]这是长期进行自我学习和知识更新的结果。以唯一自评为"专家阶段"的校长为例，在职业预备期，该校长在华文教育领域积累了5年工作经验，自2006年起一直担任周末中文学校的校长，至今已有16年的校长管理经验。其掌管的华校颇具规模，拥有教师28人及学生700人。该校长善于不断自我提升，平均每年参加线上及线下的各类学习、培训10次，并且目前正在中国某高校攻读语言学博士学位。而在"新手校长"中，有的人是在华文教育领域浸润多年后创立了自己的华文培训机构；有的人是刚从一线华文教师晋升为华校校长，他们通常

---

① 李欣：《华文教师专业发展概论》，社会科学文献出版社，2021，第58~79页。
② 郭炯：《教师实践性知识的组织结构及生成途径研究》，《中国电化教育》2012年第11期。

在华文教育领域有多年工作经验；还有的人则是捕捉到了华文培训的市场商机，从其他领域转入华文教育，对华文教育领域相对陌生。不同任职年限的校长处在职业生涯的不同阶段，面临的困境和挑战不尽相同，需要有针对性的帮扶措施。

三　职业使命：华校校长对华文教育事业的初心与使命分析

华校校长的初心使命体现了他们对"华校是什么"的价值判断和基本看法，它不仅会直接影响校长对华校办学方向的定位、对华校社会责任和义务的看法，[①] 同时也会影响校长对华校功能、作用和任务的确定，其影响贯穿办学治校的全过程。

通过对词云图（见图1）和节点编码表（见表7）的观察可知，华校校长的初心使命大致集中体现在以下五个方面。

图1　华校校长职业初心使命词云

---

① 白娟：《当前海外华文教育的可持续发展问题——基于海外华校管理者的调研》，《华文教学与研究》2023年第3期。

表 7　华校校长初心使命高频关键词编码

一级节点	二级节点	三级节点	编码参考点数
初心使命	语言文化传承	文化	17
		中文	12
		华文	9
		语言	4
	教育教学育人	教育	11
		教学	5
		学校	4
	服务华人社会	华人	7
		社会	6
		孩子	4
	注重质量发展	质量	4
		发展	4

（一）文化传承：赓续华人文化基因

海外华校在保持华人民族性以及维系华侨华人与祖籍国情谊方面能够发挥纽带作用，[①] 分析发现，许多华校校长将传承与传播中华文化作为天然使命，身在异国他乡，浓厚的故土情结激发他们赓续中华文脉的办学使命，提出"传承中华文化，培育华人英才"的主张。当前"中国及其它国家和地区华人族群在现代化上的成功，使华人族群产生了新的自信，并激发了族群的文化认同"[②]，华校校长们表达了下列办学治校的初心：

让华侨子女不忘自己是龙的传人，自己的根在中国，通过学习《论语》、唱歌、跳舞、书法和参加各种华人活动传承中华文化。

（日本某华校校长）

弘扬和传承中华传统文化，培养华裔青少年对祖籍国的热爱和对自

---

① 王焕芝：《"一带一路"视阈下海外华文教育发展的动力机制与策略：以东南亚为中心的探讨》，《海外华文教育》2019 年第 3 期。
② 周丰峨：《国际关系变化中的海外华文教育》，《比较教育研究》2001 年第 12 期。

己华人身份的认同，促进学生多元文化学习和全面发展，为社会和国家培养多元文化人才。

（泰国某华校校长）

讲授中国语言和传承中国文化并驾齐驱，不断提高华人子女的综合华文素养，使之成为中华文化的真正传承者和传播者。

（匈牙利某华校校长）

（二）守望华人社会：服务华侨华人子弟

华校不仅是教育机构，也为华侨华人提供了一种文化生活空间，成为在异文化环境中连接中华文化的纽带。许多国家的华校都发挥了维系华人社会网络的作用，使教师、家长、学生彼此之间能够借此守望相助，强化自身作为华裔的族群意识和身份认同。多位华校校长明确强调了服务华人社会、教育华裔子弟的办学初心，例如：

为当地华裔儿童提供良好的中文学校环境、高质量的中文教学，为家长提供沟通交流的平台，并传播中国文化。

（德国某华校校长）

重点服务于在海外的、父母有一方是中国人的学生，让他们的华文水准达到母语的水准。

（文莱某华校校长）

（三）搭桥筑路：向世界传播中国文化

华文学校既是传承中华语言与文化的机构，也是对外传播中华语言和文化的窗口。[①] 海外华校根植当地，具有宣传中华文化、讲好中国故事的优势

---

① 郭熙：《海外华语传承的历史经验与国际中文在地化传播》，《云南师范大学学报（哲学社会科学版）》2023年第1期。

功能，能够发挥民间外交、民间外宣的作用。多位华校校长都表示要通过华文教育促进所在国与中国友谊、讲好中国故事、传播好中国声音、让世界认识中国的初心，例如：

把华人的文化及传统带入美国主流社会。

（美国某华校校长）

传播汉语知识，弘扬中华文化，促进中奥友谊。

（奥地利某华校校长）

传承传播中华文化，同时培养语言人才，为中缅关系搭建桥梁。

（缅甸某华校校长）

弘扬华文教育，传播中国文化。传承传统文化，让世界认识中国。

（蒙古国某华校校长）

承传中华文化教育，推动和发展华文教育，讲好中国故事，传播好中国声音。

（墨西哥某华校校长）

（四）敦品育才：以德为先促进全人教育

德育是全人教育的首要组成部分，中华优秀传统文化素有"德治"思想，[1] 这对许多华校校长的办学初心产生了深刻影响。在人才培养方面，许多华校校长认可教育首先是要"传道"，其次才是"授业"的观点，尤为重视德育，提出要教导学生在"德、礼、智"方面全面发展，个别校长甚至明确提出"育人第一，教书第二"的教育主张，其他校长的类似主张如下：

---

① 何思禹：《习近平德育思想研究》，硕士学位论文，哈尔滨工程大学，2015，第12页。

以德为先，促进华校学生全面发展。

（马来西亚某华校校长）

敦品育才，办好华文教育，让每一位同学除了学好华文和知识外，更要陶冶品德，以期将来进入社会，做一名堂堂正正有礼仪有学识的人！

（意大利某华校校长）

以人为本、以学定教、全人教育、语言与文化紧密结合、服务社团、家校合一、教学质量为上，建设有幸福感的高效课堂，做有根有梦有爱的精品华文教育。

（法国某华校校长）

（五）融入社区：培养面向世界和未来的人才

在明确和凸显海外华人自身文化特质的基础上，主动去适应所在国的社会生活，有利于华裔子弟在当地社会的生存与发展。[1] 华校校长们表示要让华人孩子更好地融入主流社区，成为社区一分子，在保持民族性的同时，积极参与世界现代化、全球化进程，[2] 成为"中西兼通"的高素质人才。

面向未来，让华校学生将来的生存适应能力更强，发展空间更大。

（英国某华校校长）

立足海外，放眼中国和世界，致力于培养华人孩子的中文阅读写作能力和中文素养，传承中华文化，为社会培养中西兼通的人才。

（葡萄牙某华校校长）

把华文学校办成不仅是传承民族文化的教育机构，也要成为促进人

---

① 彭伟步：《海外华人"平行社区"现象思辨——基于华文新媒体圈层传播的考察》，《对外传播》2023年第3期。

② 张颖：《华社三大支柱对海外华侨华人的影响性研究》，《江苏省社会主义学院学报》2022年第2期。

类社会进步的机构。

（加拿大某华校校长）

四　职业现状：华校校长职业生存状态的自评分析

将问卷自评量表分为 5 个维度进行统计整理，可以更好地揭示海外华校校长职业生存状态的不同侧面。如表 8 所示，调查对象职业生存状态各个维度的均值从高到低依次为："职业情意"（4.64）>"职业投入"（4.06）>"外部支持"（3.85）>"职业回报"（3.07）>"职业压力"（2.72）。其中，"职业情意"的均值最高且接近理论满分值 5.0，说明受访华校校长对于华文教育事业的热情维持在非常高的水平。

表 8　华校校长职业生存状态自评结果分析

因子	均值	非常符合		比较符合		不清楚		比较不符合		非常不符合	
		样本数	占比（%）	样本数	占比（%）	样本数	占比（%）	样本数	占比（%）	样本数	占比（%）
职业情意	4.64	84	80.0	21	20.0	0	0	0	0	0	0
职业投入	4.06	41	39.0	48	45.8	14	13.3	2	1.9	0	0
职业回报	3.07	7	6.7	37	35.2	50	47.6	9	8.6	2	1.9
职业压力	2.72	4	3.8	24	22.9	51	48.6	23	21.9	3	2.9
外部支持	3.85	38	36.2	50	47.6	16	15.2	1	1.0	0	0

（一）华校校长的职业情意

"职业情意"是指校长们在治校办学过程中所具备的态度、情感、理念、意志、人格、精神等的总和，它具有内在稳定性和一致性。[①] 本研究调查了校长们在"工作热情""专业兴趣""人格魅力"三方面的职业情意现

---

①　李欣：《华文教师专业发展概论》，社会科学文献出版社，2021，第 54 页。

状，分析发现，3 个子维度的均值从高到低排序，依次为"专业兴趣"
（4.79）>"工作热情"（4.57）>"人格魅力"（4.33），说明多数华校校长
职业选择的初衷是出于自身对中华语言与文化的兴趣爱好，而非物质待遇等
其他原因，他们发自内心地热爱中华语言与文化的教育及传播工作。因为热
爱，所以投入，也赢得了家长和学生的欢迎和爱戴，并最终塑造、强化了自
身的人格魅力。

（二）华校校长的职业投入

"职业投入"是指华校校长们对工作在时间和精力上的投入，以及对时
间和精力的分配。调查发现，在个人自评方面，校长们"经常感到工作时
间不够用"（3.99），且"经常感到做的比职位所要求的多"（4.13），说明
绝大部分华校校长都认为自己对工作尽心尽力，投入了相当大的时间和精
力，甚至超出了职位所要求的。那么校长们具体投入了多少时间用于工作
呢？通过对校长每周工作时长进行分析发现（见表 9），校长们的周均工作
时间均值为 34.76 小时，中值及众数均为 40.00 小时，按每周 5 个工作日计
算，日均工作时长为 8 小时，尚处在正常范围之内。在工作时长上，校长个
体之间存在显著差异，有的校长每周工作时长仅为 10 小时，而有的校长周
工作时长高达 72 小时，日均工作时长为 14.4 小时。整体而言，大多数校长
对工作的时间投入都在正常范围内，尚未处在超负荷工作状态，因此非工作
时间较为充裕，可以用以参加学习培训等文化资本的积累。

表 9　华校校长周均工作时长

有效样本（个）	98	众数（小时）	40.00
缺失样本（个）	7		
均值（小时）	34.76	极小值（小时）	10
中值（小时）	40.00	极大值（小时）	72

华校校长们的工作时间都去哪儿了？表 10 关于华校校长工作重点的分
析有助于揭示这一问题的答案。将工作重点排序题中各个选项的排名进行赋

值之后发现，校长们的工作时间主要用于师资队伍建设、处理日常事务、协调校内关系、协调外部关系、提升教学质量、筹集办学经费等六大方面，其中"师资队伍建设"和"提升教学质量"被多数校长看作重中之重，这些工作的最终目的是通过改善师资水平来提升学生学习水平，说明教学质量作为华校生命线得到了校长们的普遍重视。相比之下，筹集办学经费并非校长关心的头等大事，高水平的教学质量才是生源和经费的保障，[①] 特色鲜明、质量突出的华校会对周边生源形成"虹吸效应"。

表 10　华校校长工作重点排序

位次	工作内容	位次	工作内容
1	师资队伍建设	4	协调外部关系
2	提升教学质量	5	处理日常事务
3	协调校内关系	6	筹集办学经费

（三）华校校长的职业回报

本研究中的"职业回报"是指华校校长在从事本职工作中在经济资本（薪酬收入）、文化资本（自我发展）和社会资本（晋升前程）等方面的收获。三个子维度的均值从高到低依次为：文化资本（3.52）>社会资本（2.90）>经济资本（2.78），即校长们认为这份职业所给予自己的"学习和进修的机会"最令其满意，其次是"职业晋升的机会"，多数校长认为这份职业的薪酬收入并不符合自己的预期。通过观察图 2 可以进一步发现，校长们的收入结构呈"中间多两端少"的形态，超半数（55.2%）校长认为自己的收入在当地处于中等水平，认为自己的收入在当地处于中等偏上及中等偏下水平的人数相仿，分别为 21 人和 16 人，认为自己的收入在当地处于上层和底层水平的人数较少，分别为 2 人和 8 人。由此可以看出，华校校长自认为这份职业的经济资本回报并不突出，他们对这份职业的文化资本回报更为满意。

---

① 黄端铭：《华校何位 华校何为——以菲律宾华校为例》，《世界华文教学》2018 年第 1 期。

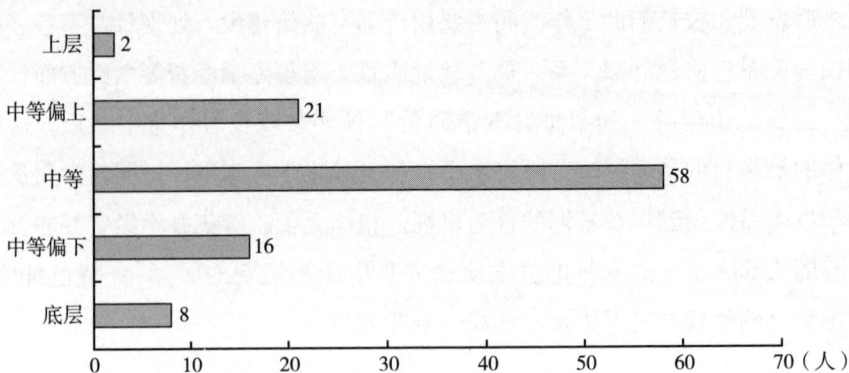

图 2　华校校长薪酬收入等级水平

（四）华校校长的职业压力

华校校长的"职业压力"是指校长个体在华校教育、教学情境下因校长职业所赋予的职业要求而产生的压力。[①] 在职业生存状态自评的 5 个维度中，职业压力的均值（2.72）最低，低于理论中值 3.0，这表明校长们的职业压力整体处在一个相对较低的水平。具体压力主要来源于三个方面，"学生成绩压力"（3.0）＞"绩效考核压力"（2.6）＞"人际关系压力"（2.4），说明校长们的压力主要来自华校的办学质量，而学生成绩则是办学质量的重要表征。当前海外华校大多是自负盈亏的办学机构，并无政府体制内学校充沛的办学经费，因此生源就是华校的生命线，而学生的学习成绩就成为校长的主要职业压力；华校校长们的"绩效考核压力"整体处于中等偏下的水平，这是由于绝大多数海外华校都未纳入当地政府国民教育体系，[②] 因此也无须面对体制内的外部绩效考核压力，事实上许多华校校长本身就是华校的创办者，其压力主要来自学校内部较为非正式的绩效评价。个别华校设有董事会等机构，校长需要向董事会负责，因此此类校长的绩效考核压力相对较大；

[①] 徐志爽、孙华、姬凤迁、郭磊：《新时期的中小学教师压力研究》，载《〈教师教学能力发展研究〉科研成果集（第十三卷）》，2018，第 694~697 页。

[②] 赵惠霞：《"一带一路"视域：东盟华文教育发展》，《西部学刊》2022 年第 17 期。

"人际关系压力"整体也处于中等偏下水平，说明华校工作场域中的人际环境较为单纯，校长们在处理与他人的人际关系时所感受的心理压力较小。

（五）华校校长的外部支持

"外部支持"是校长们所接受到和感知到的物质及精神支持，整体均值为3.85，虽超出理论中值3.0，但仍有改善空间。4个子维度的均值从高到低依次为"家庭支持"（4.3）>"社会认可"（3.98）="社会评价"（3.98）>"帮扶体系"（3.1），即校长们所感受到的外部支持主要源自家庭；对于题项"我所在地区对华文学校的社会评价较高"与"我所在地区对华校校长的社会认可较高"得到了相同的均值3.98，二者均仍有待提高。这一方面有赖于华校校长更好地发挥领导能力办好华校，另一方面也需要华校主动走进所在社区、服务所在社区，赢得社区支持；题项"我所在地区对华校校长的帮扶体系较为完善"的均值（3.1）最低，说明当地社会对华校的帮扶体系不够完善，华校校长们需要从所在地区之外的渠道获取支持。对此，所在地区华人社团、华校组织应积极动员发挥本土力量来支持华校校长的办学治校，中国政府和民间组织也可适当发挥外围帮扶作用。

五　职业心理：华校校长职业满意度、职业幸福感 与职业忠诚度分析

（一）华校校长职业满意度、职业幸福感与职业忠诚度的样本数据

本次调查中受访校长对自己的职业满意度、职业幸福感和职业忠诚度进行了整体自评，3个选项依次为"我对我的职业生存状态整体上感到满意""我能从华文教育工作中获得幸福感""未来我会继续从事华校校长工作"。观察图3可直观地发现，校长们在这3个选项上的选择几乎都处于"非常符合"和"符合"的区域。通过进一步均值分析发现，按照3个选项的均值

从高到低排序为："职业幸福感"（4.41）>"职业忠诚度"（4.30）>"职业满意度"（4.14），说明华校校长们热爱华文教育工作，整体上满意自己当前的职业生存状态，能从工作中获得足够的幸福感，并且即使面对新冠疫情、华校转型等充满不确定性的职业前景时，依然会选择从事华校校长职业。

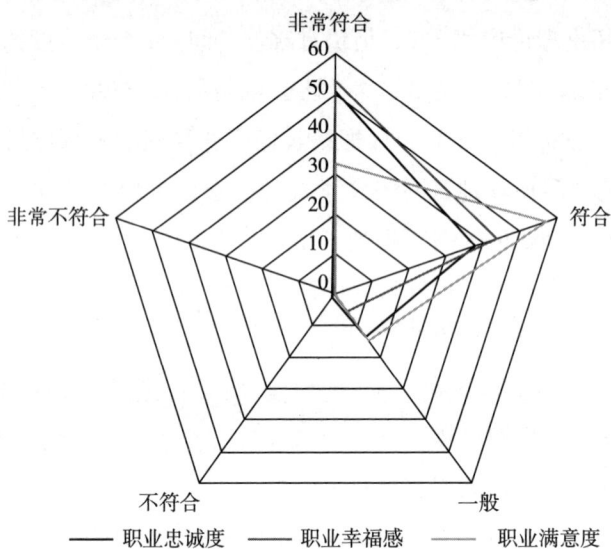

图3　华校校长职业满意度、职业幸福感与职业忠诚度分析

（二）华校校长职业满意度、职业幸福感与职业忠诚度的相关分析

通过对华校校长职业满意度、职业幸福感和职业忠诚度的相关性进行数据分析，可以得到图4。

由图4可以看出，华校校长的职业满意度、职业幸福感、职业忠诚度三者之间存在显著相关性，其中职业幸福感与职业满意度之间的相关系数为0.608，互为强正相关关系；职业幸福感与职业忠诚度之间，职业忠诚度与职业满意度之间的相关系数均小于0.6，为中度相关关系。三者中职业幸福感与职业满意度和职业忠诚度的关系更为密切。职业幸福感是个体在工作中

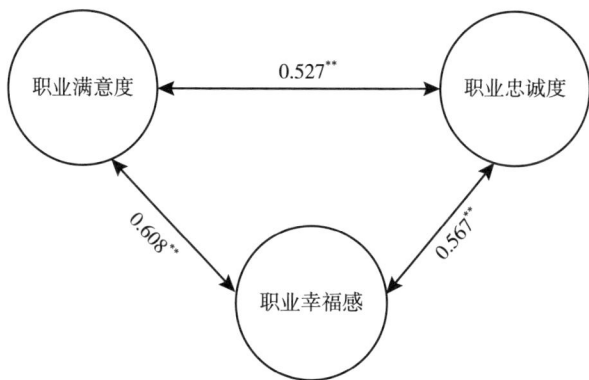

图 4　华校校长的职业满意度、职业幸福感与职业忠诚度之间的关系

注：** $p<0.01$，存在显著相关性。

因实现自身理想价值而产生的一种持续的愉悦体验。[1] 拥有高水平职业幸福感，既是对自身职业的一种肯定和满意的表现，又是对自己良好生活状况和较高幸福感的一种反映。[2] 反之，低水平的职业幸福感会引发校长对工作的不满以及离职问题。因此，可将提升华校校长的职业幸福感作为抓手来增进其职业满意度和职业忠诚度。

六　结论与建议

通过实证调查发现，新时代海外华校校长职业生存状态整体情况良好，虽然面临新冠疫情、市场竞争、转型升级等挑战，但华校校长们守望华人社会、赓续中华文化的初心使命没有动摇，华文教育依然是一项充满人文色彩和家国情怀的事业，[3] 校长们在耕耘华文教育事业中获得了较高的职业幸福感，对华文教育事业富有工作热情并满怀信心，维持了高水平的职业忠诚

---

[1]　李刚、吕立杰：《PISA2021 教师职业幸福感测评：框架与特点》，《中国考试》2020 年第 11 期。

[2]　刘奕伶：《我国劳动者职业幸福感现状及影响因素分析》，硕士学位论文，南京财经大学，2018，第 66 页。

[3]　于晓：《海外华文教育的商业性与市场化趋势》，《世界华文教学》2021 年第 1 期。

度。但也要看到，华校校长感受到的外部支持普遍欠缺，不同发展阶段、专业背景、任职学校的校长在职业生存状态和职业心理方面也存在显著差异。为了进一步改善全体海外华校校长的职业生存状态，迫切需要所在国侨社侨领、华文教育组织和中国政府有关部门等各方同心勠力，做好以下几方面的工作。

第一，提高专业水平，推进华校校长队伍的标准化和专业化发展。

新时代海外华文教育即将经历一场深度的教育变革，华校校长作为变革的发动者、引领者，他们的专业水平关系到变革的成败。海外华文学校的转型升级发展离不开海外华文教育的"标准化、正规化、专业化"建设，[①] 其中就包括华校校长的专业化发展，即从校长的遴选、入职到职业生涯的各阶段都能达到既定的指导性标准，在此方面可效仿《华文教师证书》等级标准研发及能力认证制度的实施。华校校长的专业化发展是校长们通过不断的专业学习和实践反思，逐步适应专业标准，得到持续发展并最终获得相应专业地位的过程。接受有效的专业化培训是华校校长专业化发展的现实途径之一。当前统战部、华文教育基金会委托华侨大学、暨南大学等国内华文教育基地组织了多场次华校校长培训，但培训的课程体系有待优化。培训内容侧重语言学本体、华文教学及中华文化方面，对于华校治理、华校教师专业发展、教育领导学、教育管理学、教育社会学等方面的内容少有涉及，致使培训内容单一化、扁平化，未能构建新时代华校校长应有的知识能力体系，迫切需要加强对校长培训内容的"供给侧"改革和相关研究，通过培训追加华校校长的文化资本，打造一支品德高尚、业务精湛、治校有方、当地社会满意的华校校长队伍，让他们成为推动华文教育变革的主导力量。

第二，提供外部支持，做好华校校长帮扶措施的精准投放。

面对新时代的挑战，应该强化对海外华校校长的外部支持，但必须避免"一锅端""一刀切"的简单操作，可从以下几个方面做好精准化的帮扶体

---

① 李欣、严文藩：《海外华文教育标准的类别分析及模型建构》，《华侨大学学报（哲学社会科学版）》2016 年第 6 期。

系建设：首先，要基于校长的职业发展阶段提供支持。处在职业生涯周期的不同阶段，华校校长在生存状态的诸多方面存在差异，特别是对于"新手阶段"的校长，如何帮助他们度过职业生存期尤为值得关注。其次，要基于校长的专业背景提供支持。华校校长所面临的职业压力与其专业背景显著相关，非华文教育或汉语国际教育专业背景的华校校长所感受到的职业压力明显高于"科班出身"的华校校长。再次，要基于学校类型提供支持。海外华文教育基本是零散办学状态，情况相当复杂。① 存在办学模式多样、发展不平衡等特点。② 华校的性质和规模不同，校长所面临的职业压力、感受到的职业幸福感也存在显著差异，因此要针对特定类型华校在发展中遇到的问题进行深入研究，提供针对性的帮助从而缓解华校校长的职业压力，增加华校校长的职业幸福感。最后，要基于校长的族裔身份提供支持。处在新时代的华文教育，"从性质到教育对象都发生了根本性的变化，实际上已经是第二语言教学"③，本次调查中 12.4% 的华校校长是非华裔，因此要打破"华人圈内办华文教育"的思想禁锢，开展工作时要充分考虑其他友族校长的发展诉求。

第三，加强治理能力，推动华文教育事业高质量内涵式发展。

新时代的海外华文教育发展"必须置身于新时代中国特色社会主义建设发展进程中，置身于实现中华民族伟大复兴中国梦的进程中"④，加强华校治理是新时代华文教育可持续发展的必由之路。为了更好地建设高质量华文教育体系、实现华文教育内涵式发展，应重视和加强华校校长的华校治理水平，校长们要挖掘华校的现有潜力和资源，充分利用已有校舍、设备和师资等条件，关注课程品质等内涵性教育载体的建设，提升教学质量和办学效益；在华校整体层面，要建设当地或区域性的华校校长专业共同体，如

---

① 郭熙：《新时代的海外华文教育与中国国家语言能力的提升》，《语言文字应用》2020 年第 4 期。

② 郭熙、王文豪：《论华语研究与华文教育的衔接》，《语言文字应用》2018 年第 2 期。

③ 郑通涛、蒋有经、陈荣岚：《东南亚汉语教学年度报告之一》，《海外华文教育》2014 年第 1 期。

④ 贾益民：《新时代世界华文教育发展理念探讨》，《世界汉语教学》2018 年第 2 期。

"华校校长联盟"等民间组织,通过共同体互通信息,共享华教资源和技术平台,在为华校发声、争取资源、与主流教育对接、与商业机构谈判等方面发挥更大话语权;国内有关部门可在海外适时推出"杰出华文学校校长"评选,起到正向激励、示范引导的"榜样效应";在国内可调动配置国家级49个华文教育基地的优势资源,适时成立"海外华文学校校长培训中心",根植各国华校校长专业化发展需求,发挥研培结合、决策咨询、专业引领、精准发力的智库作用,让该中心成为新时代华文教育发展的转换器、催化剂和新引擎。

B.12
抖音平台华侨华人短视频传播
内容、效果及影响研究[*]

郑文标　宋晓晗　苗贵浩[**]

摘　要： 华侨华人抖音博主通过抖音平台为国内受众传播海外信息，成为抖音平台上重要的跨文化传播现象。本文以抖音平台上粉丝数量超过百万人的华侨华人博主为对象，通过数据统计和内容分析，从点赞量、评论数、收藏数、转发数等方面探究短视频传播状况。研究发现，社会见闻、家庭生活、文化交流类华侨华人博主的抖音短视频传播效果较好。华侨华人博主在抖音平台上展示异域文化，搭建起跨文化交流的桥梁，成为新媒体下跨文化交流的重要方式，推动国内受众对他国文化进行重新认识。

关键词： 跨文化传播　华侨华人　抖音　短视频

短视频的应用发展使华侨华人媒体进入短视频时代，除了使用海外版抖音 TikTok 之外，使用国内版抖音对国内受众传播住在国相关信息也是当下华侨华人媒体不可忽视的现象。已有研究关注到马来西亚[①]、巴基斯坦[②]、

---

　*　本研究受中央高校基本科研业务费专项资金资助，为华侨大学中华文化与世界文明研究院"华侨华人与中华文化海外传播"专项研究课题（项目编号：YJYZX‐202402）的阶段性成果。

　**　郑文标，华侨大学华侨华人与区域国别研究院教授，博士生导师，主要研究方向为华侨华人与国际传播；宋晓晗，华侨大学国际关系学院硕士研究生；苗贵浩，华侨大学国际关系学院硕士研究生。

　①　黄婷：《抖音中的马来西亚华人：文化中间人的第三空间生产》，《东南传播》2022 年第 9 期。

　②　曹文泉：《"抖音"里的巴基斯坦》，硕士学位论文，中央民族大学，2022，第 21~57 页。

非洲①华人抖音博主在文化传播及跨境电商中的作用。经课题组初步检索，截至 2022 年 12 月，共录得 52 位拥有百万人以上粉丝的华侨华人抖音博主，粉丝总量近 2 亿人，共发布短视频 2 万多部，获点赞次数高达 20 多亿次，平均每部短视频获赞 10 万次以上。这些博主分布在日本、泰国、德国、美国、俄罗斯、阿联酋、法国等国家，可以说有华侨华人的国家，就有华侨华人抖音博主为国内受众传播海外信息，这一现象成为抖音中重要的跨文化传播现象。

本文选取抖音平台上粉丝数量超过百万人的 52 位华侨华人博主作为代表开展具体分析。从华侨华人抖音博主所处地区来看，亚洲数量最多，共 27 人，占比为 51.9%，其次为欧洲，共 17 人，占比为 32.7%，北美洲 7 人，占比为 13.5%，大洋洲 1 人。从国别分布情况看，日本、泰国、德国、美国、俄罗斯、阿联酋、法国等 7 个国家共有 30 位 "网红"，占比为 57.7%，发达国家共有 30 位 "网红"，同样占比为 57.7%。

从博主的身份特征看，以单身身份出现的博主占比为 55.8%，其中单身男性居多，占比为 71.2%。以家庭为单位出现的博主占比为 44.2%，在这些家庭中，新媒体技术嵌入生活中，拍摄视频、与粉丝互动成为家庭生活的一个重要部分。

抖音的快速发展为海外华侨华人提供了一个施展才华的机遇，52 位博主的账号创建时间主要分布在 2018 年以后，其中 2019 年之后创建账号的博主为 37 位，占比达 71.2%。百万粉丝博主群体的迅速涌现，带动了更多的海外华侨华人投身抖音平台，使抖音成为海外华侨华人自主塑造形象的舞台，塑造了海外华侨华人在抖音平台的群体形象。

表 1　华侨华人博主账号与置顶视频情况（以前十位为例）

账号名称	IP 属地	粉丝量（万人）	获赞数（万次）	置顶视频数量（条）	置顶视频主题类型
混血两公主(在奥地利)	奥地利	471.8	6348.3	3	商品介绍家庭生活

---

① 李佳璇：《上 "非洲十年" 感受活力非洲——抖音博主背后的非洲商机》，《中国投资（中英文）》2021 年第 Z1 期。

续表

账号名称	IP 属地	粉丝量（万人）	获赞数（万次）	置顶视频数量（条）	置顶视频主题类型
是个泡泡	美国	1710.0	21000	3	个人成长兴趣爱好
刘庸干净又卫生	印度	1225.5	12000	3	社会见闻
鹅国铁蛋	俄罗斯	837.6	14000	2	社会见闻
玲子 reiko	日本	676.7	19000	3	社会见闻兴趣爱好
王炸夫妻在日本	日本	670	6101.4	1	社会见闻
小老虎的泰国行	泰国	593.2	4822.4	3	美食介绍
纳豆夫妇的日常	日本	536.7	7681	3	美食介绍家庭生活
大名一米九 masala	孟加拉国	505.9	6439.2	2	文化交流
虾壳	韩国	410.4	4412.7	2	美食介绍

资料来源：笔者自制，下同。

本文将定量与定性相结合，通过数据统计和内容分析，从点赞量、评论数、收藏数、转发数综合探究不同主题短视频的传播状况，从传播效果指标和策略导向的层面进行样本内容分析，将样本内容进行编码和解码，并分析样本内容对受众的认知、态度、行为上的影响。借助腾讯 AI Lab 的开放文本理解系统 TexSmart 探究评论者的认知倾向和情感态度，探讨华侨华人短视频对文化交流的影响。

（1）视频选择：以抖音平台上粉丝数量超过百万人的 52 位华侨华人博主为研究对象，选取其在 2023 年 4 月的 113 条置顶视频为研究样本。

（2）视频主题分类：共分为社会见闻、家庭生活、美食介绍、兴趣爱好、爱国思乡、文化交流、商品介绍、个人成长等 8 种类型。

（3）赞评收转数：统计每条视频的点赞量、评论数、收藏数、转发数来衡量实际传播效果，并分配权重分析各类视频的传播效果。

（4）评论内容分析：以受众对视频内容的评价为对象，借助腾讯 AI Lab 的开放文本理解系统 TexSmart 对视频样本的热门评论内容进行分析。

一 华侨华人抖音短视频传播内容分析

置顶视频是博主主动筛选和设置的，代表了博主的价值取向、审美趣味、个人风格，具有重要的分析价值。置顶主题由博主精心挑选，更符合其受众口味，更易获得好评。另外，置顶视频在所有视频中排列靠前，受关注度较高，其点赞、评论、收藏、转发的互动效果更好。

根据视频内容进行分类，共分为 8 种类型①，其中家庭生活类视频占20.4%，社会见闻类视频占 27.4%，美食介绍类视频占 15.0%，商品介绍类视频约占 8.8%，兴趣爱好类视频约占 8.0%，文化交流类视频约占 9.7%，爱国思乡类视频约占 4.4%，个人成长类视频约占 6.2%。

从 8 类置顶视频的点赞量、评论数、收藏数、转发数的总体数据来看，置顶短视频影响力可观，总点赞量 5354.6 万次，总评论数约 284.3 万次，总收藏数约 153.6 万次，总转发数约 432.1 万次。按照点赞量、评论数、收藏数、转发数 4 项指标进行分类统计的总计数据和 8 种主题分类的具体数据统计如表 2所示。

表 2 华侨华人博主各类短视频数据统计

分类	点赞量（万次）	评论数（次）	收藏数（次）	转发数（次）
社会见闻	1705.0	970846	434000	1640923
家庭生活	1343.8	605547	307235	514649
文化交流	1028.7	665933	298392	1031840
美食介绍	637.7	406251	317936	801890
兴趣爱好	450.6	109236	115405	204705
商品介绍	79.2	23574	27168	24480
爱国思乡	67.6	55035	28756	93757
个人成长	42.0	6659	7008	8324
总计	5354.6	2843081	1535900	4320568

---

① 分类时针对主题重合的问题，以视频中体现和侧重的主要要素进行判断，如出现美食，则认定为"美食介绍"类；只要出现带货行为、各种广告，都认定为"商品介绍"类。

从表2可以看出，社会见闻、家庭生活、文化交流类的短视频最受欢迎，超过1000万次的点赞量，美食介绍和兴趣爱好类的短视频的点赞量超过400万次；商品介绍、爱国思乡、个人成长类的短视频的点赞量在42万~80万次，并非热门题材，点赞互动效果没能达到较大量级。

由表3可见，文化交流、兴趣爱好、家庭生活、社会见闻这4类短视频的平均点赞量高于8类短视频的平均点赞量，受众看到这几类短视频时更可能出现点赞行为；文化交流、社会见闻、家庭生活这3类短视频的平均评论数高于8类短视频的平均评论数，受众对这3类短视频有更强烈的评论互动欲望；文化交流、美食介绍、社会见闻这3类短视频的平均收藏数高于8类短视频的平均收藏数，受众面对这三类短视频时有更高的收藏行为倾向；文化交流、社会见闻、美食介绍这3类短视频的平均转发数高于8类短视频的平均转发数，当短视频内容是这3种类型时，人们更乐于将它分享给自己的朋友。

表3　华侨华人博主各类短视频每条平均数据统计

类型	平均点赞量(万次)	平均评论数(次)	平均收藏数(次)	平均转发数(次)
全部视频	47.4	25160.0	13592.0	38235.1
社会见闻	55.0	31317.6	14000.0	52933.0
家庭生活	58.4	26328.1	13358.0	22376.0
美食介绍	37.5	23897.1	18702.1	47170.0
商品介绍	7.9	2357.4	2716.8	2448.0
兴趣爱好	50.1	12137.3	12822.8	22745.0
文化交流	93.5	60539.4	27126.5	93803.6
爱国思乡	13.5	11007.0	5751.2	18751.4
个人成长	6.0	1951.3	1001.1	1189.1

1. 社会见闻类

本类短视频占全部8类置顶短视频的比例为27.4%，数量最多，获点赞总量在8类短视频中最多，平均点赞量、平均评论数、平均收藏数和转发数都高于8类短视频的平均值，如平均每条社会见闻类短视频的点赞量高达55.0万次，超过8类短视频平均值47.4万次。本类短视频是海外华人抖音博主的特色所在，涉及经济发展、当地物价，也有文化风俗、政策规定，还包括政治形势和社会问题等，与海外生活密切相关。物价问题是很受博主欢迎的主题之一，博主们通过在当地买西瓜、买大米、在餐馆吃饭等具体事例，与在中国的情况进行对比，让受众更直观地感受到中外物价的差异。

婚姻习俗、服饰文化、社会安全、房屋政策是网友们普遍好奇的热门话题，通过视频介绍跨地域的风俗习惯、法律政策，增加了国内民众对当地的了解。如柬埔寨博主"笛子的吴哥窟日记"记录了柬埔寨人办理结婚手续的过程供需要的人参考，也针对安全风险问题提醒中国公民为工作来柬应多加警惕。阿联酋、沙特阿拉伯、泰国和俄罗斯博主的短视频主题涵盖了婚礼的流程和习俗、传统服装的具体细节、亲戚关系等特色文化。

部分博主对所在国和中国展开比较，分析文化习俗、社会政策等方面的相似和差别，或就热点事件分享自己的看法。如德国博主"德国 hanke"分享了德国垃圾分类回收和中国垃圾分类回收的差别、在德国医院生育和在中国医院生育的差别。作为核物理研究人员，"德国 hanke"还发表了对日本福岛核电站事故和核污染水排放事件的看法。巴基斯坦博主"贝儿 Abby"分享了巴基斯坦的 4 天婚礼饮食、菜数限制的法律规定。加拿大博主"行走的大…大大羊腿"以幽默诙谐的风格分享加拿大当地冬季寒冷的气候、荒凉如末日的城市面貌，涉及医疗、卫生、养老等社会问题。日本博主"在日本吃鱼的小超人"则分享了日本特色的"纸片楼"，比较中国方言宁波话与日语语音的相似性。

相比传统媒体的视频内容，短视频具有提高影像对现实空间覆盖程度的优点，碎片化的视频最终拼贴出接近现实的空间，满足了人们的探索欲。[①]通过短视频传播，博主和受众之间的界限得以一定程度地模糊，受众仿佛能够亲历博主身边发生的事情。博主们将海外社会见闻录制分享到抖音平台上，表达对海外社会的看法，通过与观众的互动达到寻求认同的效果，并进一步确认自身认同。另外，社会见闻类短视频记录了博主在东道国的文化适

---

① 彭兰：《视频化生存：移动时代日常生活的媒介化》，《中国编辑》2020 年第 4 期。

应过程。对于使用国内版抖音 App 的网友来说，抖音平台作为一种文化全球化的媒体，通过记录海外不同的生活方式，展现多元文化的世界。

2. 家庭生活类

本类短视频占 8 类置顶短视频的比例为 20.4%，点赞总量 1343.8 万次，位居第二。家庭生活类短视频围绕爱情、亲情等情感事件，展示博主自己或身边的独家故事，采取平易近人、生活化的叙事手法，激起受众强烈的情感共鸣。故事内容多集中于情侣爱情、父女亲情以及人生大事件，如结婚周年、生子等。本类短视频通过记录家庭生活，反映家庭内部及家庭与社会之间的文化沟通情况。跨国家庭短视频内容中包含着夫妻之间、代际以及与亲戚朋友之间的跨文化交流过程，形塑了短视频传播者的独特文化身份。[①] 泰国博主"泰国表哥"以旁观者角度分享 2018 年当时的著名中泰情侣"小猪猪和奶茶妹"的感人爱情故事；奥地利博主"混血两公主（在奥地利）"拍摄了女儿给爸爸跳古典舞、逮鸡舞，家人其乐融融的画面。

一些博主夫妻二人都是中国国籍，如法国博主"巴黎小郭郭 Paris"的置顶视频记录了他和妻子在异地相识、一起打拼事业，结婚十周年重拍婚纱照的内容。部分博主是远嫁异国的华人女性。阿联酋博主"shyshy-晒晒在迪拜"在她的置顶视频中分享了孩子和家养的小狮子用奶瓶喝奶、家养小狮子和小孩互动的画面；柬埔寨博主"笛子的吴哥窟日记"在如何和柬埔寨人办理结婚手续的视频中谈及涉外婚姻的文化差异问题，强调涉外婚姻不易，需要谨慎考虑。

还有部分博主娶了外籍妻子，如博主"日本媳妇 K 酱的日常"分享了他的日本妻子一胎生产、二胎产检和生产的过程；越南博主"响哥与小花"这对中越夫妻的置顶视频分享了越南媳妇送中国丈夫回国、中国丈夫带母亲去越南等两地往返的过程；俄罗斯博主"贝加尔阿楠"分享了他和俄罗斯妻子的爱情故事、带媳妇回国、中国婆婆给俄罗斯媳妇买金首饰等生活经历。

---

① 姜泽玮：《跨国家庭短视频的跨文化传播特点分析》，《国际传播》2022 年第 6 期。

3. 美食介绍类

本类短视频占 8 类置顶短视频的比例为 15.0%，总体点赞量略低，但平均收藏数和平均转发数都高于 8 类短视频的平均值，说明博主展现的当地美食对远在千里之外的网友有很大的吸引力，美食类的短视频更容易引发受众的分享行为。以美食为媒介，受众通过博主的视频管窥异域文化。这类博主介绍所在国热闹集市上特有的美食，或者自己悠闲的田园生活，展现出当地人与人交流的盛景、人与自然和谐共处的风貌。以娱乐化、游戏化的方式叙说日常生活。这缩小了影像中的生活和现实中的生活之间的距离，让人们在消费影像时感受到"真实"。①

博主"虾壳"分享了韩国拉面、炸酱面配韩式辣酱炒肥肠等当地人喜爱的小摊上的美食。博主"泰国表哥"介绍了本地人才知道的芭堤雅海鲜攻略。博主"东京 tatata"分享了时隔多年一人再访东京胡同里的小酒馆与老板和其他食客一起享用美食的故事。博主"泰国阿航"分享了在泰国路边摊购买泰式奶茶的过程、在无人看管的路边摊购买椰宝的经历，以及移动摊主应付城管的搞笑经历。

博主"北欧薇子"在置顶视频中以自身的田园生活经历展现了当地优美恬淡的自然风光、乡村生活，采用情感化、生活化的叙事策略，打造出温情化、人性化的视频风格。

4. 兴趣爱好类

本类短视频占 8 类置顶视频的比例为 8.0%，平均点赞量为 50.1 万次，位居第四。兴趣爱好如运动、打猎、购物等，都具有互动性。如博主"是个泡泡"爱好篮球运动，展示了自己受邀到布鲁克林篮网队进行 NBA 特别训练的经过，以及和篮球明星奥尼尔、杜兰特的互动。通过兴趣爱好，与篮球名人、资深前辈开展交流，借助名人效应，容易取得好的传播效果。

博主"fanfan 在德国"喜欢逛德国当地的跳蚤市场，寻找喜欢的古董珠宝和首饰，其置顶视频都是与去市场淘宝相关内容。博主"芝麻熊在法兰

---

① 宫承波、田园：《短视频火爆背后的大众视觉消费转向》，《新闻论坛》2018 年第 1 期。

西"分享了驯鹰师资格申请通过、去鹰舍订小苍鹰，带苍鹰"白仓"和安格鲁貂"胖嘟嘟"在法国狩猎的过程，满足了网友对法国驯鹰、打猎活动的好奇心。

5. 爱国思乡类

本类短视频占 8 类置顶视频的比例为 4.4%，所占比例为各类视频最低，平均点赞量、平均转发数等较低。虽然传播效果一般，难以引起国内受众较高的关注，但海外华侨华人博主对本类视频的分享，展现了海外华侨华人的爱国思乡情怀。

博主"Daisy."的置顶视频记录了他参加中国驻迪拜领事馆庆祝中国春节的活动，包括茶艺、写春联等，既弘扬了中国文化，也体现了全球华人在异国他乡心连心思念祖国的美好情感。博主"Sean 的世界"的置顶视频记录了他在巴基斯坦纠正中国国旗倒挂的故事，体现了中国公民对国家尊严的热爱和维护。博主"伦敦 KJ"分享了 TikTok、Temu 等中国电商在海外广受欢迎的发展态势，分析中国互联网企业"走出去"的现状。

6. 文化交流类

本类短视频占 8 类置顶视频的比例为 9.7%，所占比例不高，但受关注程度较高，平均点赞量约 93.5 万次，平均评论数约 6.1 万次，平均收藏数约 2.7 万次，平均转发数约 9.4 万次，均为各类短视频最高。华侨华人具有熟谙中华文化和所在国文化的双重优势，通过发挥"文化中间人"的作用，构建两国文化沟通交流的桥梁，推动中外文化交流互鉴。

博主"西班牙陈挺"的置顶视频记录了他传播中国美食文化的故事，如重回母校巴塞罗那大学演示山西刀削面做法，为楼下火腿店老板做河南烩面等。博主"荷兰逗家庭"邀请邻居吃中餐、用中国神曲跳舞。博主"大名一米九 masala"分享其在印度和当地小孩玩游戏、在孟加拉国理发店理发的有趣经历。这类短视频展现了多元文化对话，在短视频平台展现交流互动的过程，促进了民心相通，有助于促成全球文化互鉴发展格局。

7. 个人成长类

本类短视频占 8 类置顶视频的比例为 6.2%，这类短视频展现了博主的人生经历，分享其高光和低谷时刻，传播效果较为一般，平均点赞量仅 6.0 万次，居各类短视频末位，但对想深入了解博主的铁粉较有参考价值。通过这些视频，受众能够快速、较为全面地了解博主的身份、成长经历、家庭情况、职业类型等，增进对博主的了解，拉近二者的心理距离，一旦网友发现他与博主的相似之处或是博主实现了网友未能实现的理想，往往容易引起网友的共鸣，从而转化为粉丝。

博主的职业类型往往集中于自媒体行业，部分博主从事法律、贸易等行业，也有博主是全职太太，副业做自媒体博主。博主"泰国表哥"在置顶视频第一条中展示了他的自我介绍和创业经历。博主"杉妮 Sunny"在置顶视频中分享了 10 年来的个人成长经历，分享学生时代上当受骗求告无门的经历，介绍自己学好法律的初心是帮助在异国他乡受骗的同胞。博主"糖妈糖包在美国"介绍自己定居美国，作为家庭主妇以自媒体为副业，受到恶评和猜疑的故事。这些曲折的人生经历，往往能帮助受众快速了解博主的人生历程，产生情感联结。

8. 商品介绍类

本类短视频占 8 类置顶视频的比例为 8.8%，传播效果一般，平均点赞、评论、收藏、转发的数量在 8 类视频中排在倒数第二位。据相关研究的归纳分析，抖音的变现方式目前主要有 6 种：开通商品橱窗、直播带货、直播打赏、商业广告、知识付费和账号出售。[①] 华侨华人博主的变现方式一般集中于开通商品橱窗、直播带货、商业广告这 3 种。华侨华人博主因为其"文化中间人"的特殊身份，他们选择推广的商品或服务具有自身特点。跨文化类商品成为华侨华人博主们的主要选择，翻译软件、当地特色保健品、酒水、食品等是博主们倾向于推广的品类。从介绍的方式来看，一般会提前和当地人或自己的朋友约定好，将广告词融入所在场景的日常对话中，或是采取做小实验的方式来说明口服类产品的效果。

---

① 解娟：《抖音的六大变现方式探析》，《新闻研究导刊》2021 年第 19 期。

二 华侨华人抖音短视频传播效果分析

1. 点赞量受主题影响大，文化交流类、家庭生活类更受认可

通过对置顶短视频样本的点赞量进行统计发现，文化交流类的短视频的平均点赞量最高，为 93.5 万次，其次是家庭生活类的短视频，平均点赞量为 58.4 万次，再次是社会见闻类的短视频，平均点赞量为 55.0 万次。最少的是个人成长和商品介绍类的短视频，平均点赞量分别为 6.0 万次和 7.9 万次。华侨华人博主置顶短视频中数量占比较高的是社会见闻类和家庭生活类短视频，但传播效果最好的是文化交流类短视频。社会见闻类和家庭生活类短视频的素材在华侨华人博主身边随处可得，而制作文化交流类短视频则需要花费更多的精力。

从各主题短视频的点赞数据来看，不同类型短视频的传播影响力差距较大，受众对短视频的喜爱与认可程度与短视频的内容和主题类型存在一定的联系。比如 2020 年博主"混血两公主（在奥地利）"发布了一则女儿给爸爸跳一段简单柔美的古典舞、爸爸看到后惊讶的视频，网友纷纷点赞女儿的可爱和父女之间的温情，在特殊的时间背景下，这条视频向外界传递了家庭亲人之间的亲密与温馨、有限生活里的自得其乐，最终收获 299.5 万次的点赞，也是短视频样本中收获点赞量最多的视频。"混血两公主（在奥地利）"的置顶短视频中，商业广告类的短视频点赞量较少，如一则涉及商业广告的短视频，仅收获 0.43 万个赞，评论数和转发数均小于 500 次，可见商品介绍类的短视频对受众的吸引力严重不足。

2. 评论数相对较少，总体态度正面

通过对置顶短视频的评论分析，可以了解受众在观看视频后的互动意愿，同时了解受众对视频内容的认知以及情感态度。通过统计分析发现，113 个短视频样本的平均评论数为 2.52 万次，超过一半的视频评论数不足 1 万次，评论数在 10 万次以上的短视频样本仅占 5.36%。其中文化交流、社会见闻、家庭生活、美食介绍类的短视频相对更易获得评论。

为进一步考察华侨华人博主的短视频受众对视频内容的认知和认同效果，本研究采集了置顶视频的前 20 条评论内容，剔除表意重复的评论文本后共得到可分析的评论 1425 条，借助腾讯 AI Lab 的开放文本理解系统 TexSmart 对评论内容的倾向进行匹配评分，笔者将匹配到的正面、中性、负面评价分别对应为正数、零、负数，最终统计结果如表 4 所示。

表 4　评论文本匹配倾向分布

匹配倾向	评论数量（条）
正面	856
中性	372
负面	197

从数据统计结果来看，1425 条评论样本中，有 856 条评论呈现正面的情感倾向，例如"你绝对是为国争光了""一波强劲的文化输出"等，呈现负面情感倾向的评论文本仅占 197 条。总体而言，从评论样本来看，受众对于华侨华人博主的总体认知较好，情感态度偏向正面。

3. 受众转发意愿较高，二次传播仍有潜力待挖掘

相比于点赞和评论，转发行为需要更强烈的行为意愿予以促成，而且能够通过二次传播直接提升短视频内容的传播力和影响力。因此，对转发数进行评估，可以有效考察华侨华人博主短视频内容的传播效果以及二次传播的潜力。

在 113 个短视频样本中，31.75% 的短视频样本转发数超过 1 万次，转发数在 10 万次以上的短视频样本占 13.4%，可见华侨华人博主的短视频受众在观看短视频后产生转发意愿的可能性比较高，短视频总体的二次传播潜力较大。

结合具体样本来看，在所选取的 113 条短视频样本中，转发数超过 10 万次的样本共计 15 条，其中 1 条是文化交流类的内容，2 条是美食介绍类的内容，其余均是社会见闻类或家庭生活类的内容，描绘了异国他乡的风情与自己的生活情感。如有博主从一个普通人的视角观察印度人的生活，用短视频展现当地生活最真实的一面，获得 16.6 万次的转发。除此之外，一些国人关心的热点对比视频，也更容易获得转发，如有博主讲述自己找房的经历，感慨日本房子空间利用率高的视频。该视频关系到住房这一现实民生问题，且对中国受众来说，具有明显的信息差，转发数也相对较高，达到14.5 万次。由此可见，当视频内容贴近社会热点，符合受众的信息需求时，更容易获得转发。

4. 总体传播效果评价

从传播广度、传播认同度和传播参与度三个维度，可评估华侨华人博主抖音短视频总体上的信息传播效果，其中，使用转发数测量传播广度，使用点赞数、收藏数衡量传播认同度，使用评论数衡量传播参与度。同时，本文将传播广度、传播认同度和传播参与度分别赋予权重 0.5、0.3、0.2，原因主要有三点：第一，传播广度是媒体传播效果扩散度与传播范围的直接体现，在信息传播效果中主要表现为短视频对用户信息获取与认知变化的影响，是传播认同度和传播参与度的前提与基础，占有较大权重。第二，传播认同度体现了用户的情感态度，是用户接收信息后认可短视频的直接体现，占有中等权重。第三，传播参与度是在前两者基础上的用户行为体现，表现出用户在短视频传播中的深度参与，但由于传播参与度需要用户付出较高的认知与精力成本，相较于传播广度与传播认同度，传播参与度的权重较低。

由于三个维度的数值极差较大且较为分散，可能会对分析结果产生一定影响。故此，本文将传播广度、传播认同度和传播参与度的数值取其自然对数，将其标准化后引入模型中。此项操作并不会影响原有的结果，反而能使数据更为平稳，同时削弱共线性与异方差等，以方便计算与分析。因此，综合衡量华侨华人博主抖音短视频的传播效果的公式如下：

$$C = \ln[0.5F + 0.3(S + L) + 0.2R]$$

其中：C 为信息传播效果；F 为转发数；S 为收藏数；L 为点赞量；R 为评论数。

如表 5 所示，从总体上看，社会见闻、家庭生活、文化交流类的抖音短视频达到了最好的传播效果，美食介绍和兴趣爱好类的抖音短视频也达到了较好的传播效果。商品介绍和个人成长类的抖音短视频的传播效果较差。

表5　华侨华人博主8类抖音短视频传播效果

视频分类	传播效果	传播效果自然对数
社会见闻	6259830.7	15.6
家庭生活	4501893.1	15.3
美食介绍	2490676.0	14.7
商品介绍	262684.2	12.5
兴趣爱好	1510612.5	14.2
文化交流	3824724.2	15.2
爱国思乡	269312.3	12.5
个人成长	133712.0	11.8

三　华侨华人抖音短视频传播影响分析

华侨华人博主在抖音平台上展示异域文化，搭建起跨文化交流的桥梁。作为散居海外的文化中间人，华侨华人兼具"我们"与"他者"的双重意涵，他们对"想象的国家"的诠释积极推动了中国民众对他国文化的重新认识，通过华侨华人的视角展示和考察不同文化的历史习俗和社会现状。从宏大的角度看，短视频的广泛传播与有效互动，将有助于推动跨文化意识的产生，帮助人们建立和谐的跨文化关系。

（一）搭建跨文化传播民间渠道

华侨华人在抖音平台通过视频的形式向中国受众介绍外国生活，展现当地风土人情，采用大众化、娱乐化的形式促进文化交流，成为中外文化交流的重要民间渠道。与官方的文化交流渠道相比，随着华侨华人抖音网红群体的不断扩大，民间的文化交流渠道的重要性将越来越显著。另外，华侨华人参与文化传播的优势是更接地气的传播方式，实现文化符号编码解码过程的简化，有助于拉近文化间的心理距离，促进文化交流。华侨华人对外国文化编码的过程中，加入了中华文化的元素，让国内受众在观看解码的过程中更容易接受，避免因文化差异导致的文化折扣现象。同时，通过个人体验介绍旅居国的生活体验，也有助于中国网民更全面地获取海外信息，破除部分刻板印象。

（二）塑造华侨华人群体形象

短视频平台的 UGC 运营模式，为用户赋能，提供了华侨华人自我展示的平台。短视频媒体的功能从认知世界的渠道，拓展为自我建构的平台，华人自我形象通过平台进行建构，补充和修正原有模糊或被书写的媒体形象。华侨华人抖音博主在视频中，通过话题标签的形式，参与全球中文议题的讨论，在叙述中强化其华侨华人的身份，强调与国内的信息差，展现华侨华人群体的独特性。通过参与中文话题的讨论，形成关于热门话题的华侨华人视角，一方面形成具有跨国性的华侨华人文化认同，另一方面进一步塑造了华侨华人的网络形象。

（三）加速全球中文信息跨国流动

抖音平台进一步实现了海外华侨华人中文网络与国内中文网络的无缝连接，通过共同话题的参与，海外华侨华人及时参与全球中文网络的热点事件，贡献华侨华人的观察视角，与国内网民无障碍开展交流，形成了虚拟跨国网络空间。这一空间加速了全球中文信息的跨国流动，在各项拓展功能的支持下，抖音平台将进一步成为全球性的文化交流、商品贸易、舆论沟通的网络平台。

总体而言，华侨华人在抖音平台的活跃表现，为抖音注入了国际化、全球化的视野，搭建了国内外民心相通、贸易畅通的桥梁。借助抖音平台，海外华侨华人获得了技术赋能，在展现自我、促进交流的同时，也获得了可观的经济收益。海外华侨华人在短视频传播媒体平台上开展跨文化交流，更深地与中国的命运联系在一起，将为实现人类命运共同体、实现文明交流互鉴发挥更积极的作用。

B.13
基于知识图谱的华侨华人认同研究[*]

张 娜**

摘 要： 本文以 CSSCI 数据库中收录的 1992~2023 年 4 月的相关期刊论文为数据来源，结合文献阅读与内容分析对 CiteSpace 软件绘制的可视化图谱进行梳理和分析。结果显示：1992~2023 年 4 月华侨华人认同研究的期刊论文数量总体上呈增长趋势，出现 2006 年、2009 年、2017 年三个阶段性发文数量高点，这一方面与我国出台一系列针对华侨华人的鼓励性政策有关，另一方面则是我国国际影响力提升的结果。自 2013 年提出"一带一路"倡议以后，有关文化认同、身份认同的研究的比例跃升。此外，双重认同、多元文化认同是近年来我国华侨华人研究的热点主题，在一定程度上反映了全球化、文化多元化发展的趋势。本研究认为，应紧跟时代变化，放眼世界，关注中国新移民及华裔新生代，聚焦多元身份认同，加强前瞻性分析和预判，提升华侨华人认同研究的针对性和有效性。

关键词： 华侨华人 文化认同 知识图谱

华侨华人研究的历史可以追溯到 19 世纪末 20 世纪初。20 世纪中叶以后，随着全球化和移民现象的加剧，华侨华人研究逐渐成为一个独立的学科领域。

---

* 本文得到华侨大学华文学院 2023 年学术研究类重点项目"第二语言能力标准中口语能力描述语研究——以国际上较有影响力的第二语言能力标准为基础"（项目编号：HW202301）、2019 年度教育部人文社科重大攻关项目"语言与国家认同关系研究"（项目编号：19JZD028）的资助。

** 张娜，华侨大学华文学院华文教育系副主任，讲师，在读博士生，主要研究方向为华文教育、语言学及应用语言学。

它不仅关注海外华人社区的生存和发展问题，还涉及华人与当地社会的关系、移民政策、文化传承、经济发展、政治参与等问题，形成了一个全面而复杂的研究范围。目前，华侨华人研究已成为一个跨学科的研究领域，涉及人类学、社会学、历史学、文化研究、语言学、经济学、政治学等多个学科，研究热点包括华侨华人的历史和迁移、语言研究、文化传承、身份认同和文化认同、华侨华人与中国研究等。这些问题的研究不仅有助于加深对华侨华人的认识，而且对理解全球化和文化多样性也有重要的理论和实践意义。

其中，针对华侨华人的认同研究一直是华侨华人研究的热点之一。不过，认同是一个复杂的概念，既涉及个体的自我认同和文化认同，也涉及集体的族群认同和国家认同，同时也和历史、文化、政治等因素密切相关。认同研究起源于20世纪60年代的文化研究领域，主要关注个体、群体或国家在多元文化环境中的认同建构和变迁，强调认同的多元性和动态性。21世纪以来，"在经济迅猛发展，贸易繁荣、移民及社会流动增加、族群互动、政治制度频繁变更的现实环境中，人们的身份随之发生变化，变得复杂起来并呈现不同的形态；多重身份与多元文化认同成为人们适应不同文化环境，在复杂的文化情境中建构自我同一性、保持心理状况平稳与提升主观幸福体验的重要心理机制"[①]。随着认同研究的深化，越来越多的新理论和新方法涌现出来，为我们深入了解华侨华人认同变迁提供了重要的理论和方法支持。

最早进行华侨华人认同研究的是海外华人王赓武，他认为华人认同是多元认同，包含侧重于政治的民族主义认同、当地民族认同、人种（种族）认同以及华人阶级认同；侧重文化的华人"历史"认同，华人文化认同、种族认同。[②] 我国华侨华人认同研究的开拓者是庄国土，他认为东南亚华人的认同呈多元认同状况，将东南亚华人认同分为政治（国家）认同和族群认同，其他认同都可以归于这两类认同。[③] 余媛媛认为目前针对东南亚、欧

---

① 吴莹：《文化、群体与认同：社会心理学的视角》，社会科学文献出版社，2016，第14页。

② 〔澳〕王赓武：《东南亚华人认同问题的研究》，林金枝译，《南洋资料译丛》1986年第4期。

③ 庄国土：《论东南亚的华族》，《世界民族》2003年第3期。

美和非洲等地区的华侨华人认同研究可以分为五类，其中最主要的是身份认同、文化认同、政治认同、族群认同。①

本研究打算在梳理近 30 年来华侨华人认同研究成果的基础上，运用 CiteSpace 可视化软件进行知识图谱的绘制，描绘华侨华人认同研究的图景，勾勒该领域研究的基本面貌和总体特征，发掘研究热点和前沿问题，进而探讨其发展趋势，为今后的华侨华人认同研究提供参考。

一 研究对象和方法

在梳理华侨华人认同研究前，首先要确定华侨华人的范围。在《中华人民共和国归侨侨眷权益保护法》颁布 30 周年之际，2020 年国务院侨务办公室、中华全国归国华侨联合会编写的《涉侨法律政策指南》，明确规定了华侨与华人的身份，"华侨是指定居在国外的中国公民。……外籍华人是指已加入外国国籍的原中国公民及其外国籍后裔；中国公民的外国籍后裔"②。显而易见，华裔是华人的重要组成部分。

本研究仅限期刊论文，不包括专著、相关会议论文、研究报告等。来源期刊限定为影响力较大、文献收集量也大的中国知网数据库中的 CSSCI 学术论文，时间不限。在中国知网数据库中，以"华侨华人+认同"或"华裔+认同"为主题进行模糊检索，选择其中的"学术期刊"，在来源期刊中选择 CSSCI，共获得从 1992 年至 2023 年 4 月 15 日的 243 条检索结果。剔除其中的会议通知、书刊介绍、会议综述、征稿通知等无关内容后，得到有效样本 212 篇论文。

在样本确定后，本研究采用可视化分析软件 CiteSpace 6.1.6R 对有效样本数据进行计量和可视化分析。软件运行时间为 2023 年 4 月 23 日。将 212

---

① 余媛媛：《隐喻的开关：20 世纪以来斯里兰卡华侨华人的文化认同机制研究》，《世界民族》2021 年第 6 期。

② 《涉侨法律政策指南（一）》，侨务工作研究网，http：//qwgzyj.gqb.gov.cn/qfssn/213/3279.shtml。

篇文献导入软件后，得到文献分布、年度发文趋势、被引频次、高频关键词的历时变化、核心作者群、作者合作网络、核心研究机构等系列知识图谱。

在绘制出系列知识图谱后，本研究将从以下两方面进行研究：第一，对华侨华人认同研究的相关文献进行发文趋势、期刊收录、学术群体、研究机构分布等学术态势分析；第二，对关键词共现、关键词类聚、关键词突现、关键词图谱进行逐一分析，明晰华侨华人认同研究的热点和学术前沿。

二 华侨华人认同研究：学术图景

（一）发文趋势

统计某专业领域年度发文量并绘制趋势图，可以清楚地了解该领域研究的历时情况，也可以为该领域划分研究阶段提供可靠的依据。① 从我国华侨华人认同研究发文趋势（见图1）可以看出，1992~2022年学界对华侨华人认同研究成果整体呈上升趋势。具体而言，在1992~2022年30年的时间里形成三个研究高峰。第一个高峰期是2002年，发文量由以往的年均不到1篇，增加到一年发文4篇，很明显2002年是突飞猛进的一年；第二个高峰期是2009年，发文量由2003~2008年的年均5篇，猛增到一年发文15篇；第三个高峰期是2010年后，华侨华人认同研究发文量基本上稳定在年均10篇以上，但2019年只有5篇。据此，可将华侨华人认同研究分为三个阶段，第一阶段是1992~2002年，为起步阶段，从年均不足1篇的发文量可知，当时学界开始注意到华侨华人认同问题，但是关注度不高。直到2000年以后，我国华侨华人认同研究成果日益增多。研究成果的增加，一方面与国家出台的各项政策有关，另一方面则与我国在国际上影响力的提高有关。20世纪90年代国家出台各项华侨华人政策，在吸引和鼓励不少华侨华人来华投资、创业、工作、定

---

① 李诺恩、梁宇：《国际中文教材研究的文献计量分析（1980~2020）》，《云南师范大学学报（对外汉语教学与研究版）》2022年第5期。

居的同时，也引起了专家学者对他们的关注。1999 年，中国教育部准备成立华侨华人研究基地，并于 2000 年在暨南大学设立华侨华人研究基地，2002 年在中国社会科学院成立海外华侨华人研究中心，针对华侨华人的研究进入新阶段。2000 年世界华侨华人社团联合总会成立，引起了一些学者的注意，华侨华人认同研究也逐渐被重视。2001 年，中国加入世界贸易组织，标志着中国加速融入全球化的进程。这一举措不仅为中国经济的快速发展提供了新的机遇和平台，也为华侨华人参与中国发展提供了更广阔的舞台。

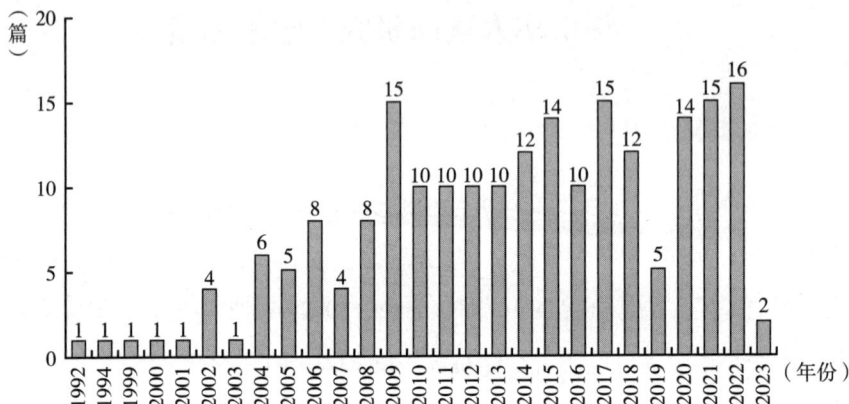

图 1　华侨华人认同研究发文趋势

华侨华人认同研究的第二阶段是 2003～2009 年，为快速发展阶段，华侨华人认同问题受到较多重视，越来越多的学者关注华侨华人认同研究，不仅每年都有一定数量的成果出现，而且年均发文量约 7 篇。该时期华侨华人认同研究取得较多成果，体现了该时期华侨华人政策的优化以及我国吸引力的提升。2004 年 7 月 1 日起，《中华人民共和国归侨侨眷权益保护法实施办法》开始实施，侨务法制建设日益完善；2005 年 2 月，胡锦涛会见全国侨务工作会议代表，强调要把海内外中华儿女的力量凝聚起来，为实现中华民族伟大复兴共同奋斗，① 这一切都彰显了我国对华侨华人的日益重视。2007

---

① 《胡锦涛主席会见出席全国侨务工作会议代表》，中国政府网，https://www.gov.cn/ldhd/2005-02/28/content_8821.htm。

年上海召开"华侨华人研究上海论坛：北美华侨华人问题学术研讨会"，为国内华侨华人研究专家学者了解海外华侨华人研究状况，为今后海内外专家学者的进一步合作奠定了良好基础。2008 年北京奥运会这一全球盛事把华侨华人认同研究推向一个新高潮，该年是华侨华人研究由量变到质变的一年。2008 年 12 月中央人才工作协调小组实施"海外高层次人才引进计划"，重点引进在海外学习工作的高层次人才，该政策是为了鼓励海外高层次人才回国，以促进中国的科技和经济发展。这一政策的出台，不仅促使大量华侨华人归来报效祖国（母国），同时也为华侨华人认同研究提供了新鲜血液，2009 年华侨华人研究达到一个新高潮。

华侨华人认同研究的第三个阶段为 2010~2022 年[①]，华侨华人认同研究受到充分重视，进入高速稳步发展阶段，该时期相关研究年均发文量已达 12 篇。2010 年较 2009 年发文量有所减少，不过自 2010 年后，年度发文量基本上在 10 篇以上，最多高达 16 篇。该时期发文量如此之高，不仅与我国"一带一路"倡议、创业政策、政府公信力有关，也与我国党和政府对华侨华人的政策有关。其中影响最为明显的是习近平总书记 2013 年提出"一带一路"倡议后，海外华侨华人充分利用自身的"桥梁"优势，积极投身于"一带一路"共建国家的经贸往来与文化交流，为构建人类命运共同体的伟大实践做出了突出贡献。华侨华人这一群体在发挥作用的同时也被我国专家学者注意到，成为研究的对象。2015 年我国政府发布了"互联网+"行动计划，以互联网技术为基础，推动传统产业与互联网深度融合，为华侨华人回国创业提供了新的机遇；2017 年，党的十九大报告中明确指出侨务工作的重要使命，提出要"广泛团结联系海外侨胞和归侨侨眷，共同致力于中华民族伟大复兴"[②]；2018 年，习近平总书记考察暨南大学，"希望暨南大学……为海外侨胞回祖国学习、传承中华文化创造更好条件"[③]。这一切为

---

① 2023 年只有前 4 个月的成果，数量较少，在进行年均发文量统计时暂不计入。
② 《习近平谈治国理政》第三卷，外文出版社，2020，第 31 页。
③ 《习近平在广东考察》，中国政府网，ttps：//www. gov. cn/xinwen/2018 - 10/25/content_5334458. htm。

促进华侨华人知华、友华、爱华奠定了坚实的基础，也为华侨华人认同研究提供了良好的生态环境。

（二）期刊收录

我国华侨华人认同方面的研究成果主要集中在《华侨华人历史研究》《世界民族》《东南亚研究》《暨南学报（哲学社会科学版）》《华文教学与研究》《华侨大学学报（哲学社会科学版）》等核心期刊（见表1）。其中《华侨华人历史研究》收录60篇相关论文，占比35.29%；《世界民族》次之，收录23篇论文；《东南亚研究》收录21篇论文。其实，从这3本期刊的名称可知，"华侨华人"是其研究的主要对象之一，而3本期刊的创刊宗旨则明确了各自在华侨华人研究方面的重点。《华侨华人历史研究》是国内华侨华人研究的权威刊物，主要研究华侨、华人的历史和现状；《世界民族》专门研讨全球范围内的民族现象及民族问题，"华族"作为海外华侨华人的代名词，是其绕不开的话题；《东南亚研究》常设专栏之一即"华侨华人研究"。《暨南学报（哲学社会科学版）》作为综合性学术刊物，主要栏目有"华侨华人研究""海外华人文学"；《华文教学与研究》是为华文教育事业服务的，而华文教育的对象"华侨华人"也是其研究对象；《华侨大学学报（哲学社会科学版）》同为综合性学术期刊，其特色栏目不仅有"华侨华人研究"，还有"华文教育研究"。这6本期刊作为华侨华人研究的重镇，基本上覆盖了华侨华人认同研究70%以上的学术成果。

表1　我国华侨华人认同方面的研究成果收录期刊

期刊名称	收录论文（篇）	占比（%）
华侨华人历史研究	60	35.29
世界民族	23	13.53
东南亚研究	21	12.35
暨南学报（哲学社会科学版）	8	4.71
华文教学与研究	6	3.53

期刊名称	收录论文(篇)	占比(%)
华侨大学学报(哲学社会科学版)	5	2.94
当代电影	5	2.94
民族研究	4	2.35
广西民族大学学报(哲学社会科学版)	4	2.35
广西民族研究	4	2.35
开放时代	3	1.76
福建论坛(人文社会科学版)	3	1.76
语言文字应用	3	1.76
台湾研究	3	1.76
华文文学	3	1.76
文化遗产		
南洋问题研究		
文艺争鸣		
东南亚纵横		
当代外国文学		

注：本表为不完全统计，论文篇数总体为170篇。

(三)学术群体

本研究运用 CiteSpace 绘制华侨华人认同研究作者合作网络图谱与机构合作网络图谱，辨析华侨华人认同研究领域的核心作者、核心机构和各类主体间的合作关系。

作者合作网络图谱中，输出节点数为 160，表明有 160 人做过华侨华人认同研究；连线数为 37，网络密度为 0.0025，表明国内该领域中作者之间有一定的合作，但合作关系并不紧密。从图 2 可以看出作者合作网络比较简单，不同作者之间的连线较少，如研究成果排名前五的曾少聪、王爱平、沈玲、徐颖果、张梅，他们从事的都是独立研究。其他作者之间即使有合作，一般也是 2~3 人的小规模合作，最大规模的合作即王建勤、陈静、魏岩军、魏慧琳、李可、闻亭 6 人的华侨华人认同研究。《跨文化族群的认同比较研究与汉语传播策略》为朱雯静与王建勤合作完成，主要考察"美国和东南亚地区华裔及非华裔汉语学习者对目的语社团语言认同、文化认同、族群认同与价值观认同的现状，发现华裔和非华裔汉语学习者在目的语社团认同上呈现不同的特点"①。魏岩军、王建勤、魏惠琳、闻亭、朱可合作完成的《影响美国华裔母语保持的个体及社会心理因素》调查了现居美国的华裔汉语学习者，发现在母语社团认同上，"母语认同与母语技能相关程度较高，文化、族群和价值观认同与之基本不相关"②。魏岩军、王建勤、朱雯静、闻亭合作完成的《影响汉语学习者跨文化认同的个体及社会心理因素》，主要研究的是非华裔的语言、文化、族群、价值观认同。③

图 2　作者合作网络图谱

①　朱雯静、王建勤：《跨文化族群的认同比较研究与汉语传播策略》，《云南师范大学学报（对外汉语教学与研究版）》2012 年第 3 期。
②　魏岩军、王建勤、魏惠琳、闻亭、朱可：《影响美国华裔母语保持的个体及社会心理因素》，《语言教学与研究》2012 年第 1 期。
③　魏岩军、王建勤、朱雯静、闻亭：《影响汉语学习者跨文化认同的个体及社会心理因素》，《语言文字应用》2015 年第 2 期。

从发文量来看，发文量超过 1 篇的核心作者及发文量如图 3 所示。其中来自中国社会科学院的曾少聪及华侨大学华文学院的王爱平均发文 4 篇，沈玲、徐颖果、张梅发文 3 篇，其余作者均发文 2 篇。从时间上来说，王爱平于2004 年开始华侨华人认同研究，曾少聪于 2005 年开始华侨华人认同研究，沈玲于 2015 年开始华侨华人认同研究。从研究过程来看，曾少聪对华侨华人认同研究持续时间最久，从 2005 年开始产出，一直延续至 2021 年，可见曾少聪持续关注华侨华人认同问题，未来可能还会有相关成果出现。就研究内容而言，曾少聪主要关注华侨华人的文化认同、民族认同及政治认同等问题，在中国海外移民的政治认同与文化认同的基础上，深入研究菲律宾华人认同的变迁，进而研究美国亚裔族群认同，并在 2021 年对中国海外移民的中华民族认同进行了深入的研究。王爱平的华侨华人认同研究主要采取调查的方法，调查印尼华裔青少年的华人身份认同与文化认同，沈玲同样使用调查的方法研究东南亚（以印尼和菲律宾为主）华裔新生代的文化认同和国家认同。

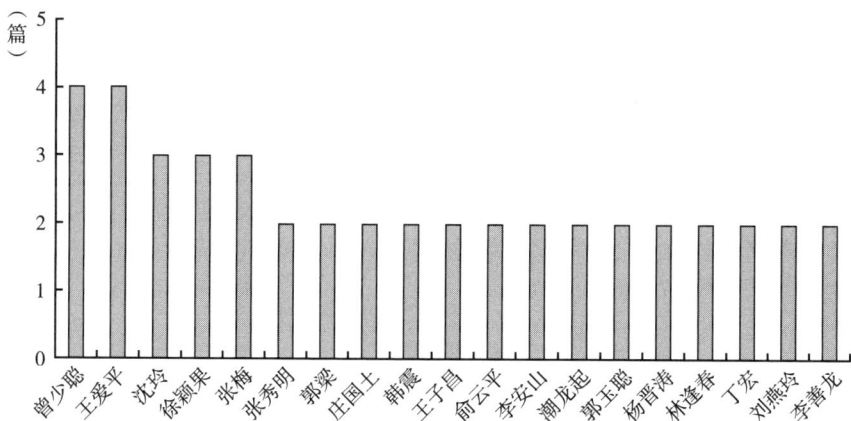

图 3 作者发文总量

（四）研究机构

机构合作网络图谱可以清晰地呈现该领域研究的机构以及机构间合作网络关系。借助 CiteSpace 进行机构合作网络知识图谱绘制，得到具有 220 个节点、64 条连线的机构共现图谱，如图 4 所示。由此可知，当前国内共有 220 个机构做过华侨华人认同研究，不过只有少数机构之间有一定的合作，而且合作关系也不密切。

从机构合作网络图谱可以看出，华侨华人认同研究主要集中在研究机构与高校，而从事华侨华人认同研究的机构与高校则主要集中在华侨华人密集的侨乡——分别以厦门和广州为代表的福建和广东。如排名前 10 的研究机构中，3 家位于北京、1 家位于天津，其余 6 家研究机构一半在厦门，一半在广州，其中位于厦门的有华侨大学华文学院、厦门大学南洋研究院、厦门大学东南亚研究中心，位于广州的则是暨南大学国际关系学院、暨南大学华侨华人研究院、广东工业大学管理学院。通过分析主要机构的相关文献发现，各发文机构存在一定的合作关系，如广州地区的暨南大学国际关系学院与广东工业大学有一定的合作，暨南大学华侨华人研究院与暨南大学新闻与传播学院、暨南大学国际关系学院、暨南大学铸牢中华民族共同体意识研究基地之间有合作，但这些机构之间的合作关系并不紧密。进一步来说，这些合作机构网络的形成主要由行政归属关系或者地理位置相近主导，跨区域的机构合作较为稀缺，未能形成有凝聚力的科研群体。

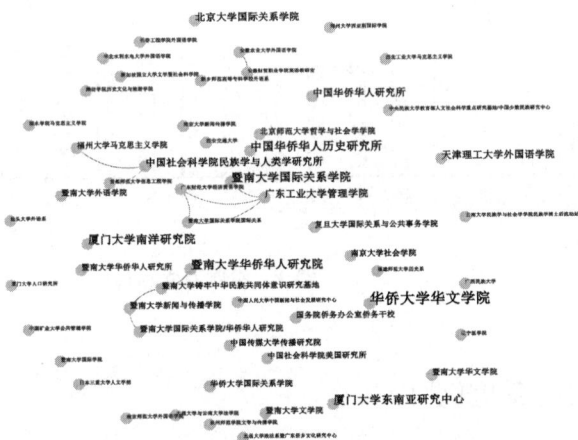

图 4　机构合作网络图谱

三　华侨华人认同研究：前沿脉络

（一）关键词共现

学术领域中的"关键词"其实就是承载某一知识领域基本概念的核心术语，[①] 关键词是对文章研究主题的高度概括与浓缩，关键词共现分析与关键词聚类分析可以直接地展现某一学科领域的研究热点。[②] 本研究运用CiteSpace 关键词共现分析与聚类分析的功能来辨析我国华侨华人认同研究的热点。

1. 关键词共现图谱分析

在对相关文献进行"关键词"分析后，得到关键词共现图谱（见图5）。关键词的阈值是 10，其中节点 198 个、连线 287 条。图谱中每个圆形节点代表一个关键词，节点越大意味着关键词出现的频次越高。由图 5 可知，高频关键词有：文化认同、华侨华人、身份认同、东南亚、中华文化、华裔、认同、华文教育、国家认同、族群认同等。

表 2 统计了高频关键词的频次、中介中心性和首次出现年份。中介中心性是衡量节点重要程度的指标，是网络中经过某点并连接这两点的最短路径占这两点之间最短路径总数之比，大于 0.1 可视为关键节点。[③] 中介中心性数值越高，表示该关键词在图谱中的作用越大、重要性越高。从表 2 可知，所有关键词词频高低与中介中心性呈正相关关系。

---

① 陈雪：《什么是"关键词"方法?》，《俄罗斯语言文学与文化研究》2015 年第 3 期。
② 段春雨、蔡建东：《国际泛在学习领域知识图谱研究》，《现代远程教育研究》2016 年第 1 期。
③ 李杰、陈超美：《CiteSpace：科技文本挖掘及可视化》，首都经济贸易大学出版社，2016，第 62 页。

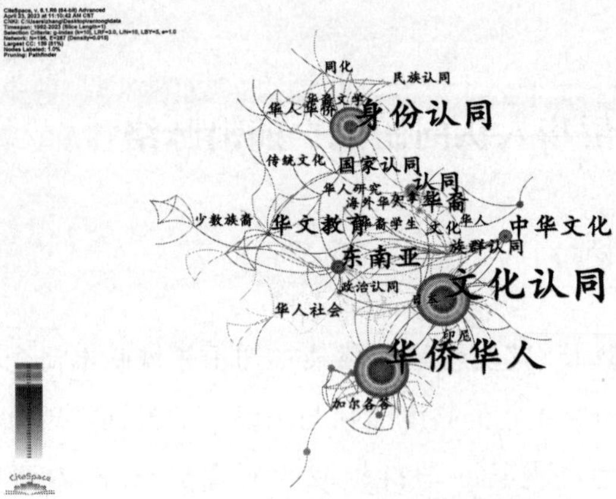

图 5　关键词共现图谱

表 2　华侨华人认同研究热点词汇统计

顺序	频次	中介中心性	首次出现年份	关键词
1	54	0.51	1994 年	文化认同
2	48	0.49	1994 年	华侨华人
3	30	0.38	2006 年	身份认同
4	12	0.48	1994 年	东南亚
5	11	0.15	2001 年	中华文化
6	9	0.03	2006 年	华裔
7	9	0.06	2002 年	认同
8	9	0.20	2007 年	华文教育
9	6	0.11	2006 年	国家认同
10	5	0.04	2002 年	族群认同
11	4	0.07	1992 年	华人社会
12	4	0.02	2002 年	文化
13	4	0.05	2011 年	华人华侨
14	3	0.06	2002 年	华人
15	3	0	2022 年	海外华人

图 5 与表 2 中的高频关键词代表华侨华人认同研究的热点，这些热点研究可分成三类。第一类是认同什么或者什么认同。代表关键词中最突出的是"文化认同"，其次是"身份认同""国家认同""族群认同""政治认同""民族认同"等，说明国内学者认同研究主要关注这几种类型的认同，之所以关注这几类认同，与对象群体——华侨华人密切相关。第二类是谁的认同。

代表关键词有"华侨华人""华裔""华人华侨""华裔学生""海外华人""华人""华人研究""东南亚""印尼""日本"。也就是说，我国华侨华人认同研究主要研究亚洲地区的华侨华人，重点是东南亚与日本。第三类是如何认同。代表关键词有"中华文化""文化""华文教育"，也就是说，华文教育及中华文化的传播与接受是实现某种认同的重要手段。

2. 关键词聚类图谱

在我国华侨华人认同研究关键词共现图谱的基础上，本研究选择 LLR 算法进行类聚统计，设置展示最大值的 8 个类聚标签，得到关键词聚类图谱（见图 6）。该聚类图谱中聚类模块值 Q = 0.7527>0.3，聚类结构显著；聚类平均值轮廓 S = 0.8704>0.7，聚类结果可信。图 7 中的不同聚类是按轮廓值大小顺序排列的，轮廓值越大，轮廓内部节点越紧密。从图 7 可知，我国华侨华人认同研究重点关注东南亚与日本的华侨华人的认同，内容主要聚焦在身份认同、文化认同、中华文化、华文教育等方面。同时，"随着社会流动和文化碰撞成为日常生活的常态，个人跨情景、族群、文化及国家的流动越来越频繁，个人的身份认同呈现出多重性、多样化的形态"[①]。

关键词时间线图谱（见图 7）从历时角度对华侨华人认同研究进行梳理，呈现聚类之间的相关度和相互影响，以分析该领域的发展和演变历程。图 7 中方块代表关键词，线条代表关键词之间的联系。结合图 6 及图 7，我国华侨华人认同研究可归纳出三个热门研究主题。第一，认同类型研究。不少学者对华侨华人众多认同中的某一种进行深入研究，如选择"文化认同""身份认同""国家认同""族群认同""政治认同""民族认同"中的某种进行单一认同研究，目前，还出现了针对华侨华人的多元认同或双重认同研究。第二，认同主体研究。华侨华人作为一个大的群体，在进行认同研究时，学者们一般选择某个区域或群体的华侨华人进行某种认同研究。当前研究重点在亚洲，包括东南亚、南亚和东亚，东南亚的研究热点或者是把东南亚视为一个整体，或者专门对印尼、马来西亚、菲律宾的华侨华人华裔认同

---

① 吴莹：《文化、群体与认同：社会心理学的视角》，社会科学文献出版社，2016，第 7 页。

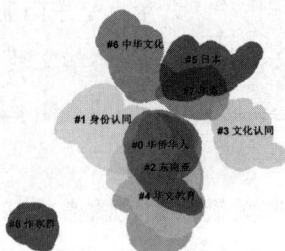

图 6　关键词聚类图谱

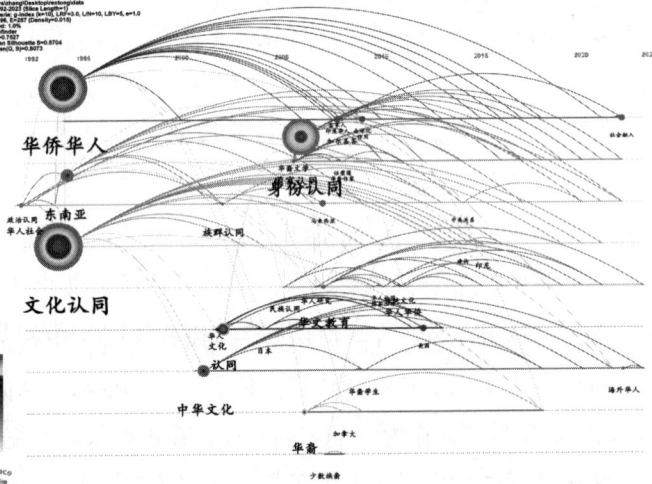

图 7　关键词时间线图谱

进行研究。第三，认同实现路径研究。认同研究的一个潜台词是希望研究对象认同其文化、政治、国家或民族，如何实现不同类型的认同，可以采取不同的路径，其中教育和文化传播是实现认同的优选路径，因此我国华侨华人认同研究路径主要包括华文教育及中华文化传播。

（二）关键词突现

突现词是指在某段时间内，使用频次较高或出现次数较多的关键词，依靠词频变动的趋势可以判断某学科领域的研究前沿。[①] 鉴于突现词的重要作用，本研究采用突现词分析华侨华人认同研究前沿，结果如图 8 所示。其中，突现值最高的是"身份认同"（4.96），其次是"认同"（2.46）、"中华文化"（2.36）、"华裔"（2.17），突现时间跨度最大的关键词是"身份认同"（6 年）、"族群认同"（5 年）、"认同"（4 年）。这与张淑雯对东南亚华侨华人身份认同的研究结果并不完全一致，张淑雯认为，"对于东南亚华侨华人的身份认同，国内外学者已基本形成共识，即主要包括政治认同、文化认同与族群认同三个方面"[②]。"在文化混杂、碰撞、共生的时代，人们的身份可能发生不同类型的转变，包括丰富的多重身份被单一化、极端化；多重身份和平共处，形成多元文化认同的融合；在文化适应过程中，身份被模糊化，出现矛盾的、过渡的身份共存"[③]。其实，当前针对华侨华人的政治认同研究基本消失，一方面，是因为政治认同是一个敏感的话题；另一方面，二战以后原先持有中国国籍的海外华侨基本完成身份转换，作为拥有住在国国籍的公民，需要融入住在国，发挥公民权，政治上认同住在国也无可厚非。

突现词分析可以将研究前沿归纳为"持续型"前沿与最新前沿。"持续型"前沿是指出现时间较早、年份跨度大并持续至今的研究主题。[④] 从图 8 可以看出，华侨华人认同研究的持续型前沿不突出，若推测最有潜力成

---

① 王娟、陈世超、王林丽等：《基于 CiteSpace 的教育大数据研究热点与趋势分析》，《现代教育技术》2016 年第 2 期。

② 张淑雯：《东南亚华人身份认同的路径依赖与路径突破——基于制度主义视角的考察》，《东南亚研究》2022 年第 6 期。

③ 吴莹：《文化、群体与认同：社会心理学的视角》，社会科学文献出版社，2016，第 13 页。

④ 韩笑：《改革开放四十年我国合作学习研究的进展及趋势——基于 CiteSpace 工具的文献计量学分析》，《当代教育科学》2018 年第 4 期。

为今后研究热点的内容，依然是"身份认同"。身份认同研究持续时间最久，并且至今仍在继续，未来国内专家学者应该会持续关注。有学者指出，在全球化时期，华侨华人多元认同、双重认同应该是研究的趋势。当前华侨华人认同研究前沿，最有可能的是"海外华人""社会融入""中华文化"。同时，除了以东南亚华侨华人认同研究为主外，针对欧美、拉丁美洲华侨华人的认同研究也开始出现，如已有美国、加拿大、阿根廷华侨华人认同研究。目前，随着亚洲的韩国、日本，欧美其他地区、非洲地区的华侨华人日益增多，这些地区的华侨华人认同研究应该是未来研究的重点。

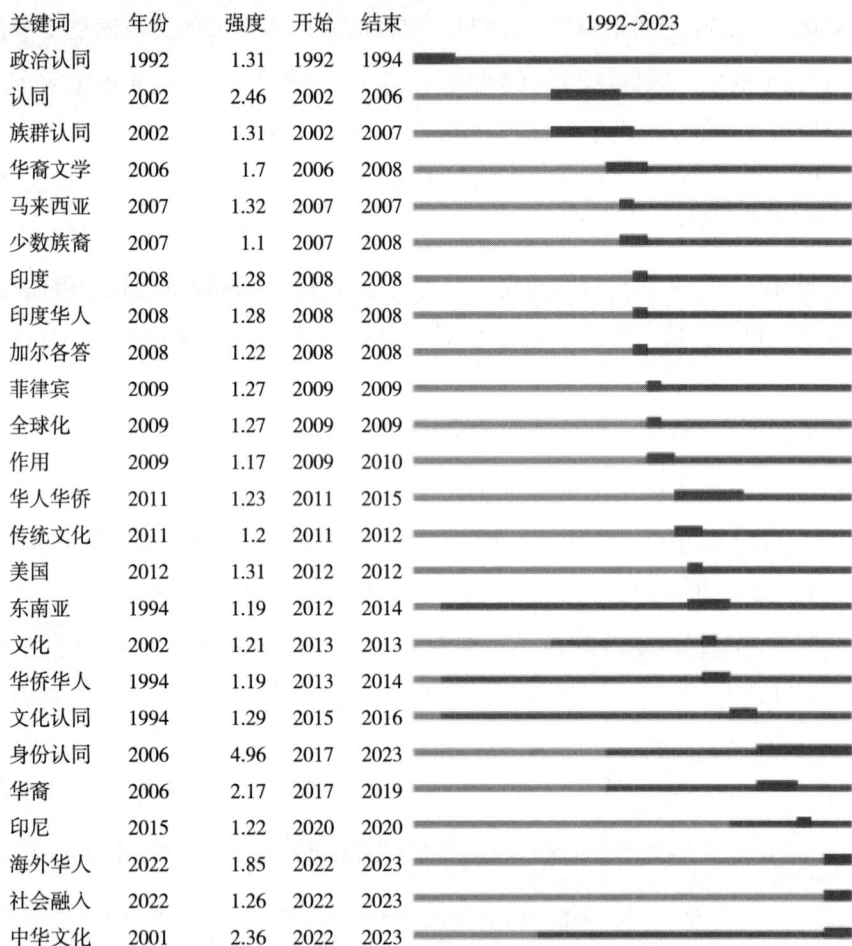

关键词	年份	强度	开始	结束	1992~2023
政治认同	1992	1.31	1992	1994	
认同	2002	2.46	2002	2006	
族群认同	2002	1.31	2002	2007	
华裔文学	2006	1.7	2006	2008	
马来西亚	2007	1.32	2007	2007	
少数族裔	2007	1.1	2007	2008	
印度	2008	1.28	2008	2008	
印度华人	2008	1.28	2008	2008	
加尔各答	2008	1.22	2008	2008	
菲律宾	2009	1.27	2009	2009	
全球化	2009	1.27	2009	2009	
作用	2009	1.17	2009	2010	
华人华侨	2011	1.23	2011	2015	
传统文化	2011	1.2	2011	2012	
美国	2012	1.31	2012	2012	
东南亚	1994	1.19	2012	2014	
文化	2002	1.21	2013	2013	
华侨华人	1994	1.19	2013	2014	
文化认同	1994	1.29	2015	2016	
身份认同	2006	4.96	2017	2023	
华裔	2006	2.17	2017	2019	
印尼	2015	1.22	2020	2020	
海外华人	2022	1.85	2022	2023	
社会融入	2022	1.26	2022	2023	
中华文化	2001	2.36	2022	2023	

图8 我国华侨华人认同研究前25个突现词

（三）关键词时区

为了深入分析 1992~2023 年我国华侨华人认同研究热点的变化情况，利用 CiteSpace 对 1992 年以来华侨华人认同研究热点的时区分布进行可视化分析，生成的关键词时区图谱如图 9 所示。总体上来看，关键词时区图谱中热点词的密度在 2008 年、2009 年达到顶峰，随后呈现缓慢回落的趋势。

文化认同从 1994 年到 2022 年一直是学术界研究的热点话题，且随着中华文化的海外传播，华侨华人文化认同研究范围日益扩大。随着中国海外移民的增加，身份认同成为华侨华人特别是他们的后代在生活中经常面临困扰的问题，认同母国文化还是居住国文化，抑或双重文化认同，依然是该领域研究的一个前沿课题。

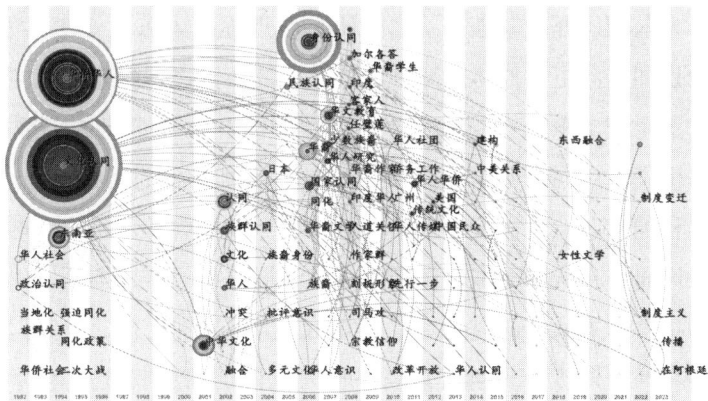

图 9　关键词时区图谱

四 结语

本文利用 CiteSpace 可视化软件系统梳理了近 30 年来华侨华人认同研究的学术脉络,探讨了该领域研究的重点和学术前沿。总而言之,在学术图景方面,我国华侨华人认同研究呈现越来越发散的趋势,主要体现在覆盖的内容日益增多、交叉研究越来越多。就研究者与研究机构而言,核心学者虽然不少,但合作不多;研究机构以研究所和高校为主,机构之间的合作并不密切。在前沿脉络方面,研究对象呈现"深度有余,横向不足"的特征,对东南亚特别是印尼、菲律宾、马来西亚的华侨华人认同研究较多,对东南亚其他地区华侨华人的认同研究偏少,对东亚特别是韩国华侨华人认同研究至今没有;同时对欧美其他地区、非洲地区华侨华人的研究也是屈指可数;研究视角上侧重文化认同、身份认同、族群认同,对其他认同研究较少,如东南亚华人十分重视祖籍地、宗族,有关华侨华人的祖籍地认同、宗族认同尚待研究。

在前期研究的基础上,当前研究热点逐渐由东南亚华侨华人文化认同、身份认同转向更大群体的海外华人的认同研究,包括双重认同或多元认同研究,这也是未来研究的热点之一。在中国文化"走出去"战略提出后,海外华侨华人认同研究不但在数量上有所增加,在研究层次上也朝着多维度、跨学科的方向发展。近年来,在国家侨务政策和学术研究的推动下,华侨华人认同研究在认同类型、认同主体、认同路径等方面不断发生变化,这些变化为华侨华人认同研究提供了丰富的研究思路和方向,学者们应该致力于中华文化的海外传播,加强对华侨华人认同的研究,促进东西文明交流与互鉴,为构建人类命运共同体贡献一份力量。

参考文献

柴玲:《论海外华人的中国认同》,《国际社会科学杂志(中文版)》2010 年第

1 期。

陈志明：《华裔族群：语言、国籍与认同》，冯光火译，《广西民族学院学报（哲学社会科学版）》1999 年第 4 期。

陈志明：《族群认同与国家认同：以马来西亚为例（下）》，罗左毅译，《广西民族学院学报（哲学社会科学版）》2002 年第 6 期。

郭蓓蓓：《海外华裔文化认同变化的影响因素初探》，《华侨华人历史研究》2018 年第 3 期。

郭玉聪：《日本华侨华人的二、三代的民族认同管窥——以神户的台湾籍华侨、华人为例》，《世界民族》2005 年第 2 期。

韩震：《全球化时代的华侨华人的文化认同分析》，《华侨大学学报（哲学社会科学版）》2007 年第 3 期。

韩震：《全球化时代的华侨华人文化认同的特点》，《学术界》2009 年第 2 期。

何国忠：《马来西亚华人：身份认同、文化与族群》，吉隆坡华社研究中心，2002。

李其荣：《寻求生存方式的同一性——美加新华侨华人的文化认同分析》，《东南亚研究》2008 年第 5 期。

李其荣、姚兆丰：《美国华人新移民第二代及其身份认同》，《世界民族》2012 年第 1 期。

林云、曾少聪：《族群认同：菲律宾华人认同的变迁》，《当代亚太》2006 年第 6 期。

荒井茂夫：《马来西亚华人社会的语言生活和认同结构——以调查问卷为基础的分析》，《华侨华人历史研究》2007 年第 2 期。

沈玲：《印尼华人家庭语言使用与文化认同分析——印尼雅加达 500 余名新生代华裔的调查研究》，《世界民族》2015 年第 5 期。

沈玲：《认同转向之下菲律宾华人家庭民族语言文字使用研究——基于 500 多名新生代华裔的调查分析》，《华侨华人历史研究》2016 年第 4 期。

沈玲：《东南亚新生代华裔文化认同的国别比较研究》，《民族教育研究》2017 年第 6 期。

王爱平：《东南亚华裔学生的文化认同与汉语学习动机》，《华侨大学学报（哲学社会科学版）》2000 年第 3 期。

王爱平：《印尼华裔青少年语言与认同的个案分析——华侨大学华文学院印尼华裔学生的调查研究》，《华侨华人历史研究》2004 年第 4 期。

王爱平：《汉语言使用与华人身份认同——对 400 余名印尼华裔学生的调查研究》，《福州大学学报（哲学社会科学版）》2006 年第 4 期。

王付兵：《二战后东南亚华侨华人认同的变化》，《南洋问题研究》2001 年第 4 期。

王赓武：《东南亚华人的身份认同之研究》，载《中国与海外华人》，香港商务印书馆，1994。

王赓武：《东南亚华人认同问题的研究》，林金枝译，《南洋资料译丛》1986 年第 4 期。

余云平、杨晋涛：《马来西亚华裔新生代的"祖籍记忆"初探》，《南洋问题研究》2006 年第 3 期。

张小倩：《印度尼西亚邦加岛华人文化认同的历史与现状探析》，《世界民族》2020 年第 2 期。

庄国土：《略论东南亚华族的族群认同及其发展趋势》，《厦门大学学报（哲学社会科学版）》2002 年第 3 期。

曾少聪：《全球化与中国海外移民》，《民族研究》2003 年第 1 期。

曾少聪、王晓静：《美国亚裔族群的认同》，《世界民族》2009 年第 6 期。

曾少聪：《中国海外移民与中华民族认同》，《民族研究》2021 年第 4 期。

Abstract

Annual Report on Overseas Chinese Study (*2023*) consists of three parts: a general report, an Southeast Asia countries chapter, and a thematic chapter.

The general report provides an empirical cross-analysis of intricate Southeast Asian's overseas Chinese, and particularly explores the current status and historical context of the ASEAN diaspora.

Southeast Asia has always been the main destination and important gathering place of overseas Chinese. From the early 1980s to the present, the number of overseas Chinese in Southeast Asia has increased from 22 million to more than 40 million, accounting for about two-thirds of the global overseas Chinese. They are predominantly engaged in commerce and industry, thus the economic power of Chinese merchants is growing at a high rate, occupying a dominant position in the private sector in most of the countries. Moreover, overseas Chinese in the Southeast Asia are highly organized, with most of them belonging to the five major dialect groups of Fujian, Chaozhou, Hakka, Cantonese and Hainan, which are closely related to their home regions, and participating in tens of thousands of various overseas Chinese groups. It is noted that the ASEAN integration process doesn't meet the great differences among countries, which resulted in the fact that although there are significant commonalities in the diaspora situation of Southeast Asian overseas Chinese, there are huge differences in the economic status, political influence, and community characteristics of diaspora Chinese in different countries and of different origins.

The Southeast Asia countries chapter includes nine articles, focusing on the status quo of the diaspora situation in Southeast Asian countries, covering the development of the diaspora in Thailand, Vietnam, Indonesia, Singapore, Laos, the Philippines, Cambodia, Malaysia, Myanmar and other Southeast Asian countries. The first report surveys the latest developments of the Thai Chinese associations. A comprehensive understanding and in-depth knowledge of the new characteristics of the overseas Chinese community in Thailand will be conducive to its role as a bridge between the official and civil exchanges between the two countries, as well as contribute to the implementation of the Belt and Road Initiative and the cultivation of a China-Thailand community with a shared future. The second report investigates the population size and distribution of the Chinese community in Vietnam. Since the 21st century, the status of the Chinese in Vietnam has been improved, and they have become an important force in Vietnam's economic and social development, made positive contributions to Sino-Vietnamese economic and cultural exchanges. The third report analyzes the current situation of Chinese in Indonesia in terms of economy, culture, and political participation. It constructs the data related to Chinese in Indonesia and Sino-Indonesian investment and trade as the research samples, exploring and looking ahead the role of Chinese in Indonesia economy, trade, culture and other aspects. The fourth report systematizes the demographic development and immigration policy changes in Singapore, and examines the basic situation and development of new Chinese immigrant associations there. It is found that new immigrant associations have made significant contributions to the growth and integration of new immigrants, the building of transnational business networking platforms, and the promotion of Sino-Singaporean cultural exchanges. The fifth report examines the changes and future development trends of the Lao Chinese community in the 21st century. Lao Chinese community has become increasingly prominent in economic and cultural functions after expansion and reconstruction, playing the role of communication and integration and contributing to cultivate a China-Laos community of a shared future. The sixth report researches the status quo and characteristics of Buddhist beliefs among Chinese Filipinos. With the ethnic integration and generational change, traditional Buddhism is facing problems such as shrinking followers, lack of monks, and declining faith. However, after the 1990s, emerging Buddhist groups in the Philippines are active and their practices are inspiring for traditional Buddhism reformation. The seventh report explores the development opportunities for the Cambodian Chinese diaspora in the context of the implementation of the Belt and Road Initiative. They have a strong development momentum due to the in-depth promotion of the Belt and Road Initiative which driven by macro-political and economic environment. The eighth report collates the current situation and main features of the Malaysian Chinese society development to deepen the understanding of it. The report focuses on the demographic and occupational structure changes of Malaysian Chinese, the development of Chinese education, the shift of Chinese associations' functions, the transformation of Chinese language media, and the positive role of Chinese merchants in promoting China-Malaysia trade, etc. The ninth report investigates the development of Chinese schools in Mandalay. It is found that the Chinese schools in Mandalay is not highly professionalized, with insufficient funding for school operation and lacking of high-level professional teachers. However, Chinese schools in Mandalay need to establish a more professional management system in order to achieve greater development under China-Myanmar deepening relations.

Thematic chapter includes three reports. The first report adopts the method of questionnaire and qualitative analysis to conduct a multi-dimensional analysis of the status quo of overseas Chinese school principals from four major aspects: group portrait, professional mission, professional status, and professional psychology. The second report observes those overseas Chinese influencers with more than one million followers on TikTok. Through analysis of their data and contents, it is noticed that those influencers display Chinese culture in the TikTok platform, which not only build a bridge for cross-cultural communication but also has been an important part of it. The third report examines articles on the study of Chinese diaspora identity between 1992 and April 2023 included in the CSSCI database. And further analyzes the visualizes mapping drawn by Citespace software through literature reading and content analysis.

Annual Report on Overseas Chinese Study (*2023*) aiming at comprehensively grasping the latest status of overseas Chinese, especially in Southeast Asia, and putting forward valuable policy recommendations.

Keywords: Southeast Asia; Overseas Chinese; Chinese Merchants; Chinese Association; New Chinese Migrants

Contents

I   Genral Report

Abstract: The Southeast Asia has always been the main destination of
Chinese overseas emigrants, and also the most important settlement of the overseas
Chinese in the world. Since the early 1980s, the number of Overseas Chinese in
Southeast Asia has increased from 22 million to more than 40 million, accounting
for about two-thirds of the global overseas Chinese. Among them, there should be
approximately 4. 5 million new emigrants and their children. The Chinese in the
Southeast Asia mainly engage in industry and commerce, and their income level is
much higher than that of the local people. The economic strength of Chinese
businessmen has grown rapidly, occupying an advantageous position in the private
sector of the economy in most countries. The overseas Chinese in Southeast Asia
are highly organized. Most of them belong to the five major dialect groups of
Fujian, Canton, Teochew, Hakka and Hainanese, which are closely related to
their native regions, and participate in more than ten thousands of overseas Chinese
groups. New immigrants come from various provinces in China.

Keywords: Southeast Asia; Overseas Chinese; Chinese Merchants;
Chinese Association

II Southeast Asia Countries Chapter

B.2 The Current Situation and Characteristics of the Chinese
Community in Thailand *Yang Baoyun* / 052

Abstract: Chinese people have a long history of immigrating to Thailand in large numbers. In recent years, the overseas Chinese community in Thailand has achieved new development, many new phenomena and some new characteristics have emerged. The most obvious feature is that the Thai Chinese community, especially the new generation of Chinese, has further increased contact with China; a large number of new Chinese immigrants who have settled down to Thailand since the reform and opening up have become a new group of the Thai Chinese community. At the same time, due to changes in Thailand's domestic political situation, overseas Chinese in Thailand are also facing new situations.

Keywords: Thailand; Chinese Community; New Generation of Chinese; New Chinese Immigrants

B.3 The Development Situation of Chinese in Vietnam
Yu Xiangdong, Qin Yi / 074

Abstract: After a long historical period of survival and development, the Chinese in Vietnam have gone through changes and vicissitudes, and their number is still about one million. The Chinese in Vietnam have integrated into Vietnamese society and become an inseparable member of the 54 ethnic groups in Vietnam. Since Doi Moi, especially since the 21st century, the status and role of the Chinese in Vietnam have been improved and valued. The Chinese's expertise in commercial and economic activities continues to be fully utilized and they have become an important force in the development of Vietnamese society. The enthusiasm of the Chinese in participating in Vietnamese politics are also gradually increasing. The Chinese in Vietnam have and will continue to contribute to the development of good-neighborly and friendly relations between China and Vietnam and promote China－Vietnam Make positive contributions to economic and cultural exchanges.

Keywords: Vietnam; Chinese; China－Vietnam Relations

B.4 Current Situation Analysis and Outlook of Overseas Chinese in Indonesia

Chen Yanwu, Zhu Yihe, Lin Jiamin and Cai Ming / 100

Abstract: The year 2023 marks the 10th anniversary of the "Belt and Road" initiative. As the first initiative country, Indonesia is the country with the largest number of Chinese diaspora in the world, playing an important role in the cooperation between China and ASEAN and actively promoting "Global Maritime Pivot" program in relation to the "Belt and Road" initiative. As a "bridge" between China and Indonesia, the overseas Chinese plays a significant role in Indonesia's economy, culture and political participation. This paper analyzes the current situation of overseas Chinese in Indonesia, examine their impact on Indonesia's economy, trade and culture based on data, and finally provides an outlook.

Keywords: Indonesia; Overseas Chinese; Economy Participation; Political Participation

B.5 The Development of New Chinese Immigrants and Associations in Singapore Since the 1990s

Zhu Guangxing, Lin Linjia / 117

Abstract: This article analyzes the development of new Chinese immigrants in Singapore, sorts out the population development and immigration policy changes in Singapore, examines the basic situation and development of Chinese new immigrant associations in Singapore, and draws the following main conclusions. Since the 1990s, the population of new Chinese immigrants in Singapore has expanded, and their origins have radiated to all parts of China. The proportion of highly educated and high-tech population has increased, and the types of industries have become more diversified. Singapore's population growth rate continues to decline, and manpower shortages are becoming increasingly serious. The Singapore government absorbs high-quality immigrants to make up for the population problem, to ensure the proportion of various ethnic groups and the development of high-tech industries. With the continuous influx of new immigrants, Singapore's immigration policy has been adjusted in a timely manner, transitioning from a period of active immigration to a period of moderate immigration. In terms of social activities, associations organized or participated by new Chinese immigrants are flourishing, including comprehensive associations, regional associations and chambers of commerce, Singapore alumni associations of mainland universities. These new immigrant associations have a wide range of radiation and great influence. The academic qualifications and quality of the members are generally high, and the activities of the associations are diverse and rich. They have contributed to the growth and integration of new immigrants, the establishment of a transnational business network platform, and the promotion of friendly cultural exchanges between China and New Zealand. However, there are still certain problems in the development of associations, which require internal self-optimization and external communication integration.

Keywords: Singapore; Chinese New Immigrants; New Immigrant Associations

B.6　The Change and Trend of Overseas Chinese Associations

in Laos　　　　　　　　　　　　　　　　　*Fang Yun* / 133

Abstract: In the history of overseas Chinese in Laos, due to the small number, weak economic strength and limited influence on the local area, the number of associations was limited, and the organizational form and function were single. Since the end of the 20th century, with a large number of Chinese mainland citizens moved to Laos and form a new driving force in economic and social development, there are new overseas Chinese associations, that its function expansion and concept change, play a positive role in the bilateral exchanges and cooperation between China and Laos. At the same time, there are several challenges including internal resources integration, the joint between the community. Rational treatment of these challenges will help them play a better role as a bridge and link between their homeland and living countries.

Keywords: Laos; Overseas Chinese; Chinese Association

B.7　The Current Situation and Characteristics of Chinese

Buddhist Belief in the Philippines　　　*Zhu Dongqin* / 154

Abstract: In the Philippines, Buddhists are mainly Chinese. Buddhism entered the Philippines along with the immigrants from the southern Fujian in modern times, but the official practice of the monastery system began in the 1930s. After the Second World War, with the development of Chinese economy and the localization of Chinese community, Buddhism developed rapidly, and the temples expanded to all parts of the country. At present, with the ethnic integration and intergenerational turnover of the Filipino‐Chinese, traditional Buddhism faces serious problems of believers' shrinking, lack of monks, and belief's decline, but the new Buddhist religious groups which entered the Philippines from Taiwan area around the 1990s such as Foguangshan and Tzu Chi are much more active, and their practice will be enlightening for the reform of traditional Buddhism.

Keywords: Philippines; Overseas Chinese; Buddhism

B.8　Opportunities for Overseas Chinese in Cambodia under
　　　the Belt and Road Initiative　　　*Xie Tingting*, *Su Weibin* / 171

Abstract: This paper will explore the development opportunities for overseas Chinese in Cambodia from the perspective of the implementation of the Belt and Road initiative in Cambodia. First of all, the economic strength of the overseas Chinese in Cambodia is strong, especially the strength of the Chaozhou businessmen. Coupled with the leadership of Federation of Khmer Chinese in Cambodia, the community cohesion is very strong. Secondly, Cambodia's economic development is positive, with the official support and participant in the Belt and Road initiative, the bilateral cooperation with China has been actively promoted. Finally, through the analysis of the news on the Belt and Road initiative in the *Cambodia Chinese Daily*, the author shows the Cambodian Chinese community's positive response and active participation about the Belt and Road initiative. Therefore, with the macro-political and economic environment and internal and external factors, and with the further promotion of the Belt and Road initiative, the economic and cultural development opportunities for overseas Chinese in Cambodia are very promising.

Keywords: Cambodia; Overseas Chinese; Belt and Road Initiative

B.9　The Current Situation Analysis and Outlook of Overseas
　　　Chinese Society in Malaysia　　　　　　　*Hu Yueyun* / 183

Abstract: At present, the Chinese society in Malaysia is relatively mature in society, and has a high status in politics, economy, culture and social influence. This paper mainly reviews the current situation and main characteristics of the development of Chinese society in Malaysia from the aspects of the changes in the population and occupational structure of the Chinese, the development status of Chinese education, the transformation of the functions of Chinese community organizations, the transformation of Chinese media operations, and the positive role of Chinese businessmen in promoting China‒Malaysia economic and trade society.

Keywords: Malaysia; Overseas Chinese; Overseas Chinese Society

B.10 Research on the Development of Chinese Language Schools in Mandalay, Myanmar

Shen Ling, Zhou Gaiyan / 206

Abstract: The Chinese Language education in Myanmar has not yet been included in the national education system. A survey of seven Chinese language schools in Mandalay region found that Chinese language schools in the region have developed over the past years in terms of school nature, school conditions, teaching methods, number and structure of teachers, use of teaching materials, and the number of students. However, there are still problems such as a low degree of specialised management, insufficient school funding, a shortage of high-level professional teachers, a decreasing number of students, and practice of traditional teaching methods. Chinese language schools in Mandalay need to establish a professional management system, raise more funds from various sources, improve school conditions and teachers' treatment. Local teachers require training in new teaching methods, and the teaching methods need to be improved for greater development.

Keywords: Chinese Language Education; Chinese Language Teaching; Chinese Language Schools; Mandalay

III　Thematic Chapter

Abstract: Overseas Chinese education has developed rapidly, and to master the professional survival situation of Chinese school principals is crucial. This study used questionnaire survey and qualitative analysis methods to conduct a multidimensional analysis of the professional survival status of 105 Chinese school principals of 30 countries from four aspects: group portrait, professional mission, professional situation, and professional psychology. The study found that the overall professional survival status of the interviewed principals is good, and most principals' time investment in work is within the normal range, and they are not yet in an overloaded state of work; The economic capital returns of principals are not outstanding, and the most significant ones are cultural capital returns; Their overall occupational pressure is at a relatively low level, mainly due to the quality of education provided by Chinese schools. Although facing challenges such as the epidemic, market competition, and transformation and upgrading, the original mission of Chinese school principals to guard the Chinese society and spread Chinese culture has not wavered, and their enthusiasm for the Chinese education industry has also maintained a very high level. The study also found that principals generally experience a lack of external support, and there are significant differences in the professional status and psychology of principals at different development stages, professional backgrounds and schools. In order to further improve the professional survival status of overseas Chinese school principals, this study proposes suggestions from three aspects: improving professional level, providing external support, and strengthening governance capabilities.

Keywords: Chinese Language Education; Chinese Language Schools; Principal; Professional Survival Situation

B.12 Study on the Communication Content, Effect and Influence of Overseas Chinese Bloggers on Douyin Platform

Zheng Wenbiao, Song Xiaohan and Miao Guihao / 269

Abstract: Overseas Chinese Douyin bloggers spread overseas information to domestic audiences through Douyin, which has become an important cross-cultural communication phenomenon in Douyin. This article focuses on Overseas Chinese bloggers who have more than a million followers on the Douyin platform. It investigates the Communication of short videos using measures like likes, comments, bookmarks, and shares through data analysis and content analysis. Research has found that overseas Chinese bloggers who focus on social observations, emotional life, and cultural exchange have better dissemination effects on short videos. Overseas Chinese bloggers on the Douyin platform showcase exotic cultures, creating a channel for cross-cultural communication and becoming an important bridge for cross-cultural communication under new media, promoting a reevaluation of foreign cultures by audiences in their home countries.

Keywords: Cross-cultural Communication; Overseas Chinese; Douyin; Short Videos

B.13 Research on the Identity of Overseas Chinese in My Country Based on Knowledge Graph

Zhang Na / 284

Abstract: Based on the relevant journal papers collected in the CSSCI database from 1992 to April 2023 as the data source, combined with literature reading and content analysis, the visual map drawn by Citespace software was sorted out and analyzed. The results show that: from 1992 to 2023, the number of journal papers on overseas Chinese identity research showed an overall growth trend, and there were three phases of high publications in 2006, 2009, and 2017. On the one hand, it was related to my country's introduction of a series of encouraging policies for overseas Chinese; On the other hand, it is the result of the increase of my country's international influence. Since the "Belt and Road" initiative was proposed in 2013, the proportion of cultural identity and identity research has jumped. In addition, dual identity and multicultural identity have become hot topics in the study of overseas Chinese in my country in recent years, reflecting the trend of globalization and cultural diversification to a certain extent. The study believes that we should keep up with the changes of the times, look at the world, pay attention to Chinese new immigrants and the new generation of Chinese Americans, focus on multiple identities, strengthen forward-looking analysis and prediction, and improve the pertinence and effectiveness of overseas Chinese identity research.

Keywords: Overseas Chinese; Cultural Identity; Knowledge Map

社会科学文献出版社

皮 书

智库成果出版与传播平台

✤ 皮书定义 ✤

皮书是对中国与世界发展状况和热点问题进行年度监测，以专业的角度、专家的视野和实证研究方法，针对某一领域或区域现状与发展态势展开分析和预测，具备前沿性、原创性、实证性、连续性、时效性等特点的公开出版物，由一系列权威研究报告组成。

✤ 皮书作者 ✤

皮书系列报告作者以国内外一流研究机构、知名高校等重点智库的研究人员为主，多为相关领域一流专家学者，他们的观点代表了当下学界对中国与世界的现实和未来最高水平的解读与分析。

✤ 皮书荣誉 ✤

皮书作为中国社会科学院基础理论研究与应用对策研究融合发展的代表性成果，不仅是哲学社会科学工作者服务中国特色社会主义现代化建设的重要成果，更是助力中国特色新型智库建设、构建中国特色哲学社会科学"三大体系"的重要平台。皮书系列先后被列入"十二五""十三五""十四五"时期国家重点出版物出版专项规划项目；自2013年起，重点皮书被列入中国社会科学院国家哲学社会科学创新工程项目。

权威报告·连续出版·独家资源

皮书数据库
ANNUAL REPORT(YEARBOOK)
DATABASE

分析解读当下中国发展变迁的高端智库平台

所获荣誉

- 2022年，入选技术赋能"新闻+"推荐案例
- 2020年，入选全国新闻出版深度融合发展创新案例
- 2019年，入选国家新闻出版署数字出版精品遴选推荐计划
- 2016年，入选"十三五"国家重点电子出版物出版规划骨干工程
- 2013年，荣获"中国出版政府奖·网络出版物奖"提名奖

皮书数据库　　"社科数托邦"
微信公众号

成为用户

　　登录网址www.pishu.com.cn访问皮书数据库网站或下载皮书数据库APP，通过手机号码验证或邮箱验证即可成为皮书数据库用户。

用户福利

- 已注册用户购书后可免费获赠100元皮书数据库充值卡。刮开充值卡涂层获取充值密码，登录并进入"会员中心"—"在线充值"—"充值卡充值"，充值成功即可购买和查看数据库内容。
- 用户福利最终解释权归社会科学文献出版社所有。

数据库服务热线：010-59367265
数据库服务QQ：2475522410
数据库服务邮箱：database@ssap.cn
图书销售热线：010-59367070/7028
图书服务QQ：1265056568
图书服务邮箱：duzhe@ssap.cn

社会科学文献出版社　皮书系列
SOCIAL SCIENCES ACADEMIC PRESS (CHINA)
卡号：394281349798
密码：

S 基本子库
UB DATABASE

中国社会发展数据库（下设 12 个专题子库）

紧扣人口、政治、外交、法律、教育、医疗卫生、资源环境等 12 个社会发展领域的前沿和热点，全面整合专业著作、智库报告、学术资讯、调研数据等类型资源，帮助用户追踪中国社会发展动态、研究社会发展战略与政策、了解社会热点问题、分析社会发展趋势。

中国经济发展数据库（下设 12 专题子库）

内容涵盖宏观经济、产业经济、工业经济、农业经济、财政金融、房地产经济、城市经济、商业贸易等 12 个重点经济领域，为把握经济运行态势、洞察经济发展规律、研判经济发展趋势、进行经济调控决策提供参考和依据。

中国行业发展数据库（下设 17 个专题子库）

以中国国民经济行业分类为依据，覆盖金融业、旅游业、交通运输业、能源矿产业、制造业等 100 多个行业，跟踪分析国民经济相关行业市场运行状况和政策导向，汇集行业发展前沿资讯，为投资、从业及各种经济决策提供理论支撑和实践指导。

中国区域发展数据库（下设 4 个专题子库）

对中国特定区域内的经济、社会、文化等领域现状与发展情况进行深度分析和预测，涉及省级行政区、城市群、城市、农村等不同维度，研究层级至县及县以下行政区，为学者研究地方经济社会宏观态势、经验模式、发展案例提供支撑，为地方政府决策提供参考。

中国文化传媒数据库（下设 18 个专题子库）

内容覆盖文化产业、新闻传播、电影娱乐、文学艺术、群众文化、图书情报等 18 个重点研究领域，聚焦文化传媒领域发展前沿、热点话题、行业实践，服务用户的教学科研、文化投资、企业规划等需要。

世界经济与国际关系数据库（下设 6 个专题子库）

整合世界经济、国际政治、世界文化与科技、全球性问题、国际组织与国际法、区域研究 6 大领域研究成果，对世界经济形势、国际形势进行连续性深度分析，对年度热点问题进行专题解读，为研判全球发展趋势提供事实和数据支持。

法律声明

"皮书系列"（含蓝皮书、绿皮书、黄皮书）之品牌由社会科学文献出版社最早使用并持续至今，现已被中国图书行业所熟知。"皮书系列"的相关商标已在国家商标管理部门商标局注册，包括但不限于LOGO（🖐）、皮书、Pishu、经济蓝皮书、社会蓝皮书等。"皮书系列"图书的注册商标专用权及封面设计、版式设计的著作权均为社会科学文献出版社所有。未经社会科学文献出版社书面授权许可，任何使用与"皮书系列"图书注册商标、封面设计、版式设计相同或者近似的文字、图形或其组合的行为均系侵权行为。

经作者授权，本书的专有出版权及信息网络传播权等为社会科学文献出版社享有。未经社会科学文献出版社书面授权许可，任何就本书内容的复制、发行或以数字形式进行网络传播的行为均系侵权行为。

社会科学文献出版社将通过法律途径追究上述侵权行为的法律责任，维护自身合法权益。

欢迎社会各界人士对侵犯社会科学文献出版社上述权利的侵权行为进行举报。电话：010-59367121，电子邮箱：fawubu@ssap.cn。

社会科学文献出版社